FRANZ MÄNHARDT

Die Kodifikation des österreichischen Internationalen Privatrechts

Schriften zum Internationalen Recht

Band 10

Die Kodifikation des österreichischen Internationalen Privatrechts

Schwerpunktanalyse einer bemerkenswerten Gesetzesinitiative

Von

Dr. Franz Mänhardt

DUNCKER & HUMBLOT / BERLIN

Gedruckt mit freundlicher Unterstützung der
Stiftungs- und Förderungsgesellschaft der Paris-Lodron-Universität Salzburg
(Zweckspende von Herrn Senator Dr. Helmut M. Merlin)

Gedruckt 1978 bei Buchdruckerei Bruno Luck, Berlin 65
Printed in Germany
ISBN 3 428 04161 5

Rolf Ostheim

in Dankbarkeit gewidmet

Inhaltsverzeichnis

Abkürzungsverzeichnis

ABGB	Allgemeines bürgerliches Gesetzbuch
Abs.	Absatz
AcP	Archiv für die civilistische Praxis
AJCL	American Journal of Comparative Law
AJIL	American Journal of International Law
AktG	Aktiengesetz
allg.	allgemein
a. M.	anderer Meinung
Anm.	Anmerkung
Art.	Artikel
AußStrG	Gesetz über das gerichtliche Verfahren in Rechtsangelegenheiten außer Streitsachen
AVG	Allgemeines Verwaltungsverfahrensgesetz
AWD	Außenwirtschaftsdienst des Betriebs-Beraters
BAO	Bundesabgabenordnung
Bd.	Band
Ber.D.Ges.Völk.R.	Berichte der Deutschen Gesellschaft für Völkerrecht
BG	Bundesgesetz; Bezirksgericht
BGBl	Bundesgesetzblatt
BGH	Bundesgerichtshof
BGHZ	Entscheidungen des Bundesgerichtshofes in Zivilsachen
BlgNR	Beilagen zu den stenographischen Protokollen des (österr.) Nationalrates
BMfI	Bundesministerium für Inneres
BMfJ	Bundesministerium für Justiz
BRD	Bundesrepublik Deutschland
BVerfG	Bundesverfassungsgericht
BVerfGE	Entscheidungen des (dt.) Bundesverfassungsgerichts
B-VG	Bundesverfassungsgesetz
bzw.	beziehungsweise
DB	Der Betrieb
DDR	Deutsche Demokratische Republik
d. h.	das heißt
Diss.	Dissertation
dt.	deutsch
DVEheG	Durchführungsverordnung zum Ehegesetz
E	Entscheidung
EB	Erläuternde Bemerkungen
EfSlg	Ehe- und familienrechtliche Entscheidungen
EG	Europäische Gemeinschaften
EGBGB	Einführungsgesetz zum (dt.) Bürgerlichen Gesetzbuch
EheG	Ehegesetz
Einl.	Einleitung
EntmO	Entmündigungsordnung

EO	(österr.) Exekutionsordnung
Erl.	Erlaß
EvBl	„Evidenzblatt der Rechtsmittelentscheidungen" (enthalten in der ÖJZ)
EWG	Europäische Wirtschaftsgemeinschaft
f.	und der (die) folgende
FamRÄndG	Familienrechtsänderungsgesetz
FamRZ	Zeitschrift für das gesamte Familienrecht
ff.	und die folgenden
FG	Festgabe
FL	Fürstentum Liechtenstein
FN	Fußnote
FS	Festschrift
GBl	Gesetzblatt (DDR)
Geb.	Geburtstag
GesRZ	„Der Gesellschafter" (österr. Zeitschrift für Gesellschaftsrecht)
GG	Grundgesetz
GH	„Gerichtshalle" (1857 - 1937)
GlU	„Sammlung von zivilrechtlichen Entscheidungen des kk Obersten Gerichtshofes"
GlUNF	„Sammlung von zivilrechtlichen Entscheidungen des kk Obersten Gerichtshofes", Neue Folge
GmbH	Gesellschaft mit beschränkter Haftung
GmbHG	Gesetz über Gesellschaften mit beschränkter Haftung
GP	Gesetzgebungsperiode
GRUR	Gewerblicher Rechtsschutz und Urheberrecht
GRURInt	Gewerblicher Rechtsschutz und Urheberrecht — Internationaler Teil
GS	Gedächtnisschrift, Gedenkschrift
GZ	Geschäftszahl
HGB	Handelsgesetzbuch
HN	Hauptniederlassung
hrsg.	herausgegeben
HS	„Handelsrechtliche Entscheidungen"; (auch) Halbsatz
ICLQ	International and Comparative Law Quarterly
ieS	im engeren Sinne
int.	international
IPR	Internationales Privatrecht
IPRspr	Die deutsche Rechtsprechung auf dem Gebiete des Internationalen Privatrechts
IZPR	Internationales Zivilprozeßrecht
JA	Juristische Arbeitsblätter
JBl	Juristische Blätter
JGS	Justizgesetzsammlung
JN	Jurisdiktionsnorm
JR	Juristische Rundschau
jur.	juristisch(e)
JuS	Juristische Schulung
JZ	Juristenzeitung
KartG	Kartellgesetz
krit.	kritisch
Kundm.	Kundmachung

LG	Landesgericht
LGBl	Landesgesetzblatt
LGZ	Landesgericht für Zivilrechtssachen
lit.	littera (Buchstabe)
MDR	Monatsschrift für Deutsches Recht
m. E.	meines Erachtens
MRK	Europäische Menschenrechtskonvention
NAG	Bundesgesetz betreffend die zivilrechtlichen Verhältnisse der Niedergelassenen und Aufenthalter (Schweiz)
NF	Neue Folge
NJW	Neue Juristische Wochenschrift
nö.	niederösterreichisch
NotZ	Notariatszeitung (österr.)
Nr.	Nummer
ÖBl	Österreichische Blätter für gewerblichen Rechtsschutz und Urheberrecht
OG	Oberstes Gericht (der ČSR in Brünn)
OGH	Oberster Gerichtshof
ÖJT	Österreichischer Juristentag
ÖJZ	Österreichische Juristen-Zeitung
OLG	Oberlandesgericht
ÖStA	„Österreichisches Standesamt“
österr.	österreichisch (-e, -er, -es)
ÖSteuerZ	Österreichische Steuer-Zeitung
ÖZöffR	Österreichische Zeitschrift für öffentliches Recht
ÖZW	Österreichische Zeitschrift für Wirtschaftsrecht
port.	portugiesisch
RabelsZ	Rabels Zeitschrift für ausländisches und internationales Privatrecht
Rec.	Recueil
RGBl	Reichsgesetzblatt
RiZ	Österreichische Richterzeitung
Rsp	„Rechtsprechung“, hrsg. vom Verband österreichischer Banken und Bankiers (1922 - 1938)
RV	Regierungsvorlage
RZ	Randzahl
S.	Seite, Satz
sc	scilicet (nämlich)
SchG	Scheckgesetz
SJIR	Schweizerisches Jahrbuch für internationales Recht
SJZ	Schweizerische Juristen-Zeitung
sog.	sogenannt, -e, -er, -es
StAZ	Das Standesamt
StbG	Staatsbürgerschaftsgesetz
StG	Strafgesetz
StGB	Strafgesetzbuch
StGBl	Staatsgesetzblatt für die Republik Österreich
SZ	Entscheidungen des österr. Obersten Gerichtshofes in Zivil- (und Justizverwaltungs-)sachen
TEG	Todeserklärungsgesetz
u. a.	und andere
u. ä. m.	und ähnliches mehr
u. dgl.	und dergleichen

UN	United Nations
unv.	unverändert
UrhG	Urheberrechtsgesetz
usw.	und so weiter
u. U.	unter Umständen
UWG	Gesetz gegen den unlauteren Wettbewerb
v.	vom, von
VerschG	Verschollenheitsgesetz
VfGH	Verfassungsgerichtshof (österr.)
VfGHSlg	Sammlung der Erkenntnisse und wichtigsten Beschlüsse des Verfassungsgerichtshofes
vgl.	vergleiche
Vorbem.	Vorbemerkung
VwGH	Verwaltungsgerichtshof (österr.)
VwGHSlg	Erkenntnisse und Beschlüsse des Verwaltungsgerichtshofes
WG	Wechselgesetz
WGO	Die wichtigsten Gesetzgebungsakte in den Ländern Ost-, Südosteuropas und in den ostasiatischen Volksdemokratien
Z.	Ziffer
ZaöRV	Zeitschrift für ausländisches öffentliches Recht und Völkerrecht
ZAS	Zeitschrift für Arbeits- und Sozialrecht
z. B.	zum Beispiel
ZBl	Zentralblatt für die juristische Praxis
ZfRV	Zeitschrift für Rechtsvergleichung
ZGB	Zivilgesetzbuch
Zl.	Zahl
ZPO	Zivilprozeßordnung
ZRP	Zeitschrift für Rechtspolitik
ZSR	Zeitschrift für Schweizerisches Recht
ZvglRW	Zeitschrift für vergleichende Rechtswissenschaft
ZVR	Zeitschrift für Verkehrsrecht
ZwN	Zweigniederlassung
ZZP	Zeitschrift für Zivilprozeß

I. Ausgangslage, Notwendigkeit und Entwicklungsgang einer autonomgesetzlichen österreichischen IPR-Kodifikation

1. Selbst der unbefangene Betrachter einschlägiger Fachzeitschriften und Entscheidungssammlungen wird unschwer feststellen können, daß das Internationale Privatrecht[1] (in welchem inhaltlich-systematischen Bezugsrahmen auch immer verstanden)[2] im österr. Rechtsalltag einen nicht mehr zu vernachlässigenden und ständig steigenden Stellenwert erlangt hat[3]. Zugleich wird jedoch zu konstatieren sein, daß die gesamte kollisionsrechtliche Rechtsfindung[4] zusehends problematischer zu wer-

[1] Zum Begriff, zur Eigenart und zum Namen dieses Rechtsgegenstandes siehe etwa *Dölle*, IPR 2 ff.; *Firsching*, IPR 1; *Kegel*, IPR 3 und 12 f.; *Korkisch* in Staudinger 2 ff. (RZ 4 - 27); *Makarov*, Grundriß 15 ff.; *Neuhaus*, Grundbegriffe 1 ff.; *Schwind*, Handbuch 25 ff.

[2] Mit der etwa bei *Mänhardt* (IPFR 15) gebrachten Definition, wonach das IPR der Inbegriff aller jener in einem Staat geltenden spezifischen Rechtsnormen („Kollisionsnormen", „Verweisungsnormen", „Anknüpfungsregeln") darstellt, die für privatrechtliche *Sachverhalte mit Auslandsberührung* vorschreiben, welche der berührten staatlichen Privatrechtsordnungen für die Beurteilung des Falles anzuwenden ist, wird das IPR in seinem engsten Sinn umschrieben. Etwas weiter — weil das öffentliche Recht nicht ausdrücklich ausschließend — wird das IPR bei *Ferid* (IPR 1 RZ 1 - 3) definiert: „IPR sind — nur (!!!) — jene Rechtsnormen, die bestimmen, welche Rechtsordnung auf einen Sachverhalt mit Beziehungen zu mehreren Staaten anzuwenden ist." Siehe auch *Schwimann* (Theorie 295), der den Begriff „Kollisionsrecht" als zusammenfassenden Oberbegriff für das Internationale Privatrecht (ieS) und das Internationale Zivilverfahrensrecht verwendet. — Für einen erweiterten Begriff des IPR siehe etwa auch *Matscher*, Lehre 557 und *derselbe*, Geschichte 53: „Versteht man unter IPR die Regelung des Privatrechtsverkehrs mit dem Ausland ..." — Vgl. aber auch *Selb*, IPR 108 („Was man unter IPR versteht, ist nach Ländern verschieden"). — Siehe ferner die Einteilung der Materie bei *Müller-Gindullis*, Rechtsprechung, in „Internationales Privatrecht im engeren Sinne", „Internationales Verfahrensrecht" und „Internationales öffentliches Recht". Vgl. anschaulich auch *A. Bucher*, Grundfragen 102.

Die Begriffe IPR und Kollisionsrecht werden im folgenden bedeutungsgleich verwendet; der Umfang des darunter zu verstehenden Regelungsgegenstandes ergibt sich jeweils aus dem Zusammenhang der Darstellung. Eine neue, nach Weite des Begriffes differenzierende Nomenklatur wird hier nicht einzuführen versucht.

[3] Siehe *H. Hoyer*, Anerkennung 9; *derselbe*, ZfRV 1975, 44 (Entscheidungsbesprechung [mit Nachweis]); *Simitis*, Informationskrise 276; *Schwimann*, Lage 544; *Schwind*, Handbuch 20; *derselbe*, Rechtsordnung 9.

[4] Diese umfaßt nicht nur den Entscheidungsbereich der streitigen und außerstreitigen Gerichtsbarkeit, sondern auch die vielfältige Tätigkeit der Verwaltungsbehörden (namentlich im Personenstandsrecht und Staatsbürgerschaftsrecht, aber auch im Sozialversicherungsrecht, Steuerrecht usw.), worin die kollisionsrechtliche Beurteilung privatrechtlicher Vorfragen (im Sinn etwa

den scheint und das geltende österr. Recht für diese anerkanntermaßen heikle Aufgabe äußerst mangelhaft ausgerüstet ist[5].

a) Die Ursachen für diese — keineswegs auf den österr. Rechtsbereich allein beschränkte[6] — Situation wurden bereits des öfteren ausführlicher erörtert und werden daher hier lediglich grob skizziert: Einem, namentlich seit Ende des letzten Weltkrieges, enorm gesteigerten grenzüberschreitenden (Privat-)Rechtsverkehr, mithin immer häufiger und auch immer komplexer auftretenden und zur rechtlichen Beurteilung anstehenden sogenannten Sachverhalten mit Auslandsbeziehung, steht ein „System" an gesatzten Normen zur Verfügung, das großenteils durch Lückenhaftigkeit und einen Mangel an inhaltlicher sowie methodischer Geschlossenheit gekennzeichnet ist[7]. Die international-privatrechtlichen Verweisungsregeln des ABGB von 1811, für deren heutige Unzulänglichkeit freilich weniger, wie so oft behauptet[8], die damals angeblich angewandte Kollisionsrechtsmethode (nämlich *die* „Statutentheorie")[9],

---

des § 38 AVG und § 116 BAO) lege non distinguente miteingeschlossen ist. — Hinweise zur kollisionsrechtlichen Beurteilung verwaltungsrechtlicher Vorfragen bei *Mänhardt*, Kollisionsrechtsprobleme 298 (FN 51) 301; ausführlich dazu auch *Vogel*, Anwendungsbereich 287 ff. Vgl. neuerdings auch *Füllemann-Kuhn*, Vorfrage 12 ff., 31 ff. und 84 ff.

Die Tatsache, daß Vorfragen lediglich „beurteilt" und nicht „entschieden" werden, sollte nicht zur Annahme verleiten, daß es sich hier um Rechtsanwendung sozusagen zweiter Klasse handelt, denn auch die „vorfrageweise Rechtsanwendung stellt eine Verwirklichung normativer Rechtsfolgen dar" (*A. Bucher*, Grundfragen 94).

[5] Siehe etwa *Edlbacher*, Probleme 26; *H. Hoyer*, ZfRV 1971, 289 (Entscheidungsbesprechung); *derselbe*, Mischehe 329; *Mänhardt*, Gesetz 257 ff.; *Schwimann*, Theorie 295 f.; *derselbe*, Lage 544 ff.; *Schwind*, Entwurf 174 ff.; *derselbe*, Grundsätze 29; *derselbe*, Zwischenbilanz 121.

[6] Für das IPR in der BRD siehe etwa *Ferid*, Misere 1 ff.; *Gamillscheg* in Staudinger 5 (RZ 2); *Luther*, Gerichtspraxis (durchgehend); *Müller-Gindullis*, Rechtsprechung 4 und 155 ff.; *Siehr*, Reform 171 ff. — Neuestens (mit zahlreichen weiteren Hinweisen) *Simitis*, Entscheidungsfindung 6 ff.

[7] Siehe überblicksweise *Reichert-Facilides*, Anknüpfungsregeln 34 f.; besonders aber *Schwind*, Handbuch 61 (mit weiteren Hinweisen).

[8] Nachweise bei *Matscher*, Geschichte 54; siehe auch besonders *Schwind*, Entwurf 175; *derselbe*, Zwischenbilanz 121.

[9] Es ist hier nicht der Ort, um auf die verschiedenen IPR-Methoden und ihren (vermeintlichen oder wirklichen) Einfluß auf das Ergebnis einer IPR-Gesetzgebung näher einzugehen. — Zu der angedeuteten Relativität der behaupteten Methodenunterschiede siehe aber beispielhaft *Schwind*, Lehrbuch 13, der in offenkundigem Gegensatz zu seinen bisherigen Ausführungen bezüglich der Kollisionsrechtsmethode des ABGB (etwa ebenda 61 und *derselbe*, Entwurf 175) die Ansicht vertritt, daß der Grundsatz der engsten Beziehung (also ein gemeiniglich auf *Savignys* Lehre gestützter Grundsatz) „den geltenden Kollisionsnormen auch in Österreich, wenngleich unausgesprochen, zugrunde [liegt]". Diesbezüglich vorsichtig auch schon *Matscher*, Geschichte 54 (FN 9). Aus jüngerer Zeit siehe dazu treffend *Krenn*, Anknüpfung 494: „Im Gegensatz zum IPR des BGB wird jenes des ABGB der Statutentheorie zugerechnet; trotzdem gilt aber für die wenigen Verweisungsnormen — abgesehen von den verschiedenen Anknüpfungsbegriffen

als vielmehr ein seinerzeit noch mangelndes dringliches Regelungsbedürfnis verantwortlich zeichnet[10], stehen dem im Jahre 1941 aus dem deutschen EGBGB von 1896 rezipierten Kollisionsrecht der 4. DVEheG[11] weitgehend beziehungslos gegenüber. Allseitige Kollisionsnormen[12] — übrigens fast sämtliche Kollisionsnormen des ABGB — kontrastieren zu Bestimmungen, deren fremdrechtlicher Verweisungsbefehl oftmals erst nachträglich durch einen mehr als fragwürdigen Analogievorgang[13] konstruiert werden muß.

In Streulage zwischen dem Kollisionsrecht des ABGB und der 4. DVEheG liegen die primär jurisdiktionell aufzufassenden verweisungsrechtlichen Bestimmungen der §§ 21 ff.[14] AußStrG, des § 14 EntmO und auch des § 12 TEG, bei denen eine rechtspolitisch allenfalls erwünschte Erweiterung ihres Anwendungsbereiches wegen der darin enthaltenen Anordnung vollständiger Parallelität[15] zwischen inländi-

---

— das gleiche Charakteristikum wie für jene des BGB: sie verweisen auf fremdes Recht, ohne nach dessen Inhalt zu fragen": In der Tat aber ein Vorwurf, der meist *Savigny* und „seinem" IPR und nicht „*der*" Statutentheorie gemacht wird (dazu etwa *Joerges*, Funktionswandel 9 ff.). — Vgl. zum Gesamten auch sehr aufschlußreich *E. Lorenz*, Struktur 26 ff.

[10] Siehe auch *Matscher*, Geschichte 53; ferner den wertvollen Beitrag zur Aufhellung der Geschichte des österr. IPR von *Vallindas*, Beitrag 687.

[11] Über die Entstehungsgeschichte dieser Teilrezeption siehe nun eingehend *Külper*, Gesetzgebung 128 (140). Vgl. ferner (jeweils durchgehend) *Maßfeller*, Durchführungsverordnung; *Rexroth*, Durchführungsverordnung; auch *Hubernagel*, Privatrecht.

[12] Allseitige Kollisionsnormen sind solche, die ausdrücklich (d. h. vom Gesetzestext her) bestimmen, sowohl *wann inländisches*, als auch *wann ausländisches und welches ausländische Recht* anzuwenden ist. Unter *einseitigen* Kollisionsnormen versteht man solche, die ausdrücklich lediglich bestimmen, wann *inländisches Recht* zur Anwendung kommt (*Scheucher*, ordre public 15 [25]). „Von *unvollkommen allseitigen* Kollisionsnormen (oder von allseitigen Kollisionsnormen mit Fallbeschränkung) spricht man, wenn eine selbständige Kollisionsnorm zwar *ausländisches Recht* beruft, aber nicht für alle, sondern nur *für bestimmte Fälle*" (*Kegel*, IPR 125). — Zur Terminologie siehe auch *Neuhaus*, Grundbegriffe 101; *Schwind*, Handbuch 36 f.

[13] Um auch die zumeist erstrebte Verweisung auf ausländisches Recht zu erreichen, befolgt die Rechtsprechung (konform mit der herrschenden Lehre) den Grundsatz einer möglichst weitgehenden analogen Anwendung der einseitig formulierten Kollisionsnormen, was bedeutet, daß man den Gesetzeswortlaut derart „interpretiert", daß unter gleichen Voraussetzungen, unter denen dieser das österr. Sachrecht für maßgeblich erklärt, auch jenes ausländische Recht anzuwenden ist, auf welches eine analoge Anwendung der gesetzlichen Voraussetzungen zutrifft. Siehe etwa *Scheucher*, ordre public 25 ff.; *Schwind*, Handbuch 37; Belege zur Rechtsprechung etwa bei *Mänhardt*, IPFR 50 ff.

Bedenken gegen diesen Analogievorgang äußert *Vischer*, Richter 91 f. Zur verfassungsrechtlichen Fragwürdigkeit dieser Analogie vgl. auch *Öhlinger*, JBl 1970, 54 (Buchbesprechung).

[14] Eingehend dazu *Schwind*, Handbuch 253 ff.; siehe auch *H. Hoyer*, Mischehe 330 f.

[15] Vgl. zum Terminologischen etwa *Neuhaus*, Grundbegriffe 428.

scher Gerichtsbarkeit und anwendbarem österr. Erb-, Entmündigungs- und Todeserklärungsrecht noch viel fragwürdiger erscheinen müßte[16].

Bedenkt man ferner, daß die 4. DVEheG lediglich „zur Vereinheitlichung des internationalen Familienrechts" (der damaligen Reichsgaue der Ostmark mit dem des Deutschen Reiches) bestimmt war[17], jedoch die allgemeinen Regelungen der 4. DVEheG über Rückverweisung[18], Vorbehaltsklausel[19] und die Behandlung von Staatenlosen auch auf andere Bereiche des österr. IPR erstreckt werden, so drängt sich in der Tat die pointierte Frage auf, durch welchen Willen welchen Gesetzgebers die gesamte Rechtsanwendung im österr. IPR materiell denn überhaupt noch getragen wird[20]. Die Frage ist umsomehr berechtigt, zumal die Haltung des gegenwärtigen Gesetzgebers, namentlich des Reformgesetzgebers im Familienrecht, in bezug auf das Internationalprivatrecht schlechterdings einer legislatorischen Kindesweglegung gleicht.

Das Problem der räumlich-persönlichen Tragweite des mittlerweile immerhin in beträchtlichem Umfang geänderten Sachrechts wird nämlich entweder meist mit völligem Stillschweigen übergangen[21] oder es wird, was wohl bereits als bescheidener Erfolg gewertet werden soll, jegliche gesetzesbezogene[22] kollisionsrechtliche Neuregelung bewußt und in Kenntnis der diesbezüglich bestehenden Unklarheiten und Lücken[23] mit der lapidaren Verheißung einer „grundlegenden [kollisionsrechtlichen] Ordnung dieser Rechtsgebiete durch ein einheitliches Gesetzes-

---

16 Allgemein zur Fragwürdigkeit einer „Internationalisierung" derartiger Gleichlaufregelungen vgl. etwa *Schwimann*, Lex-Fori-Regel 909 (916) mit zahlreichen weiteren Hinweisen.

17 Siehe *Maßfeller*, Durchführungsverordnung 2535 und *Rexroth*, Durchführungsverordnung 1087.

18 Nachweise etwa bei *Bolka*, ZfRV 1971, 285 (Entscheidungsbesprechung). — Vgl. aber OGH 11. 5. 1976, EvBl 1976/237.

19 „Obwohl § 18 [der 4. DVEheG] einer Rechtsquelle entstammt, die sich auf das internationale Familienrecht bezieht, ist seine allgemeine Anwendbarkeit unbestritten" (*Schwind*, Handbuch 81).

20 Zur Heterogenität der österr. Rechtsordnung allgemein, vgl. *H. Hoyer*, Anerkennung 14.

21 Vgl. auch *Jochem*, Erbrecht 2 f.

22 Zur Terminologie „gesetzesbezogen" siehe *Jochem*, Erbrecht 2 (FN 6). — Eine Ausnahme bildet hier allerdings § 38 des in parlamentarischer Beratung stehenden österr. Konsumentenschutzgesetzes (744 BlgNR 14. GP). Aber abgesehen davon, daß diese Kollisionsnorm unter die „Übergangs- und Schlußbestimmungen" des Gesetzes eingereiht wurde, sollte ferner zu denken geben, daß die entsprechenden EB auf die Bemühungen um eine Gesamtkodifikation des österr. IPR mit keinem Wort eingehen. Ob es sich dabei um ein stillschweigendes Bekenntnis zum „Weg der kleinen Schritte" im österr. IPR oder lediglich um ministeriumsinterne Koordinationsschwierigkeiten handelt, läßt sich derzeit nicht mit hinreichender Sicherheit beantworten.

23 Siehe *Zemen*, Anerkennung 272 f.

werk“[24] unterlassen. Für diese unverständliche Haltung des Gesetzgebers nur allzu bezeichnend ist es aber auch, daß trotz der überragenden Bedeutung, die dem Gleichheitsgrundsatz bei der Reform des Familienrechts beigemessen wird[25], die auch hierlands durchaus diskutierenswerte Frage, ob nicht ein Teil des in der 4. DVEheG enthaltenen Kollisionsrechts ebenfalls der „Anpassung in die Gleichberechtigung“[26] bedürfte, in den betreffenden Gesetzesmaterialien zur Familienrechtsreform nicht einmal andeutungsweise gestreift wurde.

Zu alledem kommt noch hinzu, daß aus verschiedenen, hier aber nicht näher zu erörternden Gründen, eine wirklich schöpferische, über die Einzelfallgerechtigkeit hinausschauende österr. IPR-Judikatur nicht entwickelt werden konnte[27], einschlägige und ausführliche Kommentarliteratur weitgehend fehlt und im Gegensatz etwa zur Lage in der BRD[28] die helfende Funktion der IPR-Wissenschaft nur zögernd, jedenfalls noch nicht in erwünschtem Maße zum Tragen kommt[29].

Zusammengefaßt steht man daher im österr. IPR, wie *Schwind* es einmal treffend formuliert hat, „vor dem verblüffenden Phänomen, daß sich ein ganz großes Rechtsgebiet, dessen praktische Bedeutung von Tag zu Tag zunimmt, in seinen Grundlagen und zum großen Teil auch in seinen Einzelerscheinungen außerhalb der für die österreichische Erscheinungsform des Rechtsstaates charakteristischen Form entwik-

---

[24] So die EB zur Regierungsvorlage des BG über die Neuordnung der Rechtsstellung des unehelichen Kindes (6 BlgNR 12. GP 18). Vgl. auch *Mänhardt*, Kollisionsrechtsprobleme 301 (FN 66).

[25] Statt vieler siehe etwa die Broschüre des BMfJ „Familienrechtsreform konkret“ (1975)³.

[26] So *Bydlinski*, Gleichheitsgrundsatz 159; in diesem Sinne aber auch OGH 17. 12. 1976 JBl 1977, 419 (421) = EvBl 1977/141 (Ehegüterrecht).

[27] Siehe etwa *Schwimann*, Lage 545; *Schwind*, Entwurf 178. Vgl. auch *Zemen*, Anerkennung 272 (FN 5).

[28] Vgl. etwa *Müller-Gindullis*, Rechtsprechung 155 ff.; *Siehr*, Reform 190.

[29] Diese Hilfestellung kann aber auch, besonders wenn sie für den Einzelfall gewährt wird, zu Problemen führen; „Der Weg zum Gericht ist dort, wo ein Sachverhalt ausländisches Recht berührt, in der Regel auch ein Weg zum Gutachter. Die ... Institute sind daher keineswegs nur Stätten der abstrakten Reflexion über Wert und Unwert internationalprivatrechtlicher Normen. Sie sind [zumindest offensichtlich in der BRD] Stationen der richterlichen Entscheidungsfindung“ (*Simitis*, Entscheidungsfindung 7 [mit weiteren Hinweisen]). Denn „oft bleibt es ... nicht bei der Darstellung eines bestimmten ausländischen Rechts, die mit der Auskunft verbundenen internationalprivatrechtlichen Überlegungen werden ebenso übernommen. Was zunächst als schlichte Informationshilfe aussah, verwandelt sich auf diese Weise in die Entscheidungsgrundlage. Von einer eigenen Stellungnahme des Gerichtes kann unter diesen Umständen nicht mehr die Rede sein. Der Richter wiederholt nur die Schlüsse, die ihm bereits ausformuliert nahegelegt worden sind“ (*Simitis*, Informationskrise 285). Siehe dazu auch *Arndt* (u. a.), Verbesserung 325; ebenso *Juenger*, Wandel 10 („Die weit verbreitete und nicht unbedenkliche Praxis der Aktenversendung an wissenschaftliche Institute ...“). — Vgl. abschwächend aber *Jayme*, Entscheidungsfindung 360.

kelt“[30]. In diesem Bereich hat die Gesetzgebung zugunsten — bestimmt nicht immer zum Vorteil — der Rechtsprechung abgedankt und somit das von der Verfassungsordnung auch hier unterschiedslos[31] geforderte Gleichgewicht zwischen generell-abstrakten Leitlinien und diese konkretisierenden individuellen Vollziehungsakten erheblich gestört.

b) Den Rückzug hat der autonome Gesetzgeber[32] indessen nicht nur gegenüber der Rechtsprechung angetreten. Die geschilderte Situation im österr. IPR wird nämlich durch eine weitere, freilich ebenfalls allgemein zu beobachtende Entwicklung verschärft, deren negative Auswirkungen speziell auf die kollisionsrechtliche Rechtsanwendung in ihrer vollen Tragweite momentan noch gar nicht abzusehen sind. Gemeint ist hier die „Krise der internationalen Kodifikationspolitik“[33], die sich in einer weltweiten, galoppierenden Inflation sowohl an bi- als auch an multilateralen Staatsverträgen manifestiert[34] und von der der österr. Rechtsbereich leider nicht verschont geblieben ist[35].

Für das IPR rechtspolitisch einigermaßen vertretbar, wenngleich durch die meist zwangsläufig eingehandelte Kompliziertheit die konkrete Lösung kollisionsrechtlicher Fälle auch nicht gerade erleichternd, sind solche Abkommen, die — wie etwa zuletzt das am 3. 6. 1975 für Österreich in Kraft getretene „Übereinkommen über das auf Straßenverkehrsunfälle anwendbare Recht“[36] — vom ansonsten üblichen Erfor-

---

[30] *Schwind*, Rechtsordnung 9.

[31] Siehe *Schwimann*, Theorie 295; *Schwind*, Handbuch 20; *derselbe*, Entwurf 178; *derselbe*, Problems 432. Vgl. auch *Beitzke*, Grundgesetz 11 ff.; *Ferid*, Wechselbeziehungen 120 f.

[32] Der Begriff „autonomes“ Recht wird hier im Gegensatz zum staatsvertraglichen (konventionalen), aber gleichfalls „staatlichen“ Recht verwendet; siehe etwa *Matscher*, Zuständigkeitsvereinbarungen 5; vgl. *Kropholler*, Einheitsrecht 7; *Reichelt*, ordre public 217 (FN 1).

[33] So der treffende Titel eines Aufsatzes von *Majoros*, einem Intimkenner der hier angeschnittenen Problematik. Zum folgenden siehe ferner *derselbe*, „Bilateralisation“ (durchgehend); *Jayme*, Staatsverträge 9 ff.; *Meessen*, Staatsverträge 49 ff.; *Siehr*, Reform 187 (jeweils mit zahlreichen weiteren Nachweisen).

[34] Diese Entwicklung (im Jahre 1969!) voraussehend *Vischer*, Kritik 301: „Am Rande sei bemerkt, daß heute in Europa die Gefahr der zu zahlreichen, im sachlichen Anwendungsbereich sich überschneidenden Konventionen droht. Es wäre bedauerlich, wenn der Zustand der sich widersprechenden nationalen Kollisionsregeln abgelöst würde durch eine Vielzahl sich widersprechender Konventionen und damit eine eigentliche Wissenschaft des Konventionskonflikts notwendig würde.“ — Vgl. auch schon *Klecatsky*, Rechtsstaat 35.

[35] Zu den verfassungsrechtlichen Bedenken gegenüber dieser Erscheinung siehe *Adamovich*, Handbuch 118 ff.

[36] Siehe dazu etwa *Kropholler*, Kodifikation 258 ff.; mit weiteren Nachweisen *Schwind*, Handbuch 333 (Text des Abkommens [BGBl 1975/387] und der EB [1275 BlgNR 13. GP] abgedruckt ebenda 389 ff.).

dernis der Gegenseitigkeit befreit[37], als „loi uniforme“[38] zum wirklich innerstaatlichen Kollisionsrecht werden und dadurch eine relativ gleichmäßige Rechtsanwendung garantieren müßten[39]. In jeder Beziehung bedenklich hingegen sind detaillierte zweiseitige Verträge[40] mit jeweils unterschiedlichem Regelungsgehalt[41] oder die Verabschiedung von multilateralen Konventionen mit strengem Gegenseitigkeitserfordernis[42], welche — schwer überschaubar — nicht nur Teile des autonomen Kollisionsrechts überwuchern, sondern auch mit den Bestimmungen bereits in Kraft getretener anderer Staatsverträge in direkten oder indirekten Konflikt geraten[43]. Insbesondere auch dadurch, daß die Initiative zum Abschluß derartiger multilateraler Konventionen von den verschiedensten Institutionen[44] ausgeht, deren Arbeit keineswegs immer in vollem Umfang koordiniert und sachlich abgegrenzt ist[45], betreuen diese Staatsverträge zumeist nur einen beschränkten regionalen und persönlich-sachlichen Teilbereich, der durch die nachträglich oftmals beklagenswert geringe Ratifikationsbereitschaft[46] der einzelnen beteiligten Staaten noch weiter verengt wird.

Bedenkt man schließlich, welche Fülle an zusätzlichen Auslegungsproblemen[47] jeglicher Art gerade Staatsverträge, „die meist [verstüm-

[37] Vgl. *Siehr*, Reform 188; *Kropholler*, Einheitsrecht 288.

[38] Dazu *Bleckmann*, Verträge 28 ff.; *Neuhaus*, Grundbegriffe 78 (9 FN 28); *Schwind*, Verkehrsunfälle 330.

[39] Vorausgesetzt freilich, daß die Regelungen der Abkommen hinreichend konkretisiert sind (vgl. etwa *K. Heller*, Entwurf 134; *Siehr*, Vorentwurf 587).

[40] Vgl. *Matscher*, Abkommen 381 ff.

[41] Vgl. dazu allgemein etwa *Simitis*, Reform 240.

[42] Vgl. *Bleckmann*, Verträge 30 ff.

[43] Vgl. etwa *H. Krüger*, Kollision, FamRZ 1973, 6 - 11; *Matscher*, Diskussionsbeitrag 131.

[44] Vgl. zur Illustration etwa *Sprudzs*, Mystery 365 f.: "There are however, no figures available on the estimated grand total of the world's multilateral treaties, nor do there exist any complete listings of all the multilateral treaties concluded under the auspices of, or sponsored by, *the more than two hundred* existing inter-governmental organizations" (im Text ohne Hervorhebung).

[45] Siehe *Jayme*, Staatsverträge 11; *Majoros*, Krise 66; *Meessen*, Staatsverträge 55; *Neuhaus*, Grundbegriffe 77; *Vischer*, Kodifikation 35.

[46] „Man erlebt im Haag häufig das Schauspiel, das man ‚Konventionalisieren‘ nennen möchte, nämlich den Abschluß von Konventionen ohne Aussicht auf Ratifikation“ (*Ferid*, Privatrechtsvereinheitlichung 202); siehe auch *Vischer*, Kodifikation. Vgl. *Schwind*, Diskussionsbeitrag 432: „Das Ergebnis [der Haager Konferenz] ist eben leider ..., daß etwas beschlossen wird, was niemandem weh tut, aber auch niemanden befriedigt, und infolgedessen ist auch die Leidenschaft zur Ratifikation bei den Regierungen gering.“

[47] Siehe etwa (mit Nachweisen) *Jayme*, Staatsverträge 12; *derselbe*, Entscheidungsfindung 359: „Es gibt sicher bedeutende Leistungen der Konventionstechnik, wie z. B. das so segensreiche Haager Testamentsabkommen. Ansonsten aber sind Staatsverträge meist die Quelle zusätzlicher Probleme, welche dann auch zwangsläufig zu Gutachten führen“; *Matscher*, Anwendung;

melte] Kompromisse unvereinbarer Gegensätze nur mühsam mit einer Akrobatik der Vorbehalte überdecken, mit sich bringen"[48], ist es gewiß nicht übertrieben, die allzu unreflektierte Überproduktion an Staatsverträgen[49] und die daraus resultierenden Unzukömmlichkeiten als das moderne Problem des IPR schlechthin[50] zu bezeichnen[51].

2. Nach dieser groben Skizzierung des Ist-Zustandes im österr. IPR, den man durch eine weitere Anzahl konkreter, einer gesetzgeberischen Lösung dringend harrender Rechtsfragen[52] beliebig ergänzen könnte, scheinen die Argumente *für* eine autonomgesetzliche IPR-Kodifikation die dagegen vorgebrachten Bedenken bei weitem zu überwiegen[53]: Eine wahrhaft „internationale" Gesetzgebung, die das gesamte IPR, einschließlich der korrespondierenden Regelungen im internationalen Zivilprozeßrecht umfaßt, bleibt gegenwärtig aus vielerlei (zum Teil bereits geschilderten) Gründen Utopie. Denn „das Ziel der internationalen Kodifikationspolitik, durch Vereinheitlichung der Anknüpfungen die Rechtsanwendung in auslandsbezogenen Sachverhalten zu erleichtern und ein großes Maß an Rechtssicherheit zu schaffen"[54], ist bisher

derselbe, Zuständigkeitsvereinbarungen 129 ff. (mit Nachweisen). — Vgl. auch *Schwind,* Konventionen; treffend auch *Mayer-Maly,* öZöffR 21 [1971] 208 (Buchbesprechung): „Alle diese und viele andere Auslegungsfragen entspringen nicht zuletzt daraus, daß sich der Text der [Europäischen Sozialcharta] durch jene unscharfe Diktion und oft geradezu antijuristische Konzeption auszeichnet, die leider zum Stigma der Ausdrucksweise zwischenstaatlicher Übereinkommen geworden ist. In diesem hybriden Charakter der meisten zwischenstaatlich erarbeiteten Texte liegt ... eine ernste Gefährdung des Rechtsstaates."

48 *Jayme,* Staatsverträge 13.

49 Vgl. *Matscher,* Diskussionsbeitrag 131: „Die Inflation an Verträgen, mit der wir heute konfrontiert sind, ist, schlicht gesagt ein Unfug" (mit Beispielen).

50 Siehe *Jayme,* Staatsverträge 12. — Das Problem scheint wirklich ernst zu sein, wenn sogar besonnene Juristen Worte wie „Wildwuchs", „Unkraut", „Rechtsver*un*einheitlichung", „mess or muddle" verwenden, oder den Kampf mit der Masse von Verträgen bei der internationalrechtlichen Arbeit „Laokoon's Kampf mit den Schlangen" gleichsetzen.

51 Es fehlt aber auch nicht an Vorschlägen, wie man die „Krise der internationalen Kodifikationspolitik" überwinden könnte. Siehe dazu insbesondere *Majoros,* Krise 68 ff.; *derselbe,* „Bilateralisation"; *Sprudzs,* Mystery; zusammenfassend *Meessen,* Staatsverträge 51 - 53. Vgl. auch *Vischer,* Kritik 300 f.; *Volken,* Konventionskonflikte 307 ff.

52 Nur beispielsweise seien genannt: das Vorfragenproblem im Zusammenhang mit „hinkenden Ehen"; internationale Gestaltungswirkung inländischer Eheentscheidungen (gegenüber „kollisionsrechtlicher Relativität der Rechtskraft"); internationales Ehegüterrecht; Undifferenziertheit der sachenrechtlichen Kollisionsnorm; Immaterialgüterrecht; Deliktsrecht („Auflockerung des Deliktsstatutes", internationales Wettbewerbsrecht).

53 Einen Überblick über das Pro und Contra (mit dem Bekenntnis für eine nationale IPR-Kodifikation) gibt *Neuhaus,* Kodifizierung 453 - 465; *derselbe,* Grundbegriffe (Nachwort: Kodifizierung des IPR?) 442 - 450.

54 *Meessen,* Staatsverträge 51.

nicht erreicht worden[55]; „zur Zeit und vermutlich auch in Zukunft werden wir daher die ... beschriebene [Krise der internationalen Kodifikationspolitik] als Normalzustand ansehen und weniger ehrgeizige Ziele verfolgen müssen“[56].

Die Behauptung eines momentan noch ungefestigten Standes der einschlägigen Dogmatik[57], der fehlenden Möglichkeit einer gesicherten Orientierung im IPR[58], ferner die Beobachtung, daß gegenwärtig noch alles im Flusse sei[59], sind jedoch zum Teil glatte petitiones principii, zum Teil aber nicht nur der IPR-Wissenschaft allein innewohnende Erscheinungen. Fest steht jedenfalls, daß der auf Rechtssicherheit bedachte und notwendigerweise dezisionistisch angelegte nationale Gesetzgeber darauf nur eine begrenzte Zeit Rücksicht nehmen kann.

Ebenso doktrinär ist aber auch das Argument, wonach gerade das IPR in einem besonderen Spannungsverhältnis zwischen Einzelfallgerechtigkeit und Rechtssicherheit[60] stehe und man deshalb den Hauptanteil der kollisionsrechtlichen „Normsetzung“ eben der Rechtsanwendung überlassen müsse[61]. Abgesehen davon, daß sich die Praxis selbst — wie etwa die diesbezüglich klaren Aussagen des OGH im Rahmen seiner Judikatur zum internationalen Deliktsrecht beweisen[62] — gegen die Übernahme auch dieser Aufgabe wehrt, spricht gegen eine derart planwidrige Normsetzungsfunktion letzten Endes auch das allgemeine, in den entsprechenden Bestimmungen der österr. Bundesverfassung positivierte Verständnis vom gesetzesdeterminierten Rechtsstaat[63].

Als entscheidungsrelevant *für* eine autonome IPR-Gesetzgebung breiteren Umfanges müßte schließlich der Umstand gewertet werden, daß

---

[55] Vgl. auch *Kropholler*, Einheitsrecht 178; *Zweigert*, Armut 438.

[56] *Meessen*, Staatsverträge 52; vgl. auch *Neuhaus*, Kodifizierung 458 (461).

[57] Etwa *Vischer*, Kodifikation 31 f.

[58] Vgl. *Schwimann*, IPR 202; *Vischer*, Kodifikation 31.

[59] Treffend hierzu *Schwind*, Diskussionsbeitrag 432: „... hätte *Hammurabi* gewartet, bis die Dinge nicht mehr im Fluß sind, so wäre seine Kodifikation ebenso wenig erschienen wie die 12 Tafeln oder der Code civil.“

[60] Vgl. etwa *Vischer*, Kodifikation 30 und 77; *derselbe*, Restatement 153.

[61] Für Österreich haben diese Ansicht lediglich *Wahle* und folgend *Köhler* vertreten. Nachweise und Kritik dazu bei *Mänhardt*, Gesetz 269 f.; vgl. dazu auch *Vischer*, Richter 81.

[62] Siehe etwa OGH 2. 4. 1974 ZfRV 1976, 57 (mit Anm. *H. Hoyer*) = ZVR 1974, 333; OGH 12. 2. 1974 ZVR 1974, 232 (jeweils: „... wäre der nächste Schritt vom Gesetzgeber zu erwarten“). Auf die bedenklichen Prämissen dieser Aussagen des OGH, die Tatsache nämlich, daß es auch bisher offenkundig einer ausdrücklichen gesetzlichen Regelung im int. österr. Deliktsrecht mangelte, kann an dieser Stelle nicht näher eingegangen werden; es sollte vielmehr nur gezeigt werden, daß sich der OGH (und die Untergerichte) auch im IPR als Rechtsvollzieher und nicht als Gesetzgeber fühlen (vgl. auch *Mänhardt*, Gesetz 266 ff., und besonders *Schäffer*, Rechtsquellen 144 ff.).

[63] Siehe oben FN 31; zuletzt auch *Schwind*, Zwischenbilanz 122; vgl. auch *Zemen*, Bericht 311.

auch rechtsvergleichend[64] das Kodifikationsklima durchaus positiv ist: Neue IPR-Gesetze sind in den Staaten des sozialistischen Rechtskreises[65] (zuletzt das Rechtsanwendungsgesetz der DDR)[66] erlassen worden; Portugal[67] und Spanien[68] haben ein neues IPR. Frankreich[69], Italien[70], die Schweiz[71], Jugoslawien[72], Ungarn[73], die Benelux-Staaten[74] arbeiten daran. Die im Auftrag des Deutschen Rates für IPR von prominenten Vertretern der deutschen IPR-Wissenschaft ausgearbeiteten Vorschläge und Gutachten zur Reform des deutschen IPR[75] bekennen sich eindeutig zu einer autonomgesetzlichen IPR-Kodifikation; daß es bisher in der

---

64 Ein guter Überblick findet sich bei *Vischer*, Kodifikation, 39 ff. Siehe auch *Neuhaus*, Grundbegriffe 444; *Schwind*, Handbuch 19 f.

65 Siehe *Korkisch*, Ostmitteleuropa; *derselbe*, Entwurf; *derselbe*, Außenprivatrecht; *Neuhaus*, Sozialistisches IPR; *Uschakow*, IPR; vgl. auch *Drobnig*, Kollisionsnormen; *Makarov*, Kollisionsnormen. Nachweise auch bei *Reichelt*, IPR-Entwurf; *Schwind*, Entwurf 177.

66 „Gesetz über die Anwendung des Rechts auf internationale zivil-, familien- und arbeitsrechtliche Beziehungen sowie auf internationale Wirtschaftsverträge — Rechtsanwendungsgesetz — vom 5. 12. 1976“, GBl (DDR) I 748. Siehe dazu *Köhler*, DDR; *Espig*, Kollisionsrecht; *Mampel*, Rechtsanwendungsgesetz; *Kittke*, Neuordnung.

67 Siehe *Neuhaus / Rau*, IPR (Text ebenda 513 - 524).

68 Text des am 29. 7. 1974 in Kraft getretenen Dekretes (mit Übersetzung), abgedruckt in RabelsZ 39 (1975) 724 ff.; vgl. auch *Bergmann / Ferid* VII Spanien 6 ff. *(Rieck)*. Siehe dazu ausführlich *Cremades / Maceda*, IPR; *v. Hoffmann / Ortiz-Arce*, IPR. Vgl. auch *Jayme / Kneip*, Familienrechtsreform 186.

69 Siehe dazu *Batiffol*, Entwurf; *Makarov*, Kodifikationsentwurf; *Reichelt*, IPR-Entwurf.

70 *Luther* (Buchbesprechung), RabelsZ 33 (1969) 580 - 582.

71 Siehe *Broggini*, codification; *Vischer*, Kodifikation. Weitere Hinweise bei *Neuhaus*, Grundbegriffe 442 (FN 1205). Vgl. auch *A. Bucher*, Grundfragen 251 f.; *Keller*, Verhältnis 89 ff.; *A. F. Schnitzer*, IPR; *derselbe*, Entwurf. — Siehe ferner die Genehmigung des schweizerischen Bundesrates vom 18. 6. 1973 (schweiz. BBl I 1676 - 1679) zur „Einsetzung einer Expertenkommission für die Kodifikation des schweizerischen internationalen Privat- und Zivilprozeßrechtes, einschließlich Revision des NAG“. Danach sollten Teilentwürfe und Schlußberichte bis 31. 12. 1974 erarbeitet werden.

72 Siehe „Gesetz über das Internationale Privat- und Prozeßrecht“ (Entwurf), Jahrbuch für Ostrecht XVI/2 (1975) 189 - 214.
Für das interlokale Privatrecht vgl. „Thesen zum Entwurf eines Gesetzes über die Gesetzeskollision und den Kompetenzkonflikt nach dem inneren Recht der SFRJ“, Jahrbuch für Ostrecht XVI/1 (1975) 263 - 275.

73 Siehe *Ember*, Probleme 200 ff.; vgl. auch *Arató*, Kodifikationstechnik; *Jayme*, Entwicklungen 65 (FN 9).

74 Gesetzesvorlage zur Genehmigung des am 11. 5. 1951 zwischen Belgien, den Niederlanden und Luxemburg geschlossenen Vertrages über die Einführung eines Einheitlichen Gesetzes bezüglich des Internationalen Privatrechts. Siehe *Oliveira*, Freiheit. — Obgleich die gemeinsamen Kodifikationsbemühungen einstweilen gescheitert zu sein scheinen, kam es zu einer antizipierten Anwendung des Benelux-Einheitsgesetzes durch die Rechtsprechung.

75 Eingehend dazu (mit weiteren Nachweisen) etwa *Siehr*, Reform 204 ff.; Hinweise auch bei *Neuhaus*, Grundbegriffe 47 (FN 32).

BRD noch zu keiner ministeriellen und parlamentarischen Initiative und Bearbeitung gekommen ist, beruht gewiß nicht auf Gründen, die generell gegen den Kodifikationsgedanken im IPR an sich vorgebracht werden könnten.

Allen diesen nur beispielhaft angeführten Projekten ist im Grundsatz jedenfalls die Überzeugung gemeinsam, daß wegen der großen praktischen Bedeutung, die dem Kollisionsrecht im heutigen Rechtsleben zukommt, nicht solange abgewartet werden kann, bis Wissenschaft und Rechtsprechung zu abschließenden Ergebnissen gelangt sind; zumal schon auf Grund beinahe traditionell gewordener Meinungsdivergenz im IPR mit einiger Berechtigung bezweifelt werden muß, ob solche (von einem breiteren Konsens der Wissenschaft getragene) Ergebnisse überhaupt jemals zu erwarten sind[76].

Zusammenfassend stellt sich auch und besonders für den österr. Rechtsbereich längst nicht mehr die prinzipielle Frage, ob das IPR in autonomgesetzlichen Regelungen niedergelegt werden kann und sollte. Diese Frage wurde schon durch frühere Gesetzgebungsakte, nämlich im wesentlichen durch das ABGB von 1811 und die kollisionsrechtliche „Miniaturkodifikation“ in der 4. DVEheG entschieden. Insoferne bedarf es hier auch keiner detaillierten Erörterung bezüglich der verfassungsrechtlich gebotenen Notwendigkeit sowie dem Zweck und Umfang einer derartigen Kodifikation. Im gegenwärtigen Zeitpunkt geht es vielmehr ausschließlich darum, die bestehenden und mittlerweile als allgemein für unzulänglich erkannten gesetzlichen Bestimmungen des autonomen österr. IPR durch eine kollisionsrechtliche Neuordnung zu ersetzen, welche den geänderten und ständig steigenden Erfordernissen des grenzüberschreitenden Rechtsverkehrs bestmöglich Rechnung zu tragen vermag.

3. Die Bemühungen zu einer umfassenden Neugestaltung des österr. IPR reichen verhältnismäßig weit zurück[77]. Aktenmäßig lassen sich die Arbeiten an einem ersten Ministerialentwurf, der 39 Paragraphen enthielt, bis in das Jahr 1905 zurückverfolgen. Ein redigierter zweiter Entwurf wurde dem Außen- und Innenministerium Mitte des Jahres 1905 zur Stellungnahme übermittelt. Die Bemerkungen des Innenministeriums, sowie auch insbesondere die Anregungen des damaligen Justizminister Franz *Klein* führten zur Redaktion eines dritten Entwurfes, der 1907 fertiggestellt war. Offenkundig auch mitbeeinflußt durch die Teil-

---

[76] In diesem Sinn bliebe „kodifikatorischer Rechtspartikularismus“ in der Tat das geringere Übel gegenüber einer auf staatsvertraglicher Ebene „inflationsartig anschwellender Gelegenheitsgesetzgebung *oder einem Versagen vor den Ordnungsaufgaben überhaupt*“ (*Schäffer*, Rechtsquellen 155; im Text ohne Hervorhebung).

[77] Die folgende Darstellung folgt weitgehend *Matscher*, Geschichte 61 f.

kodifikation des IPR im deutschen EGBGB ist der Ruf nach einer entsprechenden Kodifikation des österr. IPR — dieses enthielt im ABGB bekanntlich keine ausdrücklichen, das Familienrecht betreffenden Anknüpfungsregeln — auch anläßlich der Jahrhundertfeier des ABGB laut geworden. Auf Antrag der Kommission für Justizgegenstände hat dann das Herrenhaus eine Resolution beschlossen, mit der die Regierung aufgefordert wurde, „die Vorlage eines besonderen Gesetzes über das Internationale Privatrecht möglichst zu beschleunigen". Die daraufhin eingesetzte Kommission, der ein umgearbeiteter, nunmehr vierter Entwurf zugrunde lag, erstellte unter maßgeblicher Einflußnahme des damaligen Referenten G. *Walker* zunächst einen fünften und schließlich einen sechsten Entwurf.

Dieser insgesamt 59 Paragraphen umfassende Entwurf[78] wurde anfangs des Jahres 1914 dem Begutachtungsverfahren zugeleitet; zu einer formellen Regierungsvorlage und deren Überweisung an die gesetzgebende Körperschaft ist es infolge des Ausbruchs des ersten Weltkrieges und der de facto-Suspendierung des Parlamentes nicht mehr gekommen. Auch in der ersten Republik wurden diese Kodifikationsinitiativen nicht mehr aufgegriffen. Es liegt die Vermutung nahe, daß man dadurch einer etwaigen Kollisionsrechtsvereinheitlichung mit dem Deutschen Reiche, bzw. einer etwaigen späteren gemeinsamen IPR-Kodifikation nicht vorgreifen wollte; darüberhinaus gab es in der Zwischenkriegszeit politisch zweifellos Wichtigeres zu tun, als sich einer derart anspruchsvollen legislatorischen Aufgabe zuzuwenden. Interessantes Detail am Rande ist, daß der ehemalige „Wiener" oder „Walker'sche" Entwurf zahlreiche andere Kodifikationsarbeiten, wie etwa die von Polen und der jetzigen CSSR nachhaltig beeinflußt hat[79].

Der Gedanke einer Kodifikation des österr. IPR wurde bald nach dem zweiten Weltkrieg vom BMfJ neuerlich aufgenommen[80]. Nach einigen ministeriumsinternen Vorarbeiten wurde dann anfangs der 60er Jahre Professor *Schwind* mit der Ausarbeitung eines entsprechenden Entwurfes betraut, der von ihm 1971 dem BMfJ vorgelegt und auch publiziert wurde[81]. Diese Arbeit, sowie ein von Sektionschef V. *Hoyer* dazu erstell-

---

[78] Abgedruckt im ANHANG III.

[79] Siehe *Matscher*, Geschichte 62; ferner *Korkisch*, Außenprivatrecht 135 f. („Das neue Gesetz [der CSSR] entspricht trotz mancher wichtiger Änderungen nicht nur in zahlreichen Einzelbestimmungen, sondern auch in wesentlichen Grundgedanken der bisherigen Regelung und beruht damit insoweit immer noch auf dem österreichischen IPR-Entwurf von 1913, der sowohl für das tschechoslowakische IPR-Gesetz von 1948, wie auch für das polnische IPR-Gesetz von 1926 Vorbild und Grundlage war"); siehe auch *derselbe*, Entwurf 69. Vgl. ferner *Uschakow*, IPR 198.

[80] Vgl. hier auch *Schwind*, Zwischenbilanz 121 f.

[81] *Schwind*, Entwurf (abgedruckt im ANHANG II). Siehe dazu *Neuhaus*, Entwurf; vgl. auch *Reindl*, Bemerkungen.

tes Gutachten, lagen einer von Justizminister *Broda* eingesetzten Fachkommission vor, die schließlich Mitte 1975 einen Entwurf über ein „Bundesgesetz ... über das internationale Privatrecht" fertiggestellt hat. Dieser Entwurf wurde samt den über weite Partien recht umfangreichen und ausführlich belegten amtlichen „Erläuterungen" anfangs des Jahres 1976 zur allgemeinen Begutachtung versandt[82].

Prognosen über das weitere Schicksal dieses Entwurfes zu treffen, sind schwierig. „Die Regierungserklärung des Jahres 1975 hat dieses Gesetzgebungsvorhaben nicht erwähnt, es ist jedoch anzunehmen, daß es im Laufe der Legislaturperiode zu einer Regierungsvorlage kommen wird. Ob und wann der immer mit dringenden Aufgaben überlastete Justizausschuß des Nationalrates Zeit und Gelegenheit haben wird, sich mit dieser schwierigen, den meisten Parlamentariern wenig vertrauten und zudem politisch unergiebigen Materie zu befassen, bleibt abzuwarten[83]."

---

[82] Mit BMfJ 6. 2. 1976, GZ 20.150/23-I 12/75. Vgl. dazu *Edlbacher*, Übereinkommen; *derselbe*, ÖJZ 1976, 530 (Buchbesprechung); *Schwind*, Zwischenbilanz 122 ff.; Kurzbericht auch in ZVR 1976, 169 f. (von *Haupfleisch*).

[83] *Schwind*, Zwischenbilanz 122. — Vgl. auch oben FN 22.

II. Der Entwurf eines Bundesgesetzes über das Internationale Privatrecht (Ministerialentwurf 1976)

1. Äußere Gliederung

In bereits gewohnt gewordener Anlehnung an die Systematik und die Systembegriffe des jeweils zu Grunde liegenden Sachrechts[1] wurde der nunmehr vorliegende Ministerialentwurf 1976[2] in acht Abschnitte mit insgesamt 57 Paragraphen gegliedert: *Allgemeine Bestimmungen, Personenrecht, Familienrecht, Erbrecht, Sachenrecht, Immaterialgüterrecht, Schuldrecht* und *Schlußbestimmungen.* Im Gegensatz zum *Schwind*-Entwurf[3] betrifft der Ministerialentwurf aber ausschließlich das internationale Privatrecht im engeren Sinn: „Da eine gesetzliche Regelung auf diesem Gebiet vordringlich ist, hat die Kommission zur Vermeidung von Verzögerungen das internationale Verfahrensrecht von den Beratungen zunächst ausgenommen; die Arbeiten werden jedoch mit dem Ziel der Erstellung eines das internationale Verfahrensrecht betreffenden eigenen Gesetzesentwurfes fortgesetzt[4]."

2. Regelungsgrundsätze

Die in den „Erläuterungen" zum Entwurf[5] als tragend deklarierten Grundsätze (die überwiegend zugleich auch diejenigen des *Schwind*-Entwurfes waren) sind:

a) Der *„Grundsatz der engsten Beziehung"* als methodischer Ausgangspunkt und Leitlinie des gesamten Entwurfes;

b) Die Verwirklichung des *Gleichheitsgrundsatzes,* insbesondere der Gleichberechtigung von Mann und Frau auch auf dem Gebiet des IPR[6]

---

[1] Vgl. etwa *Scheucher,* Qualifikationsproblem 229 (FN 5: „Da der Gesetzgeber heute in der Regel für die Kollisionsnormen dieselben Systembegriffe verwendet wie für die Sachnormen"); vgl. auch *Siehr,* Wechselwirkungen 467, 474 ff. Für eine vom eigenen Sachrecht losgelöste Methode „funktionell-typischer Systembegriffsbildung" aber *Braga,* Kodifikationsgrundsätze 424 ff.

[2] Im folgenden Entwurf genannt. Paragraphenbezeichnungen ohne weiteren Bezug betreffen diesen Entwurf.

[3] Gesetzesvorschlag zum IZPR in ZfRV 1971, 174 (erläuternde Bemerkungen dazu ebenda 245 ff.).

[4] Erläuterungen 5.

[5] Erläuterungen 6 f.

[6] Die Erläuterungen geben dafür keine nähere Begründung. Siehe aber schon *Bydlinski,* Gleichheitsgrundsatz 159: „Auch das IPR bedarf daher der

durch die Wahl entsprechend gleichheits- *und* sachgemäßer Anknüpfungen (so die Verweisungsnormen betreffend die persönlichen Rechtswirkungen der Ehe [§ 20], das Ehegüterrecht [§ 21], die Ehescheidung [§ 22], die eheliche Abstammung und die Legitimation [§§ 23, 24] sowie die Wirkungen der Ehelichkeit und der Legitimation [§ 26]);

c) als unumgängliche und auch gleichsam vorweggenommene Konzession an die zum Teil berechtigten Politisierungs- und Materialisierungsbestrebungen im IPR[7] sollen die gerechtfertigten *Interessen sozial schutzbedürftiger Personen* mit Hilfe des IPR berücksichtigt werden[8]; dies findet etwa Ausdruck in der den Konsumenten schützenden Ver-

---

Anpassung in die Gleichberechtigung. Der Grundsatz, an dem man sich dabei zu orientieren hat, liegt sehr nahe und ist ziemlich anerkannt: Die letzte gemeinsame Staatsbürgerschaft der Ehegatten erscheint als gleichheits- und sachgemäßer Anknüpfungsgrund." Vgl. auch *Edlbacher*, Rechtsbeziehungen. Ebenso OGH 17. 12. 1976 JBl 1977, 419 = EvBl 1977/141. — Die Beachtlichkeit des Gleichheitsgrundsatzes im IPR ablehnend auf Grund seines eigenwilligen Verfassungsverständnisses offenbar auch de lege ferenda *Schwind*, Verfassung 124.

Für Hinweise aus dem deutschen Rechtsbereich, namentlich im Anschluß an die Entscheidung des dt. Bundesverfassungsgerichts im berühmten „Spanierfall": — deutsche IPR-Vorschriften sind in vollem Umfang an den Grundrechten zu messen — (BVerfGE 31/58 v. 4. 5. 1971 = NJW 1971, 1509 = FamRZ 1971, 414 = MDR 1971, 823 = RabelsZ 36 (1972) 145 = StAZ 1971, 189 = IPRspr 1971/39); siehe dazu statt vieler etwa *Gamillscheg*, Vorschlag; *derselbe* in Staudinger 38 ff. (Vorbemerkung zu Art. 13 EGBGB, RZ 41 - 53); *Henrich*, Gleichberechtigung; *derselbe*, Rechtschaos; *Kropholler*, Gleichberechtigung 81 ff.; *derselbe*, Aufenthaltsprinzip II; *Lockemann*, Kollisionsnormen; *Sonnenberger*, Bedeutung 263 ff.; *Sturm*, Durchbruch; vgl. auch *Raape / Sturm*, IPR 207 ff.

Bezüglich des Verhältnisses Verfassungsrecht (Grundrechte) — (deutsches) staatsvertragliches IPR, siehe *Jayme*, Staatsverträge 16 ff.; *Meessen*, Staatsverträge 68 ff.

7 „Politisierung des IPR heißt eine Konzeption, die im modernen Privatrecht nicht mehr (allein) privaten Interessensschutz, sondern staatliche Sozialgestaltung sieht und dementsprechend dem IPR die Aufgabe stellt, die *Kollision der Interessen zweier oder mehrerer Staaten an der Durchsetzung ihrer Sozialordnung gegenüber Sachverhalten mit Auslandsbeziehung zu lösen*" (*E. Rehbinder*, Politisierung 151).

„Ist die Tendenz zur Politisierung des Kollisionsrechtes durch eine zunehmende, aber (einstweilen) doch bei weitem nicht totale Umbildung früheren Privatrechts in öffentliches Recht bedingt, so trifft die Tendenz zur ‚Materialisierung' tatsächlich das gesamte IPR. Gemeint ist der immer stärkere Drang, materiellrechtliche Gesichtspunkte im Kollisionsrecht mitspielen zu lassen ... Die heutige ‚skeptische Generation' möchte die ‚Augenbinde *Savigny's*' ablegen und sich die Sachnormen *vor* der kollisionsrechtlichen Entscheidung ansehen" (*Neuhaus*, Wege 407).

Für weitere Hinweise zum „Funktionswandel des Kollisionsrechtes"(*Joerges*) siehe (neben den oben Genannten) statt vieler etwa *A. Bucher*, Grundfragen 49 ff., 71 ff.; *Firsching*, Entwicklungstendenzen; *Juenger*, Wandel; *Kegel*, Sachnorm 70 ff.; *Koppensteiner*, Aspekte 72 - 77; *Krenn*, Anknüpfung 494 ff.; *E. Lorenz*, Struktur 15 ff. und 74 ff.; *Schwimann*, IPR 202; *Steindorff*, Entwicklungen; *Zweigert*, Armut.

8 Für das internationale Schuldvertragsrecht vgl. besonders *v. Hoffmann*, Schutz.

weisungsnorm für Verbraucherverträge [§ 43], in der Beschränkung der Parteiautonomie im Bereich des Arbeitsvertragsrechts [§ 46 Abs. 3]; hierher gehören auch die einer Begünstigung der Ehelichkeit, der Legitimation[9] sowie der Feststellung und Anerkennung der Vaterschaft zu einem unehelichen Kind dienenden subsidiären Anknüpfungen[10] in den §§ 23 Abs. 1, 24 Abs. 2, 27 Abs. 1 zweiter Satz;

d) es soll ferner der Gedanke verwirklicht werden, daß das auf Grund einer Verweisungsnorm zur Anwendung im Inland berufene *fremde Recht nach Möglichkeit genauso wie in dessen ursprünglichem Geltungsbereich angewendet wird;* das fremde Recht soll bei seiner Inlandsanwendung so wenig wie möglich verändert, in seinen Ergebnissen verfälscht oder sonstwie denaturiert werden (diesem Grundsatz dient etwa die im § 5 vorgesehene mehrstufige Qualifikationsmethode[11], die im § 6 festgelegte Maßgeblichkeit von Rück- und Weiterverweisung, ja letztlich auch die Regelung betreffend das Ersatzrecht bei Eingreifen der Vorbehaltsklausel im § 7 Abs. 2, ferner gehören hierher die in den §§ 20 Abs. 2 und 26 Abs. 2 vorgesehenen Ersatzanknüpfungen);

e) funktionell einer ähnlichen Überlegung folgend, sollen auch *inhaltlich zusammenhängende Rechtsgeschäfte* tunlichst nach den Vorschriften ein und derselben Rechtsordnung beurteilt werden; die Beurteilung abhängiger Rechtsgeschäfte, wie beispielsweise Pfandvertrag, Bürgschaft, Novation, Schuldübernahme — wohl auch Schulderlaß[12] u. dgl. —

---

9 Vgl. etwa *Jayme*, Entwicklungen; *Siehr*, Stellung; *derselbe*, Reform 28.

10 Vgl. in diesem Zusammenhang richtig *A. Bucher*, Grundfragen 63: „Ähnlich wie die Rechtswahl, so stellen m. E. auch alternative Anknüpfungen, die zur Anwendung eines in bestimmter Hinsicht ‚günstigeren' Rechts führen sollen, in der Mehrzahl lediglich Hilfslösungen dar, mit denen auf eine unter Umständen zweifelhafte Abgrenzung der Anwendungsbereiche im Konflikt stehender Rechte verzichtet wird, um damit offensichtliche Rechtsinteressen nicht zu gefährden. Insofern kann es sich nur um Randerscheinungen der kollisionsrechtlichen Normenbildung handeln" (mit weiteren Nachweisen). *A. Bucher* (ebenda 64) ist aber auch darin zu folgen, „daß solche Lösungen zu einer rechtsungleichen Behandlung internationaler gegenüber nationalen (nur mit einer Rechtsordnung verbundenen) Sachverhalten führen können". In diesem Sinne neuerdings auch *E. Lorenz*, Struktur, insbesondere 83 f.

Reinen Inlandsfällen kommt die *kollisionsrechtliche Korrektur* rigider Rechtsvorschriften eben nicht zugute. Siehe grundlegend dazu *Wengler*, Gleichheitsprinzip (speziell zur Bedenklichkeit der alternativen oder kumulativen Anknüpfung, ebenda 335); vgl. auch *derselbe*, Principles 322 ff. Das gleiche (u. U.) verfassungsrechtliche Problem würde überdies auch bei Praktizierung „fakultativen Kollisionsrechts" auftreten (Hinweise dazu unten bei IV. 1. a) aa) Seite 62 FN 7).

11 Zu dieser von *A. F. Schnitzer* (weiter)entwickelten und von *Scheucher* modifizierten und verfeinerten Qualifikationsmethode siehe *H. Hoyer*, ZfRV 1975, 50 (Entscheidungsbesprechung); *Mänhardt*, IPFR 21 f.; *Schwind*, Entwurf 191 f.; *derselbe*, Handbuch 48 f.; vgl. mit Judikaturhinweisen auch *Zemen*, Vaterschaft 221 f. — Zu den „wahren" Erfindern (offenbar war es schon *Anzilotti* im Jahre 1904) der zweistufigen Qualifikationstheorie siehe *Goldschmidt*, Erfassung 128.

folgt somit dem Recht der diesen Rechtsgeschäften zu Grunde liegenden Verbindlichkeit (ausdrücklich § 48, aber auch die §§ 49, 50 jeweils im zweiten Halbsatz); sachlich gehört hierher auch die entsprechend dem Vorschlag von *Kropholler*[13] vorgesehene Möglichkeit, deliktische Schadenersatzansprüche, die mit einem zwischen den am Schadensfall Beteiligten bereits bestehenden Vertragsverhältnis (etwa zwischen Arbeitnehmer und Arbeitgeber) oder mit einem kraft Gesetzes bestehenden Sonderrechtsverhältnis (etwa zwischen Mündel und dem Vormund oder zwischen Ehegatten) zusammenhängen, dem Vertrags- bzw. dem „Sonderrechtsstatut" (akzessorisch) zu unterstellen;

f) schließlich ist als weiteres Kodifikationsprinzip noch die in der 4. DVEheG oft schmerzlich vermißte *allseitige Formulierung* der Verweisungsnormen (welche das Vermeiden der Normierung spezieller Vorbehaltsklauseln impliziert) zu erwähnen.

Eine kritisch-systematische Gesamtwürdigung und Analyse des vorliegenden Gesetzesentwurfes, aller seiner tragenden Grundsätze und deren Ausführung wäre zweifellos ebenso reizvoll und lohnend, wie eine detaillierte, vor allem auch rechtsvergleichend angelegte Auseinandersetzung mit jeder einzelnen seiner Bestimmungen. Abgesehen vom dazu erforderlichen Aufwand (es hieße ein komplettes System des IPR zu schreiben) würde jedoch ein derartiges Vorhaben zudem ständig Gefahr laufen, vom Gesetzgeber selbst überholt zu werden und sollte daher sinnvollerweise einem definitiv beschlossenen IPR-Gesetz vorbehalten bleiben. Schwerpunktbildungen und eine auch schon rein umfangmäßige Beschränkung auf — freilich subjektiv gesehen — besonders markant erscheinende Teilaspekte der geplanten Neuregelung des österr. IPR sind daher vonnöten.

Bereits die mit § 1 des Entwurfes, namentlich dem darin statuierten Anknüpfungsgrundsatz der „engsten Beziehung", verbundene Problematik erfordert eine etwas eingehendere Behandlung. Nicht nur deswegen, weil dieser Grundsatz auch schon im *Schwind*-Entwurf als „Generalklausel und somit als Leitfaden"[14] der gesamten beabsichtigten kollisionsrechtlichen Neuordnung betrachtet wurde, sondern vornehmlich auch deshalb, weil die Regelung dieses programmatischen Zweckparagraphen mehr als jede andere, letztlich davon abzuleitende Bestimmung des Entwurfes Grundfragen der österr. Gesamtrechtsordnung berührt.

[12] a. M. allerdings *Schwimann*, Schuldgeschäft 117 f. (mit reichen Hinweisen zur gesamten Problematik).

[13] Anknüpfungssystem 625 ff.; *derselbe*, Kodifikation 257. Vgl. auch *Jayme*, Familie 309 ff.

[14] *Schwind*, Entwurf 181.

III. „Methodischer Ausgangspunkt und Leitlinie“[1] der künftigen IPR-Kodifikation: „Grundsatz der engsten Beziehung“

„Maßgebliche Rechtsordnung, Grundsatz der engsten Beziehung

§ 1 (1) Ein Recht oder Rechtsverhältnis, dem ein Sachverhalt mit einem auf eine fremde Rechtsordnung hinweisenden Merkmal zugrunde liegt, ist nach der Rechtsordnung zu beurteilen, zu der es die engste Beziehung hat.

(2) Soweit dieses Bundesgesetz oder eine andere Rechtsvorschrift eine besondere Regelung über die anzuwendende Rechtsordnung trifft (Verweisungsnorm), sind die darin angeführten Anknüpfungspunkte Ausdruck dieser engsten Beziehung.“

1. Allgemeine Vorbemerkung

Die Absicht, an die Spitze des geplanten BG über das internationale Privatrecht eine Generalnorm zu stellen, an der sich im Zweifel *jegliche*[2] international-privatrechtliche Rechtsanwendung zu orientieren hätte, ist aus methodischen wie auch aus praktischen Gründen prinzipiell zu bejahen[3]. Dadurch würde nicht nur die auch künftighin zweifellos unumgängliche Rechtsfortbildung im österr. IPR positivrechtlich verankert werden[4], sondern insbesondere auch eine Erweiterung dieses Rechtsbereiches um derzeit noch nicht aktuelle oder de lege lata nur schwer erfaßbare Rechtsfiguren (wie etwa die im Entwurf nicht ausdrücklich vorgesehene Möglichkeit[5] der „Sonderanknüpfung“[6] sogenannter wirt-

[1] So die Erläuterungen 6.

[2] d. h. nicht nur die im IPR-Gesetz selbst, sondern auch außerhalb verstreut geregelten Materien (vgl. § 55 des Entwurfes). Die Einbeziehung staatsvertraglich geregelten Kollisionsrechtes erscheint allerdings bedenklich.

[3] Einen derartigen „einleitenden Zweckartikel“ bejahend auch neuerdings *A. Bucher*, Grundfragen 249, mit weiteren Nachweisen und entsprechendem Gesetzesvorschlag (ebenda 251): „I. Grundsatz: Dieses Gesetz regelt: ... b) die Bestimmung der Rechtsordnung, mit welcher die vom Gesetz erfaßten Sachverhalte im engsten Zusammenhang stehen; ...“ — Siehe ferner (mit Nachweisen) besonders *Dietzi*, Ausweichklausel (durchgehend), der ebenfalls eine Verbindung zwischen einer *aprioristischen Anknüpfung* (dichtes und differenziertes Netz von Anknüpfungsregeln) und einer Richtliniencharakter eignenden *Generalnorm* (engster funktioneller Zusammenhang) empfiehlt. Vgl. dazu auch *Neuhaus*, Grundbegriffe 449 f.

[4] Siehe Erläuterungen 10; *Schwind*, Entwurf 180; vgl. auch *Edlbacher*, ÖJZ 1976, 530 (Buchbesprechung *Schwind*); *H. Hoyer*, Wege 171 f.

[5] Vgl. aber Art. 7 des „Vorentwurf[es] eines Übereinkommens über das auf vertragliche und außervertragliche Schuldverhältnisse anwendbare Recht“ (der Kommission der Europäischen Gemeinschaften), abgedruckt in RabelsZ

schafts- und sozialpolitischer Eingriffsgesetze)[7] nicht von vornherein ausgeschlossen[8].

38 (1974) 211 - 219. Art. 7 lautet: „Weist der Vertrag auch Verbindungen mit einem anderen als dem Staat auf, dessen Recht nach den Artikeln 2, 4, 5, 6, 16, 17, 18 und 19 Abs. 3 anwendbar ist, und enthält das Recht dieses anderen Staates Vorschriften, die den Sachverhalt zwingend in einer Weise regeln, welche die Anwendung jedes anderen Rechts ausschließt, so werden diese Vorschriften insoweit berücksichtigt, als ihre Art und ihr besonderer Zweck diese Ausschließlichkeit rechtfertigen könnten." — Eine derartige „Sonderanknüpfungsregel" aber vehement ablehnend *Kegel*, Sachnorm 84 („Die Gefahr des Art. 7 liegt darin, daß schlafende Hunde geweckt und Übereifrige ermutigt werden. Er würde daher weit besser verschwinden"); skeptisch auch *K. Heller*, Entwurf 124 f.

Zum EG-Vorentwurf allgemein siehe *K. Heller*, Entwurf; *Lando*, Convention (33 ff.); *Nadelmann*, AJCL 21 (1973) 584 - 592; *Siehr*, Vorentwurf (zu Art. 7: ebenda 578); *derselbe*, Reform 199 ff.

6 Aus dem schier unübersehbar gewordenen Schrifttum zu dieser Art von Sonderanknüpfung („die aus dem internationalen Geltungsanspruch bestimmter Sachnormen abgeleitet wird" [*Koppensteiner*, Unternehmen 146]), siehe aus jüngerer Zeit statt vieler (mit weiteren Nachweisen) *Habscheid*, Grenzen 53 ff.; *Kegel*, Sachnorm; *Koppensteiner*, Aspekte 72 ff.; *Krenn*, Anknüpfung 495 f.; *Mann*, Eingriffsgesetze 156 ff.; *E. Rehbinder*, Politisierung 156 ff.; *Schulte*, Anknüpfung; *Schwander*, Sonderanknüpfung; *Steindorff*, Entwicklungen, 164 ff.

7 Vgl. dazu auch die Ausführungen von *Schwind*, Handbuch 299 (305) zur „Wirkungsstatut-Judikatur" des OGH: „Zusammenfassend ergibt die Analyse der einschlägigen Judikatur, daß das sog. ‚Wirkungsstatut' einmal auf Erwägungen des positiven ordre public beruht, wenn österreichische Lenkungs- und Schutzvorschriften für den österreichischen Bereich durchgesetzt werden sollen." — Allerdings kann mit Hilfe des positiven ordre public lediglich der Geltungsanspruch *österr.* „Eingriffsnormen" vor einem *österr.* Forum anknüpfungsmäßig gerechtfertigt werden. Den zweifellos ebenso bestehenden int. Geltungsanspruch fremder „Eingriffsnormen" wird man hingegen (kollisionsrechtsdogmatisch sauber) nur mit einer differenzierten Sonderanknüpfungsmethode begründen können.

8 Mit dem (vorgeblich klassischen-savignyschen) „Grundsatz der engsten Beziehung" wäre die (moderne) Theorie der Sonderanknüpfung ohne weiteres zu vereinbaren, denn „im Grunde ist die allseitige Fragestellung des internationalen Privatrechts — welche Rechtsordnung ist am besten geeignet, einen Sachverhalt zu regeln? — nur bei politischen Kampfmaßnahmen fehl am Platze. Überall dort dagegen, wo der Staat ordnend, regelnd und fürsorgend wirkt, kann man durchaus fragen: Welcher Staat [welche Norm] ist am nächsten daran, diesen Sachverhalt [Teile desselben] zu regeln? Die ... Sonderanknüpfungen ausländischer öffentlich-rechtlicher Normen bedeuten nur scheinbar eine Beeinträchtigung des überlieferten internationalen Privatrechts, in Wirklichkeit erstrecken sie seine Methode auf Gebiete, die sich bisher der normalen kollisionsrechtlichen (international-schuldrechtlichen) Behandlung entzogen und daher zur gehäuften Anwendung des ordre public geführt haben" (*Zweigert*, IPR 140 f.). In diesem Sinn auch *Bullinger*, Recht 105 (106): „Vor allem aber macht es die Theorie der Sonderanknüpfung erforderlich und möglich, die unfruchtbare Zweiteilungslehre [nämlich die Unterscheidung von Internationalem Privatrecht und Internationalem öffentlichen Recht, von Privatrecht und öffentlichem Recht] auch in ihrer kollisionsrechtlichen Variante aufzugeben und für typische Lebens- und Rechtsverhältnisse in ihren verschiedenen Aspekten unbefangen nach sachgerechten Kollisionsregeln zu suchen." Siehe auch *Zweigert*, RabelsZ 31 (1967) 368 (Buchbesprechung *Vogel*); ferner *A. Bucher*, Grundfragen 30 (54). — Vgl. auch *Neuhaus*, Grundbegriffe 40; (schon) *Wiethölter*, ordre public 157 f.

Daß die damit erreichbare Offenheit und Beweglichkeit des IPR-Systems zugleich einen Großteil der Argumente zu entkräften vermag, die gegenüber einer nationalen IPR-Kodifikation zum gegenwärtigen Zeitpunkt vorgebracht werden (wie Zementierung von Lösungen in einer Zeit kollisionsrechtsmethodischen Umbruchs[9], ungefestigter Stand der einschlägigen Dogmatik, u. ä. m.), sei hier lediglich am Rande erwähnt.

Es liegt aber auch auf der Hand, daß eine Norm, welche die ihr zugedachte, nur allzu komplexe Aufgabenstellung — nämlich kollisionsrechtsmethodische Grundlegung, Auslegungs- und Lückenfüllungsregel, mehr oder weniger abstrakte Umschreibung des Regelungsgegenstandes „IPR“ — mit den der allgemeinen Rechtslehre nicht unbedingt geläufigen Begriffen wie „Auslandssachverhalt“ und dessen „engster Beziehung“ zu einer bestimmten Rechtsordnung bewältigen muß, beinahe zwangsläufig Kritik herausfordert. Gleichwohl richten sich die folgenden Bemerkungen nicht gegen die Verwendung dieser genannten heuristischen Prinzipien an sich. Denn wer die Idee des IPR, nämlich die Anwendung fremden Rechts auf gewisse, im Inland zur forensischen Beurteilung gelangender Sachverhalte akzeptiert, wird bei der Suche nach differenzierten Anwendungskriterien schwerlich auf das längst nicht mehr im *Savignyschen* Sinn allein geographisch[10] verstandene Bild einer wie immer nun gearteten Beziehung zwischen einer Rechtsordnung (oder Teilen derselben) und einem zu beurteilenden Sachverhalt (oder Elementen desselben) verzichten können. Jedenfalls steht mittlerweile fest, daß die Protagonisten eines „neuen“ IPR[11], welche wohlgemerkt die Notwendigkeit der Heranziehung fremden Rechts zur Beurteilung bestimmter Sachverhaltstypen nicht grundsätzlich leugnen wollen[12], bisher auch noch keine methodisch unanfechtbare und vor

---

9 Siehe *Vischer*, Kodifikation 47; vgl. *Neuhaus*, Grundbegriffe 445.

10 Vgl. etwa *Neuhaus*, Grundbegriffe 165 („Mit Recht ist gegenüber der Formel des Schweizer Bundesgerichts von der Maßgeblichkeit des Rechtes des engsten räumlichen Zusammenhangs kritisch darauf hingewiesen worden, daß der Bereich des Gesetzes kein ‚primär räumlicher, sondern ein sozialer ist‘“). — *Vischer* (Fragen 47) spricht von der „Einordnung des Rechtsverhältnisses nach seinem funktionellen Zusammenhang“. Vgl. dazu auch *A. Bucher*, Grundfragen 49 ff.; *Keller*, Verhältnis 86 (FN 81); *Vischer*, Richter 87.

11 Hinweise und Analyse dazu etwa bei *Neuhaus*, Wege; *E. Rehbinder*, Politisierung; vgl. auch *Firsching*, Entwicklungstendenzen.

12 Mit dem Gleichbehandlungsgrundsatz kaum zu vereinbarende Ansätze dazu finden sich allerdings bei *Flessner*, Kollisionsrecht; ähnlich wie dieser *Simitis*, Entscheidungsfindung 15 („Konkreter: Die Gerichte haben grundsätzlich nach den vom inländischen Recht vorgesehenen materiellen Regeln zu entscheiden. Ausländisches Recht darf dagegen nur zum Zuge kommen, wenn dies die Betroffenen mit Rücksicht auf ihre Interessen ausdrücklich wünschen“). Vgl. in diesem Zusammenhang auch neuerdings *Zweigert*, Armut 445 f.

allem einigermaßen praktikable kollisionsrechtliche Arbeitshypothese[13] angeboten haben.

Die Bedenken gegenüber dem geplanten Einleitungsparagraphen zielen daher nicht unmittelbar auf den dadurch künftig zur Norm erhobenen „Grundsatz der engsten Beziehung", sondern vielmehr auf Details seiner Ausführung; vor allem aber auch darauf, wie in diesem Zusammenhang immerhin vorstellbare und wie sich später zeigen wird, auch tatsächlich existierende Konfliktmöglichkeiten zwischen dem IPR und der rechtsstaatlichen österr. Verfassungsordnung bagatellisiert wurden.

2. Die Tatbestandselemente des § 1 Abs. 1

a) „*Recht oder Rechtsverhältnis*"

Ohne auf die seit *Savigny* und in Verkennung seines ganz spezifischen Rechtsverständnisses oftmals zu Unrecht[14] gegen ihn geführte Kontroverse um das „Rechtsverhältnis" und dessen „Sitz" näher einzugehen[15], ist zunächst festzuhalten, daß die Anführung der Begriffe „Recht" und „Rechtsverhältnis" in der Tatbestandsbeschreibung von § 1 Abs. 1 nicht nur überflüssig, sondern letztlich auch irreführend ist. Durch die Verwendung dieser Begriffe wird nämlich die kollisionsrechtliche Rechtsanwendung augenscheinlich auf den Bereich der subjektiven Rechte[16] eingeschränkt, obgleich unzweifelhaft feststeht, daß gerade auch „reine" Tatsachen (wie etwa die Geburt oder der Tod eines Menschen, der Zusammenstoß zweier Kraftfahrzeuge u. dgl.) kollisionsrechtlich rele-

[13] Siehe vor allem *E. Lorenz*, Struktur 97 ff. — Vgl. aber etwa *P. M. Gutzwiller*, Ziel 195 („man wird — zugegebenermaßen oft auf Kosten der Parteien — experimentieren müssen"!?); *Heini*, Interessen 391 f.; ferner *E. Rehbinder*, Politisierung 158 („Insgesamt erscheint der Ansatz der ‚politischen Schule' zwar theoretisch bestechend, aber praktisch bisher kaum durchführbar. Man wird deshalb experimentieren müssen").

Daß sich jedoch das IPR sehr wohl „neuen, differenzierten Bedürfnissen anpassen kann, ohne mit der Tradition zu brechen", zeigt *Neuhaus*, Wege 412 ff.; ganz besonders aber *A. Bucher*, Grundfragen 102, 203 (204 ff.).

[14] Siehe treffend *A. Bucher*, Grundfragen 11: „In der Auseinandersetzung ... muß man sich allerdings davor hüten, ein erst von den Nachfolgern *Savignys* geprägtes Interpretationsbild unbesehen auf *Savignys* Theorie zu übertragen, und so zu glauben, Widersprüche im Gedankengang eines Mannes entdecken zu können, dem gerade an einer systematisch klaren Durchdringung des Rechts am meisten gelegen war." Ähnlich *Stöcker*, ordre public 123; vgl. auch *Jochem*, Erbrecht 6 (FN 14).

[15] Zu *Savigny* und „seinem" IPR siehe etwa *A. Bucher*, Grundfragen 9 ff.; *Coing*, Rechtsverhältnis; *M. Gutzwiller*, Einfluß; *Joerges*, Funktionswandel 4 - 20; *E. Lorenz*, Struktur 41 ff.; *Neuhaus*, Savigny; *Steindorff*, Sachnormen 37 ff.; vgl. auch *Maridakis*, Lehre 312.

[16] Siehe etwa *Jochem*, Erbrecht 6 (FN 14); *Joerges*, Funktionswandel 8; *Kegel*, Gegenstand 14 f.; *Steindorff*, Sachnormen 45 ff.; *Wiethölter*, ordre public 140.

vant und dementsprechend subsumtionswürdig sein können. Dazu kommt aber noch der grundsätzliche Einwand, wonach subjektive Rechte oder Rechtsverhältnisse[17] nicht als „von der objektiven Normordnung unabhängige Gegebenheiten“ anzusehen sind, „die dieser neben- oder gar übergeordnet“[18] sind, demnach keinesfalls quasi von selbst irgendwo im norm-freien Raum bestehen, vielmehr erst im Rahmen und auf Grund eines ganz bestimmten normativen Bezugssystems begründet, geändert oder festgestellt werden können[19]. Unzulässigerweise wird deshalb in die Tatbestandsbeschreibung von § 1 Abs. 1 bereits etwas aufgenommen, was selbst erst der normativen Definition bedarf.

Im Einklang mit der neueren Ansicht bezüglich des Gegenstandes des IPR[20], der sich mit dem (Qualifikations-)Gegenstand der einzelnen Verweisungsnorm deckt, würde es daher völlig genügen und wäre methodisch korrekter, die abstrakte Formulierung des Tatbestandes von § 1 Abs. 1 auf den *„Sachverhalt mit einem auf eine fremde Rechtsordnung hinweisenden Merkmal“* zu beschränken. Im Hinblick auch auf die Formulierung des § 7 ABGB wäre allenfalls zu überlegen, das Wort „Sachverhalt“ durch den Terminus „Rechtsfall“ oder „Rechtsfrage“[21] zu ersetzen; zumal kein Zweifel darüber besteht, daß das erklärte methodische Programm des Entwurfes durch eine solcherart gestraffte Tatbestandsbeschreibung in keinster Weise beeinträchtigt werden würde. Daß aber diese, vornehmlich im Hinblick auf eine, auch im IPR zu klarer Begriffsbildung verpflichtete Rechtsordnung, vorgebrachten Be-

---

[17] Vgl. *Wiethölter*, ordre public 140: „... ein weiterer Grundsatz *Savignys*, ... nach welchem zwischen Person und Rechtsregel jeweils ein spezifisches Rechtsinstitut *(im materiellen Recht das subjektive Recht, im Kollisionsrecht das Rechtsverhältnis) geschaltet ist*“ (im Originaltext ohne Hervorhebung). — Insoweit konsequent *Neuhaus*, Entwurf 82, wenn er die Anführung der „Rechtsträger, Rechtsobjekte, Rechte“ neben den „Rechtsverhältnissen“ in § 1 des *Schwind*-Entwurfes als überflüssig erachtete.

[18] *Aicher*, Eigentum 20.

[19] Siehe schon *v. Bar*, IPR 107; *Kahn*, Abhandlungen 95 f.; ferner etwa *Vogel*, Anwendungsbereich 272; wohl auch *Schwind*, Handbuch 29. Vgl. dazu auch *Burckhardt*, Allgemeingültigkeit 276 ff. (289); besonders aber auch *Wengler*, Funktion 23 f.

[20] Siehe *Kegel*, Gegenstand 22; *derselbe*, IPR 107; vgl. auch *Beitzke*, Betrachtungen 7; auch *Keller*, Verhältnis 68 f. (besonders FN 21 und 23).

[21] So etwa *Neuhaus*, Grundbegriffe 120, der allerdings meint, daß der „Rechtsfrage“ das „hypothetische Rechtsverhältnis“ gleichgestellt werden könne; diesbezüglich ebenso *Beitzke*, Betrachtungen 7: „Es geht um die zuständige Rechtsordnung für ein mögliches, präsumiertes oder behauptetes Recht oder Rechtsverhältnis, das sich aus einem bestimmten Sachverhalt unter einem bestimmten rechtlichen Gesichtspunkt ergeben könnte“; *Schwind*, Handbuch 30, spricht in diesem Zusammenhang von einem *„Lebensvorgang*, in dem *bereits potentiell rechtlich relevante Elemente enthalten sind,* die der eigenen oder fremden, vielleicht auch mehreren Rechtsordnungen entstammen“.

denken nicht gänzlich unbegründet zu sein scheinen, beweist etwa auch jüngst das neue Rechtsanwendungsgesetz der DDR, worin in den §§ 1 und 2 zunächst ganz unverfänglich von „internationalen zivil-, familien- und arbeitsrechtlichen Beziehungen“ bzw. von „Verhältnissen des Zivil-, Familien- und Arbeitsrechts“ die Rede ist.

b) „Sachverhalt mit einem auf eine fremde Rechtsordnung hinweisenden Merkmal“

aa) Strukturelle Überlegungen[22], vor allem auch die Unmöglichkeit einer scharfen Grenzziehung zum „reinen Inlandssachverhalt“[23] und zum Teil damit verbunden praktische Gesichtspunkte[24], sprechen vorerst gegen die ausdrückliche Statuierung einer Anwendungsbeschränkung auf den (kurz gesagt) „Sachverhalt mit Auslandsbeziehungen“ in § 1 Abs. 1 des Entwurfes. Im Regelfall sind es nämlich erst die Tatbestände der einzelnen Kollisionsnormen des „Besonderen Teiles“ selbst, welche die „Internationalität“ des jeweils zur Beurteilung gelangenden Sachverhaltes bestimmen. Es werden auch, wie *Siehr* bemerkt, stets nur solche Sachverhalte zur Subsumtion gestellt, „bei denen unter Berücksichtigung der Tatbestandsmerkmale des Obersatzes eine Subsumtion überhaupt möglich erscheint. Der ‚Fall mit Auslandsberührung‘ kennzeichnet also nur einen Sachverhalt, auf den die Anwendung inländischen Rechts nicht selbstverständlich erscheint[25].“ Ist die Subsumtion möglich, dann war es eben retrospektiv betrachtet ein „Sachverhalt mit Auslandsberührung“, andernfalls bliebe der Sachverhalt ein „reiner Inlandssachverhalt“.

Ganz ähnlich verhält es sich aber auch in dem Bereich, in dem das Rechtsanwendungsorgan durch die Bestimmung des § 1 zur kollisionsrechtlichen Lückenfüllung ausdrücklich ermächtigt ist. Denn genau genommen erst mit der Annahme einer kollisionsrechtlichen Regelungslücke und der Füllung dieser Lücke durch eine der jeweiligen Interessenlage entsprechende Anknüpfungsregel wird von dem Rechtsanwendungsorgan zugleich die Entscheidung darüber getroffen, ob es sich im vorliegenden Fall um einen „Sachverhalt mit Auslandsberührung“ handelt oder nicht. Der „Sachverhalt mit Auslandsberührung“ und die vom Rechtsanwendungsorgan für den Einzelfall „neu“ zu bildende Kol-

---

22 Siehe *Jochem*, Erbrecht 8 (FN 21); *Siehr*, Vorentwurf 571.

23 Siehe etwa *Kegel*, IPR 4; *Neuhaus*, Grundbegriffe 104 f. — Eine extreme Ansicht vertritt hier *Goldschmidt*, Erfassung 122 („Man ersieht daraus, daß das nationale Privatrecht nur ein besonderer Anwendungsfall des IPR ist“).

24 *Siehr*, Vorentwurf 572; vgl. auch *Lando*, Convention 9.

25 *Siehr*, Wechselwirkungen 476. Vgl. auch *Matscher*, Zuständigkeitsvereinbarungen 132.

lisionsnorm stehen hier — wenn man so will — in einem Verhältnis nicht nur intensiver, sondern *völliger* Implikation.

bb) *Für* die Beibehaltung der tatbestandsmäßigen Beschränkung auf „Sachverhalte mit Auslandsbeziehung“ in einem den Gegenstand des IPR umschreibenden Einleitungs- und Zweckparagraphen sprechen jedoch neben rein didaktischen Gründen vor allem auch Überlegungen systematisch-legistischer Natur. Wenn man nämlich in der die kollisionsrechtliche Rechtswahl regelnden Bestimmung des § 12 des Entwurfes auf die Wirksamkeitsvoraussetzung des Vorliegens eines „Sachverhaltes, der Beziehungen zu mehr als einer Rechtsordnung hat“, aus justizpolitisch durchaus verständlichen Gründen[26] prinzipiell nicht verzichten wollte, dann sollte aber auch dieses Tatbestandserfordernis zweckmäßigerweise bereits in der einleitenden Grundsatznorm ausdrücklich angeführt sein. Dies allein schon deshalb, um überflüssige Wiederholungen in Bestimmungen des „Allgemeinen Teils“ oder den entsprechenden Einzelregelungen des „Besonderen Teils“ des Gesetzes zu vermeiden.

3. Die normative Bedeutung von § 1 Abs. 2

Nach der Absicht der Redaktoren des Entwurfes soll die „Verbindung zwischen der am Grundsatz der engsten Beziehung ausgerichteten allgemeinen Generalklausel des Abs. 1 und den besonders ausgeformten Verweisungsnormen“[27] durch die Anordnung des Abs. 2 hergestellt werden. „Mit der dort enthaltenen Aussage, daß die in den einzelnen Verweisungsnormen des entworfenen Bundesgesetzes oder einer anderen Rechtsvorschrift angeführten Anknüpfungspunkte Ausdruck der engsten Beziehung sind“, würde nach Ansicht der Redaktoren klargestellt werden, „daß die einzelnen Verweisungsnormen diesen Grundsatz nur konkretisieren und ihm daher untergeordnet sind“[28].

Bezüglich der im Entwurf selbst enthaltenen Materie versteht sich diese Aussage von selbst und hätte daher keiner nochmaligen und ausdrücklichen Erwähnung mehr bedurft. Die Bedeutung von Abs. 2 des § 1 liegt indes vielmehr in der zunächst rein formalen Einbeziehung aller anderen (im geplanten Gesetz nicht enthaltenen) Verweisungsnormen in den Anwendungsbereich der Grundsatzbestimmung des § 1.

Soweit aber (wie in den „Erläuterungen“ mittels Klammerausdruck verdeutlicht) unter „anderen[29] Rechtsvorschriften“ nicht nur das übrige

---

[26] Um nämlich „mißbräuchliche Gesetzesumgehungen“ hintanzuhalten (Erläuterungen 46).

[27] Erläuterungen 10.

[28] Erläuterungen 11.

autonome österr. Kollisionsrecht[30], sondern auch die in den diversen zwischenstaatlichen Vereinbarungen enthaltenen Kollisionsnormen verstanden und in den Anwendungsbereich von § 1 einbezogen werden sollen, so muß die Zulässigkeit einer derartigen Vorgangsweise allerdings bezweifelt werden. Denn die Auslegung von Staatsverträgen und die unter Umständen notwendige Füllung der in ihnen erkannten Regelungslücken folgt eigenen, zum Teil staatsvertragsimmanenten Regeln und kann daher nicht ohne weiteres mit einer entsprechenden Bestimmung des autonomen Rechts bewältigt werden.

Sieht man davon ab, daß die durch § 7 erster Halbsatz ABGB für den Bereich des österr. IPR ohnehin auch schon bisher eröffnete Möglichkeit der Gesetzes- oder Rechtsanalogie durch § 1 Abs. 2 des Entwurfes offenkundig auch hier positiviert werden sollte, besitzt Abs. 2 keine weitere, den „Grundsatz der engsten Beziehung" ausführende normative Aussagekraft.

Damit sind aber vor allem diejenigen enttäuscht worden, die gehofft hatten, hier ein „Notventil" zu finden, das die ordentliche Kollisionsnorm ausnahmsweise suspendiert, wenn die Umstände des Falles die Beziehungen zu einer anderen Rechtsordnung noch enger erscheinen lassen[31]. In § 1 Abs. 2 sollen vielmehr „kraft unwiderlegbarer Vermutung[32] die *besonderen* Rechtsanwendungsregeln als Ausdruck der engsten Beziehung erklärt werden und die abstrakte Regel der engsten Beziehung nur dort ins Spiel [treten], wo es keine besonderen Regeln gibt"[33]. Die konsequente Durchführung rechtsstaatlicher Prinzipien im IPR läßt wohl auch keine andere Wahl.

---

[29] Formal wäre hier nicht nur an Gesetze, sondern auch an Verordnungen zu denken.

[30] Etwa die §§ 94 - 100 UrhG; §§ 91 - 98 WG; §§ 60 - 66 SchG; § 4 und § 5 Abs. 1 Z 2, Abs. 2 KartG.

[31] Siehe *Dietzi*, Ausweichklausel 51 f. (mit weiteren Nachweisen).

[32] Gerade das aber wollte etwa *Neuhaus*, Entwurf 82 mit seiner Kritik am entsprechenden § 1 Abs. 1 des *Schwind*-Entwurfes vermieden wissen.

[33] *Edlbacher*, ÖJZ 1976, 530 (*Edlbacher* war Vorsitzender der Kommission zur Erarbeitung des Ministerialentwurfes); gleicher Meinung (aus rechtsstaatlichen Erwägungen) *Schwind*, Zwischenbilanz 122 und *H. Hoyer*, Wege 171. Scheinbare (weil ausdrücklich angeordnete) Ausnahme bildet § 51 Abs. 1 des Entwurfes: Grundsatz der (noch) „engeren Beziehung" — „Auflockerung des Deliktsstatuts" (siehe *Schwind*, Zwischenbilanz 128). Dieses Ergebnis deckt sich auch mit der allgemeinen rechtstheoretischen Analyse von *Ballon*, Rechtsfortbildung 603 („. . . in der österreichischen Rechtsordnung ist eine Rechtsfortbildung contra legem ausgeschlossen").

4. Der „Grundsatz der engsten Beziehung“ international-privatrechtlich betrachtet

a) Durch die im § 1 Abs. 1 des Entwurfes festgelegte Anknüpfungsmethode nach dem „Grundsatz der engsten Beziehung“ soll unter anderem auch die „Erarbeitung neuer Anknüpfungspunkte, die im Gesetz nicht vorgesehen sind“[34], ermöglicht werden. Formal gesehen bedeutet dies zunächst, daß die durch § 7 zweiter Halbsatz ABGB an das Rechtsanwendungsorgan erteilte Ermächtigung, einen auch durch Analogie nicht zu lösenden Rechtsfall in letzter Linie „nach den natürlichen Rechtsgrundsätzen“ zu entscheiden[35], für den Geltungsbereich des österr. IPR nunmehr durch die Ermächtigung ersetzt werden soll, einen entsprechenden Kollisionsrechtsfall nach dem „Grundsatz der engsten Beziehung“ zu lösen.

b) Meritorisch verbindet sich mit dem „Grundsatz der engsten Beziehung“ indes gemeiniglich die Vorstellung zwar neuerdings verstärkt sachrechtlich beeinflußter[36], gleichwohl noch immer spezifisch international-privatrechtlicher Gerechtigkeitsprinzipien[37]. Diese bestehen schlicht gesagt darin, die dem Sachverhalt am nächsten stehende Rechtsordnung (oder Einzelnormen derselben)[38], die an der Beurteilung des betreffenden Sachverhaltes (oder eines Elementes desselben) am meisten interessierte Rechtsordnung, nach Möglichkeit diejenige Rechts-

---

[34] Erläuterungen 9/10; siehe auch *Schwind*, Entwurf 183; ebenso *H. Hoyer*, Wege 171.

[35] Siehe dazu (mit weiteren Nachweisen) etwa *Mänhardt*, Gesetz 271 ff.; ferner *Schäffer*, Rechtsquellen 160 ff.; vgl. auch *Ballon*, Rechtsfortbildung.

[36] Siehe dazu schon oben II. 2. c) Seite 29 FN 7; siehe auch sehr aufschlußreich *A. Bucher*, Grundfragen 31; ferner jeweils durchgehend *P. M. Gutzwiller*, Ziel; *Siehr*, Wechselwirkungen; *Vischer*, Kritik. Vgl. auch schon *Beitzke*, Betrachtungen 20. Speziell für das IPR der BRD siehe etwa *Siehr*, Reform 176 f., 280 ff.

[37] Siehe dazu vor allem *Kegel*, Interessenjurisprudenz (durchgehend). Hier (ebenda 268) findet sich zwar zunächst der ominöse Satz, „den *Zweck der Sachnormen* kann man streichen“, fairerweise sollte man aber auch den Satz der nächsten Seite lesen und dementsprechend werten: „Der Zweck der Sachnormen allein besagt also nichts. Er wird nur bedeutsam als Gegenstand bestimmter Interessen und *diese* gilt es zu finden“; siehe ferner *derselbe*, IPR 54 ff. und *Kegels* Diskussionsbeitrag im Anschluß an *Juenger*, Wandel 35 ff., besonders 38 f. Siehe auch *Beitzke*, Betrachtungen 16 (19); *Braga*, Kodifikationsgrundsätze 434 ff.; *Firsching*, Entwicklungstendenzen 103 f.; *Keller*, Verhältnis 85 ff.; *Neuhaus*, Grundbegriffe 42 ff.; *Schwind*, Handbuch 12 ff. — Vgl. auch *A. Bucher*, Grundfragen 27 ff. (mit zahlreichen weiteren Hinweisen).

[38] Siehe auch *Schwander*, Sonderanknüpfung 448: „Der Vorgang der Sonderanknüpfung (von welcher die ‚lois d'application immédiate‘ sowie die gesondert angeknüpften IPR-Sachnormen zwei Unterarten sind) ist eben ein typisch kollisionsrechtlicher, welcher das *‚örtlich beste‘* Recht sucht“ (im Text ohne Hervorhebung).

ordnung heranzuziehen, in deren „sozialer“ Umwelt der zu beurteilende Sachverhalt am stärksten eingebettet[39] erscheint.

Gewiß handelt es sich auch hierbei wiederum nur um metajuristische Denkfiguren, deren normative Erfassung, die noch dazu einigermaßen konkretisiert und flexibel zugleich zu sein hat, äußerst schwierig, rational nachprüfbar vielleicht sogar gänzlich unmöglich ist. Dennoch und gerade deswegen sollte den „heute geltenden Prinzipien der österreichischen Rechtsordnung entsprechend“[40] wenigstens der Versuch gemacht werden, das Auffinden der *im Zweifel* jeweils „engsten Beziehung“ durch beispielhafte Anführung ihrer Kriterien zu erleichtern. Andernfalls bliebe nämlich auch § 1 Abs. 1 des Entwurfes — ähnlich der gleichfalls völlig wertindifferenten Bestimmung des § 7 zweiter Halbsatz ABGB — beliebig ausfüllbare Blankettnorm ohne den geringsten inhaltlich-normativen Wert.

Zur inhaltlichen Anreicherung[41] der im einleitenden Grundsatzparagraphen statuierten Auslegungs- und Lückenfüllungsregel böte sich im

---

[39] Siehe insbesondere *Binder*, Auflockerung 480 (484); unter Einbeziehung des „funktionsgewandelten“ int. Privatrechts neuerdings auch *A. Bucher*, Grundfragen 42 ff.; 51: „In der Gegenwart ist das Rechtsverhältnis ein spezifisches Element der Gestaltung der sozialen Wirklichkeit innerhalb einer Gemeinschaft, die ihre positivrechtliche Ordnung gemäß ihren eigenen Regelungsbedürfnissen selbst errichtet ... Infolgedessen muß der Anwendungsbereich bestimmter Rechtsnormen danach bestimmt werden, ob ein gegebener Lebenssachverhalt sozialpolitisch in genügender Weise in die betreffende Rechtsgemeinschaft integriert ist, so daß er deren normativen Regelung zwecks Verwirklichung der von ihr geschaffenen Sozialordnung unterworfen sein muß.“

A. Bucher bringt hier (wenngleich offenbar unbewußt) eine kollisionsrechtliche Grundwahrheit zum Ausdruck, die namentlich durch die wirklich und nicht nur abbreviatorisch gemeinte Emanzipation des „Rechtsverhältnisses“ von seinem jeweiligen normativen Bezugsrahmen vielerorts in Vergessenheit geraten ist: Die Tatsache nämlich, daß, wie immer nun die kollisionsrechtliche Fragestellung — vom Gesetz oder vom Sachverhalt her — lautet, Kollisionsnormen letztlich nichts anderes darstellen, als der Normenkomplex einer Rechtsordnung, „der den räumlich-persönlichen Anwendungsbereich des inländischen Rechts festlegt, und bestimmt, wann ausländisches Recht maßgebend ist“ (*Siehr*, Wechselwirkungen 475). Insoferne ist aber auch die These vom „eigenen Geltungsanspruch“ oder dem „selbstgewollten Anwendungsbereich“ der sog. sozial- und wirtschaftspolitischen Eingriffsnormen zu relativieren. Denn auch diese Normen bedürfen (wie schon bisher die [allgemein-]politischen „Eingriffsnormen“ etwa des Eherechts) zu ihrer Anwendung im Inland eines entsprechenden inländischen Rechtsanwendungsbefehls (siehe etwa *Habscheid*, Grenzen 50 [56]; *Schulte*, Anknüpfung 23; vgl. auch *Kegel*, Sachnorm [durchgehend]; vgl. auch schon *Burckhardt*, Allgemeingültigkeit 266 f.; ferner *Jochem*, Erbrecht 4 [FN 10]).

[40] So *Schwind*, Entwurf 181.

[41] Vgl. auch die von *Neuhaus*, Grundbegriffe 160 ff., vorgeschlagenen „formalen und materialen Maximen der Anknüpfung“ bei Vorliegen einer Lücke des positiven Kollisionsrechts. — Vgl. auch (allerdings im Zusammenhang mit der Notwendigkeit einer allgemeinen Ausweich- oder Vorbehaltsnorm) *Dietzi*, Ausweichklausel 60 ff.; *Vischer*, Kodifikation 77 (FN 63, Gesetzesvorschlag).

Anschluß an die Ausführungen etwa von *Kegel*[42] eine demonstrative Aufzählung der für die Heranziehung der einen oder anderen Rechtsordnung maßgeblichen *Interessen* an. Diese Vorgangsweise wäre überdies systemkonform, da die einzelnen Bestimmungen des Entwurfes selbst, wie auch die übrigen Kollisionsnormen des autonomen österr. Rechts letztlich nichts anderes als eine vorweggenommene Wertung und Gewichtung von Rechtsanwendungsinteressen enthalten[43], die wiederum im wesentlichen in ein „bewegliches" System von entweder isolierten oder sich überschneidenden und durchdringenden Partei-, Verkehrs- und (staatlichen) Ordnungsinteressen aufgelöst werden können[44].

5. Der „Grundsatz der engsten Beziehung" verfassungsrechtlich betrachtet

Der „Grundsatz der engsten Beziehung", der vom Entwurf nicht nur als kollisionsrechtsmethodisches Programm der künftigen IPR-Kodifikation, sondern durch die Anordnung dessen § 1 Abs. 2 auch gleichsam als *normative Klammer*[45] des gesamten (autonomgesetzlichen) österr. IPR konzipiert worden ist, berührt aber damit — stellvertretend für das gesamte Verweisungsrecht — ein weiteres zentrales Rechtsproblem, nämlich das bisher teilweise noch völlig ungeklärte Verhältnis[46] zwi-

[42] Interessenjurisprudenz 274 ff.; *derselbe*, IPR 42 ff. — Vgl. dazu besonders *A. Bucher*, Grundfragen 31 ff., 49 f. Vgl. auch schon aufschlußreich *Burckhardt*, Allgemeingültigkeit 268 ff. (292).

[43] Vgl. dazu auch *H. Hoyer*, JBl 1976, 503 (Buchbesprechung *J. Schröder*), der zutreffend feststellt, daß es „einem an der herrschenden Auslegung des Art. 18 B-VG orientierten Juristen schwer[fällt], ‚Interessen' aus anderen Quellen zu ermitteln als aus dem Gesetz, in dem der Gesetzgeber deren Wertung und Ausgleich zumindest implicit vorgegeben hat", ferner *derselbe*, Wege 172.

[44] Vgl. auch besonders *Braga* (Kodifikationsgrundsätze 440), der unter die besonders typischen rechtspolitischen Gesichtspunkte, „die vom Gesetzgeber zu berücksichtigen sind", *Verkehrsinteresse, Vertrauensschutz* und *staatspolitisches Interesse* zählt, wobei seiner Meinung nach eine scharfe Abgrenzung ohne Überschneidungen kaum möglich sei.

[45] Vgl. auch die Erläuterungen zu § 1 Abs. 2 (10 f.): „Die Verbindung zwischen der am Grundsatz der engsten Beziehung ausgerichteten allgemeinen Generalklausel des Abs. 1 und den besonders ausgeformten Verweisungsnormen wird hergestellt durch den Abs. 2. Mit der dort enthaltenen Aussage, daß die in den Verweisungsnormen des entworfenen Bundesgesetzes oder einer anderen Rechtsvorschrift (vgl. dazu die §§ 55 und 56) angeführten Anknüpfungspunkte Ausdruck der engsten Beziehung sind, wird klargestellt, daß die einzelnen Verweisungsnormen diesen Grundsatz nur konkretisieren und ihm daher untergeordnet sind. (Diese erstmals im *Schwind*-Entwurf angewandte Methode liegt auch der Gestaltung des internationalen Schuldvertragsrechts im EG-Vorentwurf für das auf vertragliche und außervertragliche Schuldverhältnisse anwendbare Recht zugrunde ...)" — § 1 Abs. 2 des *Schwind*-Entwurfes lautet: „(2) Soweit dieses Bundesgesetz oder eine andere Rechtsvorschrift eine Regelung trifft, sind die darin angeführten Anknüpfungspunkte Ausdruck dieser engsten Beziehung."

schen IPR und dem österr. Bundesverfassungsrecht. Hier interessiert vor allem die auf positivrechtlicher Grundlage bisher noch kaum untersuchte Frage[47], ob und auf welche Weise die auf die Anwendung fremden Rechts gerichteten Verweisungsbefehle der bisher ausnahmslos einfachgesetzlich normierten inländischen Kollisionsnormen mit der Verfassung, namentlich mit dem darin an verschiedenen Stellen zum Ausdruck gelangenden *rechtsstaatlichen Prinzip* vereinbart werden können.

a) Das Legalitätsprinzip als Schranke der kollisionsrechtlichen Verweisung

aa) Gemäß Art. 18 Abs. 1 B-VG darf die gesamte staatliche Verwaltung nur auf *„Grund der Gesetze"* ausgeübt werden. Dieser verfassungsrechtliche Grundsatz der Gesetzmäßigkeit der „Verwaltung" — nach herrschender Verfassungsrechtslehre[48] ein wesentliches Element[49]

---

[46] Zu Recht sprach *Ferid* (FamRZ 1962, 58 [Buchbesprechung *Beitzke*]) vom „Niemandsland zwischen Verfassungsrecht und internationalem Privatrecht"; in der BRD ist daraus mittlerweile allerdings eine „heiße Grenze" geworden. — Bezüglich der systematischen Abgrenzung der verschiedenen Problemkomplexe im Spannungsfeld IPR — Verfassung siehe vor allem *Ferid*, Wechselbeziehungen 120 (und durchgehend).

Allgemein zur Notwendigkeit vermehrter Untersuchung und rechtsdogmatischer Durchdringung des vernachlässigten Grenzbereiches zwischen Verfassung und allgemeinem Privatrecht, siehe sehr eindrucksvoll *Marschall*, Privatautonomie 5 (und durchgehend); vgl. auch *Kopp*, Fiskalgeltung 160.

[47] Soweit ersichtlich, hat bisher in Österreich einzig *Winkler* (Rezeption 577 f.) — an allerdings unvermuteter Stelle — den dankenswerten Versuch unternommen, die Verfassungskonformität der inländischen IPR-Verweisung verfassungsrechts*dogmatisch* (d. h. an Hand der einschlägigen Bestimmungen des B-VG und der entsprechenden VerfGH-Judikatur) zu überprüfen. Daß dies bei der Themenstellung seiner Arbeit nur am Rande geschehen konnte, ist zwar verständlich, im Hinblick auf die Bedeutung der Problematik und das Schweigen der übrigen Verfassungsrechtslehre gleichwohl zu bedauern.

Treffend bemerkt in diesem Zusammenhang *Bernstein*, Kollisionsrecht 2274: „Ob und wie inländische Verfassungssätze bei der Anwendung ausländischer Rechtsvorschriften ins Spiel kommen, entscheidet nicht irgendeine Lehrmeinung ... Die Lösung ist vielmehr auf dem Boden der jeweiligen Verfassung" — und nicht auf der Grundlage niederrangigeren IPR — „selbst zu entwickeln". Demgegenüber aber noch seinerzeit *Kegel*, RabelsZ 15 (1949/50) 168 (Buchbesprechung): „Sollte es der reinen Rechtslehre oder irgendeiner anderen Rechtstheorie Mühe machen, die Anwendung ausländischen Rechts zu erklären, ... dann ist es deren Sache, mit solchen Schwierigkeiten fertig zu werden, nicht Sache des IPR." Heutzutage, d. h. nach dem vielzitierten „Spanierentscheid" des deutschen Bundesverfassungsgerichts, müßte *Kegel* allerdings vorsichtiger formulieren; er tut es offensichtlich nicht (vgl. pointiert *Kegel*, Embarras [durchgehend]).

[48] Siehe dazu und zum folgenden (jeweils mit weiteren Hinweisen) etwa *Walter*, Bundesverfassungsrecht 111 ff., 390 ff. und *Walter / Mayer*, Grundriß 146; ferner auch *Adamovich*, Handbuch 94 ff.

[49] *Antoniolli* (Verwaltungsrecht 104) spricht vom „Fundamentalsatz der österreichischen Rechtsordnung", *Öhlinger* (Integration 182) von „Zentralnorm des Rechtsstaatskonzeptes der österr. Bundesverfassung", *Wimmer* (Verfassungsverständnis 116) vom „archimedischen Punkt des Rechtsstaats-

des rechtsstaatlichen Prinzips — gilt als verfassungsrechtlicher Auftrag an den einfachen Gesetzgeber uneingeschränkt nicht nur für den in Art. 18 Abs. 1 B-VG ausdrücklich genannten Bereich der Verwaltung, sondern anerkanntermaßen auch für den gesamten Bereich der Gerichtsbarkeit[50]. Demnach müssen, *soferne bundesverfassungsgesetzlich nichts anderes bestimmt ist,* sämtliche Vollziehungsakte staatlicher Organe sowohl in formeller als auch in materieller Hinsicht auf ein (einfaches) Gesetz rückführbar sein.

Das von Art. 18 Abs. 1 B-VG geforderte Ausmaß der inhaltlichen Bestimmtheit eines Gesetzes ist freilich umstritten und „kann letztlich auf erkenntnismäßigem Wege nicht *präzise* beantwortet werden“[51]. Fest steht jedenfalls, daß neben der Bestimmung eines zur Gesetzesvollziehung zuständigen Organs sowie des von ihm dabei zu befolgenden Verfahrens auch eine Umschreibung des Tatbestandes und der Rechtsfolge erforderlich ist[52]; weshalb reine Ermächtigungsnormen („formalgesetzliche Delegationen“[53] oder Blankettnormen), welche die materielle Beurteilung eines Sachverhaltes gänzlich in das jeweilige Belieben des Rechtsanwendungsorganes stellen, verfassungswidrig sind. Der Gesetzgeber hat also die Regelung so zu treffen, daß sie das Verhalten der Vollziehung in allen wesentlichen Punkten vorausbestimmt[54] und so auch den nachprüfenden Organen eine Kontrolle der Gesetzmäßigkeit der Vollziehungstätigkeit („auf Grund der Gesetze“) ermöglicht wird[55].

bb) Wendet man die hier nur kursorisch wiedergegebenen Kriterien des *formellen* rechtsstaatlichen Prinzips auf das IPR an, so könnte bei oberflächlicher Betrachtung in der Tat zunächst kein Verstoß gegen den verfassungsrechtlichen Grundsatz der Gesetzmäßigkeit der Vollziehung entdeckt werden. Denn durch die *Kombination von verweisender Kolli-*

---

prinzips“. Vgl. in diesem Zusammenhang auch *Marschall,* Privatautonomie 12 (seine Fragestellung [ebenda unten] ließe sich unschwer für das IPR verwenden).

50 Vgl. dazu auch *Schäffer,* Verfassungsinterpretation 136 ff., und *derselbe,* Rechtsquellen 149.

51 So *Walter / Mayer,* Grundriß 147. Vgl. aber auch *Antoniolli,* Probleme 21 f.

52 Siehe auch *Öhlinger,* Vertrag 185 ff.; *Schäffer,* Rechtsquellen 87 („die Gesetzgebung hat der Vollziehung eine Regelung mit *vollzugsfähigem Inhalt* vorzugeben“).

53 Vgl. *Klecatsky,* Rechtsstaat 77 f.

54 Treffend *Wimmer,* Verfassungsverständnis 117: „Die Gesetzesgebundenheit [der Vollziehung] setzt bindungsfähige Gesetze voraus.“

55 Vgl. etwa VfGHSlg 7340: „Wie der Verfassungsgerichtshof schon ausgesprochen hat (vgl. z. B. Slg 5323/1969), haben gemäß Art. 18 Abs. 1 B-VG die Gesetze das verwaltungsbehördliche Verhalten in einem solchen Maße zu determinieren, daß der Verfassungsgerichtshof in der Lage ist, die Übereinstimmung der individuellen Verwaltungsakte mit den Gesetzen zu überprüfen; die verwendeten Begriffe müssen so bestimmt sein, daß sie einen der Vollziehung fähigen Inhalt umschreiben ...“ — Vgl. auch neuerdings *Werndl,* Legalitätsprinzip 516 (mit weiteren Nachweisen).

sionsnorm und verwiesenem Sachrecht[56] wird das Verhalten des einzelnen Rechtsanwendungsorgans inhaltlich vorherbestimmt, die Rechtsschutzeinrichtungen der Verwaltung und der Gerichtsbarkeit scheinen eine relativ willkürfreie Rechtsanwendung zu garantieren.

Da jedoch nicht auszuschließen ist, durch die Statuierung einer international-privatrechtlichen Verweisungsnorm vielmehr ganz bewußt in Kauf genommen wird, daß ein inhaltlich determiniertes staatliches Organhandeln möglicherweise erst durch die Heranziehung fremder Rechtsnormen zu erreichen ist, hat sich die verfassungsrechtliche Fragestellung nunmehr allein darauf zu konzentrieren, ob als „Gesetz" im Sinne des Art. 18 Abs. 1 B-VG[57] auch eine von fremden Rechtserzeugungsorganen stammende Norm anerkannt wird. Dies wird aber mit Sicherheit zu verneinen und es wird vielmehr davon auszugehen sein, daß unter „Gesetz"[58] ausschließlich die in den Art. 48, 49 (140, 140 a) B-VG genannten Rechtserzeugungsregeln zu verstehen sind.

Damit steht aber auch zugleich fest, daß ein einfaches Gesetz, welches seine inhaltliche Determinierung der — noch dazu notgedrungen: *jeweiligen* — Anordnung eines im B-VG (oder anderen bundesverfassungsgesetzlichen Bestimmungen) dazu nicht ermächtigten fremden Rechtserzeugungsorgan überläßt, möglicherweise allgemein anerkannten Grundsätzen des IPR, jedoch keinesfalls dem in Art. 18 Abs. 1 B-VG verfassungsrechtlich geforderten Grundsatz der Gesetzmäßigkeit der Vollziehung entspricht[59].

---

[56] Nur diese Kombination macht die Verweisungsnorm überhaupt zu einer vollziehbaren Norm, wobei die Verweisung unter der Hypothese erfolgen muß, daß das endgültig verwiesene Sachrecht inhaltlich ausreichend determiniert ist.

Zum fragmentarischen Charakter der Kollisionsnorm siehe schon *Kelsen*, Theory 247: "But from a functional point of view, the one [the reference or incorporation rule] is essentially connected with the other [the norm to be applied]. Only if taken together do they form a complete rule of law." Vgl. auch (insbesondere zur rechtstheoretischen Deutung des Phänomens „Parteiautonomie") *Kelsen*, Souveränität 116 - 120 und *derselbe*, RR 55 ff. — Wertvolle kollisionsrechtstheoretische Einsichten zu diesem Problem vermittelt auch *Jochem*, Erbrecht 3 ff. und 29 ff. (mit weiteren Hinweisen); vgl. auch *Siehr*, Wechselwirkungen 474 f.

[57] Siehe dazu (mit weiteren Hinweisen) insbesondere *Öhlinger*, Vertrag 183 ff. (auch schon 66 ff. und 79 ff.).

[58] Für die Verfassungsrechtslage der BRD siehe vergleichsweise *Dölle*, Anwendung 58: „Die Normen des ausländischen Rechts sind daher keine ‚Gesetze' im Sinne unseres Grundgesetzes ..." Den von *Dölle* aus diesem richtigen Befund gezogenen Schluß, wonach die anzuwendenden Normen des ausländischen Rechts „daher" den Rechtserzeugungs- und Gültigkeitserfordernissen des Grundgesetzes nicht unterworfen seien, diese somit offenbar im verfassungsfreien Raum stünden, gilt es aber gerade erst zu beweisen. — Vgl. auch *Ferid*, Wechselbeziehungen 142 (oben).

[59] Es bleibe einstweilen dahingestellt, ob diese Konsequenz „unerträglich und sinnwidrig" (so aber *Schäffer*, Rechtsquellen 151) ist; hier geht es

Der Verfassungsgerichtshof hält in ständiger Judikatur[60] „an seinem Standpunkt fest, daß es mit der Verfassung unvereinbar [sei], daß der Gesetzgeber des Bundes oder eines Landes nicht selbst den Inhalt der Normen festlegt, sondern dies einem anderen Gesetzgeber überläßt, indem er für die Zukunft die jeweiligen Gesetzesbefehle des anderen Gesetzgebers als eigene Gesetzesbefehle erklärt“[61]. Nichts liegt daher näher als anzunehmen, daß dieses, bereits dem Bundesgesetzgeber und Landesgesetzgeber untereinander auferlegte Verweisungs- oder Delegierungsverbot umsomehr im Verhältnis zwischen dem für das IPR zuständigen Bundesgesetzgeber[62] und einem im B-VG überhaupt nicht umschriebenen beliebigen fremden „Gesetzgeber“ zu gelten hätte.

---

lediglich darum, einen (mit Hilfe zumindest nicht unzulässiger Interpretationsmittel erkannten) verfassungsrechtlichen Zustand offenzulegen. Vgl. auch die Fragestellung bei *Marschall*, Privatautonomie 12 (unten).

Mit dem Einwand, daß es sich beim IPR vornehmlich um Anwendung von Zivilrecht handle, für das andere Maßstäbe zu gelten hätten, wäre nichts gewonnen. Denn einmal wird das „öffentliche“ Recht zusehends von der Verweisung auf fremdes Recht und in der Anwendung desselben miteinbegriffen, zum anderen ist „heute unbestritten, daß der Gesetzgeber auch im Bereich des Zivilrechts wie auf allen anderen Gebieten des einfachen Rechts Gesetze nur auf Grund der Verfassung und nur in dem durch sie gezogenen Rahmen erlassen darf und Gesetze jedenfalls nur dann dauerhaften Bestand haben können, wenn sie diesen verfassungsrechtlichen Erfordernissen genügen“ (*Kopp*, Fiskalgeltung 146).

60 VfGHSlg 2750 (dazu eingehend *Winkler*, Rezeption 576 ff., mit Hinweis auf ähnlich lautende Judikatur des dt. BVerfGH; vgl. dazu auch *Ermacora / Klecatsky / Ringhofer*, Rechtsprechung 1954, 626); ferner VfGHSlg 3130 (für das meist nur Spezialisten zugängliche IPR bedeutsam ist folgende Feststellung des VfGH: „Eine Vorschrift, zu deren Sinnermittlung subtile verfassungsrechtliche Kenntnisse, qualifizierte juristische Befähigung und Erfahrung und geradezu archivarischer Fleiß vonnöten sind, ist keine verbindliche Norm“!); vgl. auch *Ermacora / Klecatsky / Ringhofer*, Rechtsprechung 1956, 9 f.; siehe ferner VfGHSlg 3149, 5633, 6290 („Ein solches Gesetz dürfte jedenfalls dem Art. 18 Abs. 1 B-VG und den Verfassungsvorschriften über die Kompetenz der gesetzgebenden Organe des Bundes widersprechen“); siehe ebenso VfGHSlg 7085 und jüngst VfGHSlg 7586. — Vgl. auch VfGHSlg 5023.

61 So VfGHSlg 7241.

62 Das gesamte autonome und staatsvertragliche IPR, einschließlich seiner verwaltungs- und verfahrensrechtlichen Randgebiete ist zweifellos Rechtssetzungsdomäne des Bundes. Denn die Länder könnten derartige Bestimmungen lediglich im Rahmen ihrer sich aus Art. 15 Abs. 9 B-VG ergebenden Befugnisse und zwar nach ständiger Rechtsprechung des VfGH auch nur insoweit erlassen, als es sich „hiebei um eine zur Regelung des Gegenstandes *erforderliche*, d. h. *unerläßliche* Bestimmung handelt“. Zur diesbezüglichen Judikatur des VfGH siehe etwa *Klecatsky*, Bundesverfassungsrecht 168, zu Art. 15 Abs. 9 B-VG. Zur Kompetenzfrage siehe auch *Ent*, ÖStA 1963, 19 f. (Buchbesprechung); ferner *Seidl-Hohenveldern*, ZfRV 1962, 188 (Buchbesprechung). Bezüglich der Situation in der BRD siehe etwa *Beitzke*, Grundgesetz 5 - 11.

b) Die Fingierung von Beschluß und Kundmachung des maßgeblichen Gesetzesinhaltes

Zur Verwirklichung des Rechtsstaats im formellen Sinn gehören aber auch die, insbesondere in den Art. 48 und 49 B-VG, geforderte Beschlußfassung und Kundmachung[63] von Gesetzen, die ihrem Zweck[64] nach gemeinsam darauf gerichtet sind, sowohl dem einzelnen Normadressaten als auch dem staatlichen Rechtsanwendungsorgan ein bestimmtes Verhalten vorzuschreiben oder zu ermöglichen. „Die Fingierung von Beschlußfassung und Kundmachung durch ein allgemein gehaltenes Rezeptionsblankett, das weder eine unmittelbare Verhaltensbestimmung enthält noch diese sonst konkretisiert oder entsprechend festlegt, ... verstößt daher gegen beide Interessenssphären; sie verletzt sowohl vom Interesse der Gemeinschaft als auch vom Einzelinteresse her gesehen, die verfassungsmäßigen Bestimmungen über das Zustandekommen von Gesetzen“[65] und ist, soferne nur einfachgesetzlich vorgenommen, verfassungswidrig.

aa) Gleichwohl läßt sich die Forderung nach Beschluß und Kundmachung des vollen Wortlautes einer getroffenen gesetzlichen Regelung nicht ohne Einschränkung vertreten; es wird nicht jede Verweisung auf andere Kundmachungen unzulässig sein. Eine Forderung, wonach in jedem Falle der Gesetzesinhalt unmittelbar verlautbart zu werden hätte, würde — so der Verfassungsgerichtshof wörtlich — „über das Ziel schießen“[66]. Wenn man es daher auch als Grundregel ansehen muß, daß der Gesetzgeber verhalten ist, den vollen Wortlaut seiner Anordnungen zu beschließen und zu verlautbaren, so müßte man doch, wie *Winkler*[67] meint, „aus *Praktikabilitätserwägungen* immer dann ein Abgehen von der Regel als zulässig ansehen, wenn der Zweck von Beschluß und Kundmachung auch auf andere Weise als erfüllt angesehen werden kann; wenn der Wille des Gesetzgebers dem Normadressaten auch auf andere Weise hinreichend zur Kenntnis gelangt. Man wird sich z. B. mit einem bloßen Verweis auf andere Rechtsnormen begnügen können, *wenn diese selbst den verfassungsmäßigen Anforderungen entsprechen*[68]. Voraussetzung ist allerdings, daß der auf diese Weise erfaßte Gesetzesinhalt durch die genaue Angabe von Datum, Titel und Fundstelle entsprechend individualisiert ist[69].“

---

[63] Vgl. auch *Marschall*, ZfRV 1970, 147 (Entscheidungsbesprechung).

[64] Ausführlich darüber auch VfGHSlg 2750, 3130.

[65] *Winkler*, Rezeption 577.

[66] VfGHSlg 3130. Vgl. auch *Schäffer*, Verfassungsinterpretation 145 f.

[67] Rezeption 577.

[68] Im Text ohne Hervorhebung. — *Winkler* und mit ihm der Verfassungsgerichtshof meinen hier selbstverständlich die Anforderungen der *inländischen* (österr.) Verfassung.

bb) Ein Abgehen von der Regel schlägt *Winkler* aber auch bezüglich der Verweisungen des Gesetzgebers auf Normen einer *ausländischen* Rechtsordnung, wie beispielsweise im Rahmen des internationalen Privatrechts, vor[70]. Seiner Meinung nach werde nämlich dadurch kein schutzwürdiges Interesse beeinträchtigt. Denn für den betreffenden Ausländer bedeute eine solche Verweisung (gegenüber der ausschließlichen Anwendung der lex fori) eher eine Besserstellung, weil ihm auf diese Weise wenigstens ein Teilbereich der heimatrechtlichen Rechtsordnung belassen werde, deren Kenntnis ihm zugemutet werden könne. In einem solchen Falle bestehe nach *Winkler* eben kein rechtliches Interesse an einer neuerlichen vollinhaltlichen Beschlußfassung und Kundmachung im Inland, weil der inländische Gesetzgeber darauf verzichte, den Ausländer dem inländischen Recht vollständig zu unterwerfen. „Für den Inländer“, so bemerkt *Winkler* jedoch abschließend, „komm[e] eine derartige Regelung“ — nämlich die zur Anwendung fremden Rechts führende Verweisung — „wohl nicht in Frage; sie wäre jedenfalls verfassungswidrig“[71].

Obgleich in dem den Inländer betreffenden Teilergebnis objektiv richtig, leidet die Argumentation von *Winkler* hier dennoch an empfindlichen Schwächen. Diese bestehen zunächst einmal darin, daß die Beurteilung der Verfassungskonformität einer international-privatrechtlichen Verweisungsnorm letztlich davon abhängen soll, ob durch sie im *Einzelfall* jeweils der „Teilbereich der heimatlichen Rechtsordnung“ (die heimatrechtliche Sachnorm) des „betreffenden“ Normadressaten zur inländischen Anwendung berufen wird oder nicht. *Winkler* übersieht hierbei nämlich, daß sich die kollisionsrechtliche Rechtsanwendung keineswegs nur mit Fällen zu beschäftigen hat, in denen auf das Heimatrecht des „betreffenden“ Ausländers verwiesen wird; ferner, daß an „Sachverhalten mit Auslandsberührung“ selten nur eine einzige, an der Anwendung des heimatlichen Sachrechts (vermuteterweise) interessierte

---

[69] Siehe auch VfGH 22. 6. 1975 ÖSteuerZ (Beilage) 1976, 21 (22).

[70] Siehe ebenso *Schäffer,* Rechtsquellen 87, der zunächst grundsätzlich daran festhält, daß sich ein Gesetz nicht mit Verweisungen auf kaum erreichbare Kundmachungen begnügen dürfe. Das bedeute freilich nicht, daß die Rechtstechnik der Verweisung überhaupt unzulässig wäre; sie wird es nach *Schäffer* jedoch dann, „wenn sich die Gesetzgebungsautorität damit ihrer Regelungsbefugnis praktisch völlig entäußert. Das trifft aber dort nicht zu, *wo das Wesen der rechtlichen Regelung gerade in der Ausgrenzung und Verweisung besteht, wie im IPR*“ (im Text ohne Hervorhebung); vgl. dazu auch *Schäffer,* Rechtsquellen 151 (FN 475). — Ob sich die wie im IPR praktisch völlige Entäußerung der inhaltlich gestaltenden Regelungsbefugnis seitens der inländischen Gesetzgebungsautorität lediglich mit dem objektiv wenig faßbaren Argument des „*Wesens der rechtlichen Regelung*“ verfassungsrechtlich hinreichend rechtfertigen läßt, muß allerdings bezweifelt werden (vgl. auch *Neuhaus,* Bundesverfassungsgericht 134).

[71] Rezeption 578.

Person beteiligt ist und schließlich übersieht *Winkler,* daß sich das IPR längst nicht mehr als ein, vornehmlich auf die Wahrung gewisser präsumierter Rechtsanwendungsinteressen von *Ausländern* beschränktes Recht darstellt. Richtig ist vielmehr, daß die allseitigen (oder die allseitig zu interpretierenden) Kollisionsnormen des modernen IPR vom Tatbestand her gesehen zwischen In- und Ausländern vorderhand keine Unterscheidung treffen.

Nimmt man aber *Winklers* These ernst, so müßten beispielsweise auch alle jene Regelungen verfassungswidrig sein, in denen zwar vorerst auf das Heimatrecht des Ausländers verwiesen wird, jedoch auf Grund einer Weiterverweisung des erstverwiesenen Rechts eine dritte Rechtsordnung, deren Kenntnis dem Ausländer wohl schwerlich „zugemutet werden könne", endgültig anzuwenden ist. Wie bereits erwähnt wurde, ist auch am IPR-Sachverhalt in den seltensten Fällen nur eine einzige Person beteiligt und wird von vornherein oft auch gar nicht auf das Heimatrecht, sondern auf das Wohnsitz- oder Aufenthaltsrecht einer Person, auf das Recht des Abschlußortes, des Unfallortes, des Ortes der gelegenen Sache, des Ortes der Auswirkung einer Rechtshandlung, der wettbewerblichen Interessenkollision u. dgl. verwiesen. Träfe hier die Verweisung lediglich das Heimatrecht eines Beteiligten, so entstünde bei *Winkler* die paradoxe Situation, daß ein und dieselbe Verweisung bezüglich dieses einen Beteiligten verfassungskonform, bezüglich aller anderen Beteiligten jedoch verfassungswidrig wäre. Bei Inländerbeteiligung käme noch hinzu, daß sämtliche Verweisungen — auch „Heimatrechtsverweisungen" —, die nicht zur Anwendung verfassungsgemäß zustande gekommenen inländischen Sachrechts führten, nach *Winkler* „jedenfalls" verfassungswidrig wären.

cc) *Winkler* hat indessen nicht nur die mit der strukturellen Eigenart der (allseitigen) Kollisionsnormen verbundene Unberechenbarkeit der Verweisungen und die daraus resultierende relative Unvorhersehbarkeit der international-privatrechtlichen Rechtsanwendung übersehen. Im Rahmen der verfassungsrechtlichen Überprüfung der IPR-Verweisungen hat er vor allem auch seine eigene verfassungsrechtsdogmatische Ausgangsposition verlassen.

Wenn man nämlich wie *Winkler* im Einklang mit der übrigen Verfassungsrechtslehre und der einschlägigen Judikatur des Verfassungsgerichtshofs den richtigen Standpunkt vertritt, daß die Fingierung der Beschlüsse und Kundmachungen von Gesetzen durch die Technik der Verweisungen nicht nur die Interessen der betroffenen einzelnen Normadressaten, sondern in gleichem Maße auch die Interessen der durch die staatlichen Rechtsanwendungsorgane repräsentierten Gemeinschaft verletzen, was wiederum nur hingenommen werden könne, wenn die verwiesenen Rechtsnormen wenigstens „selbst den verfassungsmäßigen

Anforderungen entsprechen“, so kann es auch für die Verweisungen im Rahmen des IPR *verfassungsrechtlich* nur eine einzige logische Schlußfolgerung geben: Inländische Kollisionsnormen, die entweder ausdrücklich anordnen oder es nicht ausschließen, daß auf fremdes Recht verwiesen und fremdes Recht letztendlich angewendet wird, verletzen nicht nur den rechtsstaatlichen Grundsatz der Gesetzmäßigkeit der Vollziehung, sondern auch die verfassungsrechtlichen Regelungen über das Zustandekommen der Gesetze[72] — den „Weg der Bundesgesetzgebung“ der Art. 41 - 49 B-VG.

Den Ausweg aus dem verfassungsrechtlichen Dilemma des österr. IPR hat *Winkler* aber bereits selbst angedeutet: Man wird es „vom verfassungsrechtlichen Standpunkt her als unanfechtbar (wenn auch als nicht wünschenswert) betrachten müssen, wenn der Gesetzgeber auf besonderer verfassungsrechtlicher Grundlage nach dem hier besprochenen Verfahren Gesetze erläßt“[73]. Für die am international-privatrechtlichen Rechtsanwendungsprozeß Beteiligten änderte sich dadurch in der Sache nichts. Der Verfassung wäre aber zumindest formell Genüge getan.

c) Die inländische Kollisionsnorm als Rechtserzeugungsregel

Zur Bestätigung und zugleich als Ergänzung des bisher Vorgebrachten kommt noch ein weiterer, allgemeiner verfassungsrechtlicher Gesichtspunkt: Das Phänomen der Anwendung fremden Rechts im Inland zu erklären, hat der IPR-Wissenschaft erstaunlich lange erhebliche Schwierigkeiten bereitet. Nach mancherlei Irrwegen[74] scheint man sich mittlerweile zu der ebenso trivialen wie rechtstheoretisch einzig vertretbaren Erkenntnis[75] durchgerungen zu haben, daß das fremde Recht Rechtswirkungen im Inland nicht durch seine eigene, ihm ursprünglich

---

[72] So an sich auch *Schwind*, Verfassung 125, ohne daraus freilich die entsprechenden Konsequenzen zu ziehen. Siehe hier auch die entsprechenden Bedenken von *Walter*, Der Staat 1966, 520 (Buchbesprechung *Vogel*).

[73] *Winkler*, Rezeption 578; siehe ebenso VfGHSlg 2750: „Der Verfassungsgesetzgeber hat aber Rechtsmacht, nicht nur Bestimmungen der geltenden Verfassung aufzuheben, sondern auch von deren Beobachtung in einzelnen Punkten und in einzelnen Fällen, wie etwa in der Frage der Kundmachung, abzusehen. — Kritisch dazu aber *Ermacora / Klecatsky / Ringhofer*, Rechtsprechung 1956, 9.

[74] Siehe (statt vieler) die Übersicht der Ansichten bei *Ferid*, Wechselbeziehungen 129 ff.; ferner bei *Schwind*, Anwendung 11 und *derselbe*, Handbuch 38 ff.

[75] „Daß diese Lösung logisch unanfechtbar ist, wird selbst von ihren Gegnern zugegeben“ (*Knittel*, Auslandsrecht 22 [mit weiteren Hinweisen]); siehe auch *Stöcker*, Grundrechtsschutz 457 f. — Allgemein dazu siehe auch *Kelsen*, Theory 243 ff. (soweit ersichtlich, ist dies die einzige Stelle im Werk *Kelsens*, an der sich dieser expressis verbis mit dem IPR beschäftigt hat); siehe auch *derselbe*, Souveränität 116 - 119 (pointiert dazu aber *Kegel*, RabelsZ 15 [1949/50] 168 Buchbesprechung). Vgl. auch *Vogel*, Anwendungsbereich 241 ff. und 270 ff.

verliehene Geltungskraft, sondern allein nur deshalb und nur insoweit auszulösen vermag, als ihm dazu von der inländischen Rechtsordnung — etwa im Wege einer inländischen Kollisionsnorm — die Kraft dazu verliehen worden ist[76].

Eine Rechtsnorm aber, die wie die inländische Kollisionsnorm in ihrem auf fremdes Recht gerichteten Rechtsanwendungsbefehl einem zunächst lediglich im ursprünglichen Geltungsbereich als Rechtsnorm existierenden Umstand Rechtsnormqualität auch für das Inland verschafft und damit fremdes Recht als inländischen rechtserzeugenden Tatbestand einsetzt, ist unbestrittenermaßen eine *Rechtserzeugungsregel*[77] und gehört als solche jenem Teil der Rechtsordnung an, der gemeiniglich als Verfassungsrecht im materiellen Sinn bezeichnet wird[78]. Da jedoch der hier allein zur Diskussion stehenden österr. Verfassungsordnung generell das *„Prinzip der Ausschließlichkeit der Regelung von Verfassungsrecht im materiellen Sinn in Form von Verfassungsrecht im formellen Sinn“*[79] zu entnehmen ist, ergeben sich für das

---

[76] So insbesondere *Beitzke*, Betrachtungen 10; *Dölle*, Anwendung 58; *Kralik*, Iura 79 ff. (mit weiteren Hinweisen); wohl auch *Neuhaus*, Grundbegriffe 322. — Vgl. auch schon *V. Hoyer*, Rezeption 90: „Ausländisches Recht wird nicht als solches angewendet, sondern vorerst in inländisches verwandelt, jedenfalls wird der Inhalt des fremden Rechtssatzes mittelbar zum Inhalt des eigenen Rechtes gemacht“; vgl. auch *A. F. Schnitzer*, Anwendung 85; *Wengler*, Funktion 23.

Zum allgemeinen rechtstheoretischen Verständnis dieses Rezeptionsvorganges siehe etwa auch *Ringhofer*, Strukturprobleme 88 ff. und 98 f.

[77] So ausdrücklich *Kralik*, Iura 79.

[78] Siehe etwa *Walter*, Aufbau 30 f. und 36 f.

[79] *Walter*, Gewohnheit 226; siehe etwa auch *Schäffer*, Verfassungsinterpretation 125 ff., und *derselbe*, Rechtsquellen 35 f. Vgl. aber *Öhlinger*, Stufenbau 16 und *derselbe*, Bemerkungen 89 f.; ob *Öhlingers* Argumente zur (behutsamen) Relativierung des *Konzeptes des geschlossenen Gesetzesstaates* auch für die gegenständliche Problematik der „Anwendung“ fremden Rechts zutreffen, ist allerdings (auch auf Grund des unterschiedlichen Sachzusammenhanges) zu bezweifeln. Mit der vom VfGH in Übereinstimmung mit der herrschenden Lehre in gewissen Bereichen notgedrungen akzeptierten *„verdünnten Legalität“* (*Öhlinger*, Bemerkungen 91) kann das Problem der Anwendung fremden Rechts schwerlich verglichen und erfaßt werden. Darüberhinaus bestehen bei den Sachbereichen mit traditionell verdünnter Legalität bereits weitgehende *verfassungsrechtliche Ermächtigungen:* siehe *Wimmer*, Verfassungsverständnis 118 (FN 13, mit weiteren Nachweisen); siehe aber auch *Öhlinger*, Grundlagen 142 ff. (148 ff.).

Zu Recht bemerkt daher *Schwind* (Anwendung 13): „Eine Verfassung, die aber Rechtserzeugungsnormen aufstellt, daneben aber auch anerkennt, daß solche Normen außerhalb ihres Rahmens bestehen, gerät mit sich selbst in Widerspruch.“ Umso unverständlicher ist es daher, daß *Schwind* daraus nicht die nötigen Konsequenzen zieht, nämlich Verfassungsrang für das gesamte IPR oder wenigstens für dessen Grundsatznormen fordert, sondern vielmehr den richtigen Ansatz wieder fallen läßt und völlig unmotiviert den Geltungsgrund für die im Inland anzuwendenden fremden Normen als im *ausländischen* Rechtsbereich gelegen postuliert. Ob diese Auffassung, wie *Schwind* vermeint, die „realistische“ oder „ungezwungenste“ ist, bleibe unerörtert;

österr. IPR folgende Konsequenzen: Dem einfachen Gesetzgeber ist es — von Fällen besonderer verfassungsrechtlicher Ermächtigung abgesehen — verwehrt, (allseitige) kollisionsrechtliche Rechtserzeugungsregeln zu erlassen[80]. Die Regelung der Rechtserzeugung durch IPR hätte demnach *grundsätzlich* durch Bundesverfassungsrecht zu geschehen. Eine lediglich einfachgesetzlich gegebene Ermächtigung, fremdes Recht im Inland Rechtswirkungen erzeugen zu lassen, wäre verfassungswidrig[81].

d) Ergebnis:

Verfassungsrang für § 1 des zukünftigen IPR-Gesetzes

aa) Den Autoren des Entwurfes waren die zweifellos unbequemen verfassungsrechtlichen Einwände gegenüber dem geltenden und künftigen österr. IPR nicht gänzlich unbekannt und auch sie messen dem „Grundsatz der engsten Beziehung“ in diesem Zusammenhang „weittragende Bedeutung“[82] bei — allerdings auf ihre Weise: Wenn nämlich auf der Grundlage des „Grundsatzes der engsten Beziehung“ ausländisches Recht angewendet wird, so geschehe dies nach den Erläuterungen „eben deshalb“, weil die engste Beziehung nicht zum österr. Recht bestehe. „Darin“ [sic] — so wird weiter geschlossen — liege „die Rechtfertigung dafür, daß in Österreich Rechtsvorschriften angewendet wer-

---

hier ist wiederum nur die (von *Schwind* selbst angedeutete) verfassungs*rechtlich gebotene* Lösung gefragt.

[80] Die prinzipielle *Zweckmäßigkeit* des rechtlichen Phänomens der „Anwendung fremden Rechts“ wird damit keineswegs in Frage gestellt. Es soll vielmehr lediglich offengelegt werden, daß dieses Phänomen in das gegenwärtige Rechtsquellenmodell des österr. Bundesverfassungsrechts nur schwer oder — wie besonders die Erläuterungen zu § 1 des Entwurfes zeigen —, „nur mit Hilfe von Konstruktionen eingliederbar [ist], die eher advokatorischen Tricks gleichen“ (*Öhlinger*, Bemerkungen 90).

[81] Siehe auch *Schwind*, Verfassung 125, der sich aber hier wiederum scheut, aus der Erkenntnis, daß „das gesamte IPR ... verfassungswidrig [ist]“, die entsprechenden Konsequenzen zu ziehen. Vielmehr wird in offensichtlicher Fehlanwendung der „Versteinerungstheorie“ (dazu etwa *Funk*, Ordnungsprobleme 452 [FN 16]; *Schäffer*, Verfassungsinterpretation 55 f., 97 ff.; *Wimmer*, Verfassungsverständnis 32 ff.) versucht, den „Grundsatz der engsten Beziehung“ gleichsam zur verfassungsrechtlichen Unbedenklichkeitsbescheinigung für die Anwendung fremden Rechts im Inland zu erheben, ohne freilich diesem Grundsatz den hiezu nötigen Verfassungsrang zuzugestehen. Vgl. auch *Schwind*, Verkehrsunfall 295.

Zu dem hier völlig irrelevanten Schweigen des (deutschen) Verfassungsgesetzgebers siehe etwa *Beitzke*, Grundgesetz 25; *Jochem*, Erbrecht 146 (FN 34): „Diese Argumentation“ — nämlich mit dem Nicht-an-das-IPR-Denken des Verfassungsgesetzgebers — „beruht in der Tat auf einer unzulässigen Umkehrung der subjektiven Auslegungsmethode: Gegenüber einem eindeutigen, nicht zweckfremd ausgelegten Wortlaut kann es nicht darauf ankommen, ob man im Parlament über diesen Punkt gesprochen hat oder nicht.“

[82] Siehe die Erläuterungen (9) in wörtlicher Übernahme der Ausführungen von *Schwind*, Entwurf 182. Vgl. auch *Schwind*, Verfassung 125.

den, die nicht von den österreichischen Organen der Rechtserzeugung stammen und in Österreich nicht verlautbart worden sind (aus praktischen Gründen auch nicht verlautbart werden können) ...".

Daß bei dieser Beweisführung die zu beweisende Behauptung selbst als Prämisse des Beweises verwendet wird, somit dem Verfassungsverständnis der Autoren des Gesetzesentwurfes eine — im IPR freilich nicht selten anzutreffende[83] — petitio principii zu Grunde liegt, bedarf nach dem bisher Gesagten keiner näheren Erläuterung mehr. Welche IPR-Grundsätze man auch immer zur verfassungsrechtlichen Rechtfertigung der Anwendung fremden Rechts im Inland heranziehen mag, solange man diese Grundsätze nur einfachgesetzlich zu statuieren bereit ist, werden sich damit jedenfalls entgegenstehende verfassungsrechtliche Gebote niemals umgehen lassen können[84]. Abgesehen von der logischen Inkonsistenz der ausschließlich kollisionsrechtsimmanent geführten Argumentation der Erläuterungen, wird damit aber auch die bisher geläufige Methode der Verfassungsinterpretation auf den Kopf gestellt: Nicht der Regelungsinhalt einer Norm soll fortan Maßstab der

[83] Berühmt schon *v. Bar*, IPR 107 (gegen *Savigny*). Im Zusammenhang mit dem Einfluß des Verfassungsrechts auf das IPR siehe *Beitzke*, Grundgesetz 26 (gegen *Dölle*); Beispiele aus dem int. Familienrecht zeigt auch *Jochem*, FamRZ 1975, 302 (Buchbesprechung); siehe etwa auch *Koppensteiner*, Aspekte 73, 75 (gegen *Schulze*).

[84] Dies ist offensichtlich auch *Beitzke* (Grundgesetz 5) bewußt, für den „es gerade als ein Gebot der durch Art. 3 GG verfassungsmäßig gebotenen Gerechtigkeit erscheinen [will], die Besonderheit mancher Sachverhalte dadurch zu berücksichtigen, daß man um ihrer engen Beziehungen zum Ausland willen die aus ihnen folgenden Rechtswirkungen nach ausländischem Recht bestimmt". — Siehe eingehend dazu neuerdings *E. Lorenz*, Struktur (besonders 63 ff.), der im Gleichheitssatz nicht nur die nationale und internationale Grundlage des IPR, sondern „auch die rechtliche Grundlage für die von *Savigny* aus den allseitigen Kollisionsnormen gewonnene, von ihm aber nicht begründete Sitzregel" erblickt (ebenda 64).

Für den österr. Rechtsbereich ist dieser — immerhin versuchte — verfassungsrechts*dogmatische* Ansatz schon deshalb wenig zielführend, da sämtliche einschlägigen österr. Verfassungsbestimmungen den Gleichheitssatz lediglich als Staatsbürgerrecht und nicht (wie im Bonner GG) als allgemeines Menschenrecht statuieren. Vgl. dazu etwa auch VfGH vom 2. 10. 1973, Slg 7138 (Ausländergrundverkehr), worin die Argumentation des Beschwerdeführers, daß die belangte Behörde „zwei deutsche Staatsangehörige auf Grund des Bonner GG, auf welches hier rückverwiesen" sei, „nicht unterschiedlich hätte behandeln dürfen, auch nicht unterschiedlich nach österr. Recht, weil der Gleichheitssatz im [Bonner] GG als Menschenrecht gewährleistet" sei, vom VfGH als „offensichtlich unzutreffend" verworfen wurde. Nach Ansicht des VfGH gäbe es nämlich keine Norm, „die gebietet, daß eine Bestimmung der österr. Bundesverfassung nach dem Inhalt der Verfassung eines anderen Staates auszulegen" sei. — Im übrigen hat bereits *Wengler* (Gleichheitsprinzip 378 und *derselbe*, Significance 858) anschaulich nachgewiesen, daß die Anwendung der Gleichheitsidee „unter verschiedenen Aspekten zu widersprechenden Ergebnissen führen kann, daß es mit anderen Worten, *Antinomien der Konkretisierung der Gleichheitsidee im internationalen Privatrecht geben kann*" (im Text ohne Hervorhebung).

Beurteilung ihrer Verfassungskonformität oder Verfassungswidrigkeit darstellen, sondern allein die mehr oder weniger nahe „Beziehung“ eines von dieser Norm zu „regelnden“ Sachverhaltes zum österr. Recht[85]. Gerade hier hätte aber bereits zu denken geben müssen, „daß die Frage des anwendbaren Rechts meist vor einem österreichischen Gericht [oder vor einer österr. Verwaltungsbehörde] gestellt wird“[86], womit die für das Eingreifen des (hier in Frage stehenden österr.) Verfassungsrechts hinreichende „Inlandsbeziehung“ auf jeden Fall gegeben ist[87].

bb) In diesem Zusammenhang wäre aber noch zu prüfen, ob als verfassungsrechtliche Rechtfertigung für die Anwendung fremden Rechts im Inland nicht bereits Art. 9 B-VG dienen könnte[88], worin bestimmt wird, daß „die allgemein anerkannten Regeln des Völkerrechts ... als Bestandteile des Bundesrechtes [gelten]“[89]. Abgesehen von der völlig ungesicherten Feststellbarkeit[90] solcher völkerrechtlich gebotener IPR-

[85] Vgl. (in anderem Zusammenhang) *Jochem*, Erbrecht 8 (FN 21), der zu Recht feststellt, daß „Inhalt und Struktur eines Rechtssatzes ... wohl nicht davon abhängen [können], welche Sachverhalte an den Rechtssatz herangetragen werden“.

[86] So *Schwind*, Entwurf 182. — Vgl. aber *Kegel*, Embarras 31.

[87] Siehe dazu auch besonders *Wengler*, JZ 1965, 101 (Entscheidungsbesprechung), der zunächst „mit aller Schärfe gegen den Satz protestiert ..., daß ‚die Kollisionsnormen, wenn sie auch im Range unter dem Verfassungsrecht stehen, die räumliche und persönliche Reichweite des Verfassungsrechts abgrenzen‘. Bedenkt man (so fährt *Wengler* fort), daß auch da, wo der Forumstaat durch sein internationales Privatrecht vorsieht, daß nach Anwendung *ausländischen* Privatrechts Unrechtsfolgen von inländischen Organen gegen inländische Rechtsgüter vollzogen werden sollen, letztlich eben der Forumstaat selbst das vorprozessuale Verhalten der Parteien zu steuern, zu *regeln* versucht, so müßte es eigentlich evident sein, daß der Anwendungsbereich einer *Verfassungs*norm, welche privatrechtliche Regelungen bestimmter Art verbietet, nicht davon abhängen kann, für welche Fallgruppen der einfache Gesetzgeber die Anwendung inländischen Rechts anordnet, und für welche Fallgruppen er vermittels einer Verweisung auf ausländisches Recht den Inhalt der inländischen Regelung der Regelung durch einen anderen Staat anpaßt.“

Vgl. dazu auch (mit weiteren Nachweisen) *Jochem*, Erbrecht 142 ff. und 154 ff.; ferner etwa *Siehr*, Wechselwirkungen 475; *Stöcker*, Grundrechtsschutz 457.

[88] Siehe speziell dazu etwa *Mänhardt*, Gesetz 261 ff. (mit weiteren Hinweisen); *Marschall*, ZfRV 1970, 147 (Entscheidungsbesprechung); vgl. auch *Schwind*, Verfassung 125. Allgemein dazu aus neuester Zeit auch etwa *Neuhaus*, Grundbegriffe 73; ferner *A. F. Schnitzer*, Rechtsvergleichung 19 ff.

[89] Zu dieser problematischen Verfassungsbestimmung siehe (statt vieler) etwa *Laurer*, Beitritt 343 - 353; *Rotter*, Regeln (durchgehend); auch *Verdross / Simma*, Völkerrecht 429 (mit weiteren Hinweisen). — Vgl. auch *Klecatsky*, Rechtsstaat 43 f.

[90] Entgegen *Adamovich* (Handbuch 55) existieren eben keine, den „Regeln des Völkerrechtes“ zuzurechnende, „allgemein anerkannte Regeln des *Internationalen Privatrechtes*“. Siehe etwa *Matscher*, Grenzen 141 („... ja es stellt sich mir die Frage, ob es hier irgendwelche — mit dem für die Annahme einer normativen Regelung erforderlichen Maß an Bestimmtheit ausgestattete — allgemein anerkannte Völkerrechtsgrundsätze überhaupt gibt. Der häufig

Regeln[91], soll aber dieser Frage hier auch schon deswegen nicht weiter nachgegangen werden[92], weil der Verfassungsgerichtshof noch immer — wenngleich bestrittenermaßen[93] — die Ansicht vertritt, daß die durch Art. 9 B-VG rezipierbaren[94] völkerrechtlichen Regeln nur *einfachen*[95] Bundesgesetzen und nicht dem Bundesverfassungsrecht gleichstehen können.

cc) An dieser Stelle ebenfalls nicht näher zu analysieren ist die irrige und auch durch nichts weiter begründete und belegte Behauptung von *Moser*, wonach „sich der MRK und einigen ihrer Zusatzprotokolle ... mehrere einschlägige Bestimmungen [des IPR] entnehmen lassen", die teils „mit den herkömmlichen Grundsätzen des IPR übereinstimmen", teils aber „eine nicht häufige Abweichung von diesen Regeln"[96] enthielten. *Moser* verkennt nämlich dabei vor allem, daß die MRK[97] in den von ihm angezogenen Regelungsbereichen ausschließlich *Sachnormen* (d. h. an den Gesetzgeber des Vertragsstaates gerichtete, materielle Gebote einzuhaltender Mindeststandards) enthält, jedoch keinesfalls, wie aber *Moser* fälschlicherweise annimmt, unmittelbare „Verweisungen auf das Privatrecht des einen Staates oder das eines fremden Staates"[98]. Selbst von Kollisionsnormen im weitesten Begriffssinne zu sprechen, wäre hier überhaupt nur in jenen Fällen angebracht, in denen die MRK

---

anzutreffende Satz, daß kein Staat einen Sachverhalt einer Regelung unterziehen darf, der nicht ein Minimum an ‚Binnenbeziehung' aufweist, ist aber inhaltsleer, solange es nicht gelingt, ausreichende Kriterien für die Bestimmung dieses Minimums anzugeben. An solchen fehlt es jedoch"). Vgl. auch *Stoll*, Vorfragen 131 f.; *E. Lorenz*, Struktur 61 f.

91 Siehe neuerlich treffend *Pocar*, Solutions 181: „... the risk exists of confusing a constant behaviour of States with the fulfillment of an international obligation"; besonders auch *Rotter*, Regeln 31 ff. Vgl. dazu auch *Walter*, Stufenbau 173, der die Ansicht vertritt, daß „eine Regel, die der österreichischen verfassungsrechtlichen Grundordnung widerspricht ... durch Art. 9 B-VG nicht transformiert werden [kann], weil eine solche Regel keine allgemein anerkannte Regel des Völkerrechts sein kann".

92 Weitere Argumente für das Nichtweiterverfolgen des verfassungsrechtlich-völkerrechtlichen Ansatzes neuerdings bei *Rotter*, Regeln 28 ff.

93 Siehe statt vieler (mit weiteren Hinweisen) *Walter / Mayer*, Grundriß 63 („Mangels anderer Anhaltspunkte kann es für die Zuordnung zu der einen oder anderen Form nur auf den *Inhalt* der transformierten Regel ankommen. *Welchen Rang eine solche Regel einnimmt, richtet sich also danach, in welcher Form sie in der österr. Rechtsordnung erzeugt werden müßte*"). — Vgl. aber *Schwind* (Verfassung 126), der den „allgemein anerkannten Grundsätzen des Völkerrechts" ohne weiteres Verfassungsrang beimißt.

94 Zur Terminologie etwa *Walter / Mayer*, Grundriß 61; *Verdross / Simma*, Völkerrecht 436 f. — Von „Rezeption" spricht neuerdings VfGHSlg 7478.

95 Siehe VfGHSlg 3950; vgl. ferner VfGHSlg 7448; VfGHSlg 7478; VfGHSlg 7495; VfGHSlg 7608.

96 *Moser*, Quelle 650.

97 Texte und weitere Hinweise dazu (statt vieler) bei *Klecatsky*, Bundesverfassungsrecht 711 ff.

98 *Moser*, Quelle 650.

die Ausführung ihrer Rahmengebote (wie beispielsweise in ihrem Art. 12) *„den einschlägigen nationalen Gesetzen“*[99] überläßt. Ein derartiger Gesetzesvorbehalt[100] ist aber nicht, wie von *Moser*[101] für den Art. 12 MRK behauptet, als unmittelbare international-privatrechtliche Verweisung „auf das nationale Gesetz der Verlobten“ in dem Sinne aufzufassen, daß sich nach der „in diesem Umfang als allseitige Kollisionsnorm anzusehen[den]“ Bestimmung des Art. 12 MRK sowohl die materiellen als auch — unter Derogation der bisherigen Gesetzeslage — die formellen Voraussetzungen der Eheschließung nach dem „Personalstatut der Verlobten“ zu bestimmen hätten. Richtig ist vielmehr, daß erst die „einschlägigen nationalen Gesetze“ (also etwa für Österreich gegenwärtig § 6 der 4. DVEheG) bestimmen, nach welchem Recht materielle und formelle Voraussetzungen einer Eheschließung kollisionsrechtlich zu beurteilen sind.

Von einer *international-privatrechtlichen* Regelung durch die MRK zu reden, wäre indessen nur insoweit und auch das nur im Bereich ihrer unter Gesetzesvorbehalt stehenden Bestimmungen möglich, als man die in das Belieben[102] des jeweiligen nationalen Gesetzgebers gestellten IPR-Normen des nämlichen Gesetzgebers abstrakt immer miteinbegreift; der normative Ertrag dieser eher begrifflichen Spielerei freilich wäre in bezug auf die MRK gleich Null. Unmittelbar anwendbares Internationalprivatrecht enthalten die MRK und ihre ebenfalls im Verfassungsrange stehenden Zusatzprotokolle jedenfalls nicht[103]. Hierin die

---

[99] Art. 12 MRK lautet: „Mit Erreichung des heiratsfähigen Alters haben Männer und Frauen gemäß den einschlägigen nationalen Gesetzen das Recht, eine Ehe einzugehen und eine Familie zu gründen.“ Die hier genannten „einschlägigen nationalen Gesetze“ umfassen aber nicht nur die autonomen (und staatsvertraglichen) Sachnormen, sondern auch die entsprechenden autonomen (und staatsvertraglichen) IPR-Normen des betreffenden Vertragsstaates: Siehe *H. Hoyer*, Anerkennung 38, und wohl auch schon *Moser*, Menschenrechtskonvention 157; ferner *Gamillscheg* in Staudinger 48 (RZ 66 Vorbem. vor Art. 13 EGBGB); *Guradze*, Menschenrechtskonvention 176; *Partsch*, Menschenrechtskonvention 216 (FN 731); *Schorn*, Konvention 271; vgl. auch *Marschall*, Privatautonomie 40.

[100] Zu den Gesetzesvorbehalten der MRK siehe allgemein etwa *Guradze*, Menschenrechtskonvention 25 ff.; *Schorn*, Konvention 65 f.

[101] Quelle 653 (652).

[102] So noch ausdrücklich *Moser*, Menschenrechtskonvention 157; siehe ferner *H. Hoyer*, Anerkennung 38; *Schorn*, Konvention 268 (272); *Wildhaber*, Konvention 531 („... Immerhin schreibt Art. 12 den Staaten im Prinzip nicht vor, welchen Anknüpfungspunkt sie internationalprivatrechtlich zu wählen haben“). Vgl. auch *Schwendenwein*, Situation 97.

[103] Ob die in der MRK statuierten Grundrechte die konkrete internationalprivatrechtliche Verweisung entweder kraft unmittelbarer Anwendung oder kraft Anwendung als *österr.* ordre public verändern oder verunmöglichen, ist eine andere Frage, die einer genauen Interpretation der einzelnen Bestimmungen der MRK und Ermittlung ihrer jeweiligen Anwendungsbereiche bedarf (vgl. schon [vor dem „Spanierentscheid“ des dt. BVerfG] *Guradze*, Menschenrechtskonvention 177; *Partsch*, Menschenrechtskonvention 216 f.). —

fehlende verfassungsrechtliche Legitimation für einen Teil oder gar für das gesamte österr. IPR zu suchen, ist daher vergeblich.

dd) Somit ist aus verfassungsrechtlicher Sicht für das österr. IPR zusammenfassend und abschließend festzuhalten, daß weder der „Grundsatz der engsten Beziehung“ noch irgendein anderer international-privatrechtlicher Rechtsanwendungsgrundsatz, soferne er nur einfachgesetzlich normiert ist, eine verfassungsrechtlich taugliche Legitimation zur Anwendung fremden Rechts im Inland darstellen könnte[104]; für den österr. Rechtsbereich apodiktisch das Gegenteil zu behaupten, hieße aber nichts anderes, als die Bedeutung des Art. 18 Abs. 1 B-VG sowie der Art. 48 und 49 B-VG als Regelungen des positiven österr. Bundesverfassungsrechts verbal herunterzuspielen[105] und diese auf der Ebene einfacher Gesetze anzusiedeln[106].

Eine verfassungsrechtlich unbedenkliche Rechtsanwendung auf der *Basis* des „Grundsatzes der engsten Beziehung“ wird daher nur dadurch zu erreichen sein, daß zumindest der § 1 des vorgeschlagenen IPR-Gesetzes als *Verfassungsbestimmung* im Sinne des Art. 44 B-VG beschlossen wird[107]. Im Vergleich zu den übrigen Ländern mit geschriebener Verfassung wäre Österreich damit (soweit ersichtlich) jedenfalls das erste Land, das sein Internationalprivatrecht verfassungsrechtlich

---

Nicht geteilt werden kann aber in diesem Zusammenhang etwa die Ansicht von *Reichelt* (ordre public 221), wonach die verfassungsrechtlichen Werte lediglich dazu dienten, „den ordre public mit lebendigem Rechtsgedanken auszufüllen, ... aber nicht ident mit diesem“ seien. Vgl. auch unten FN 113. Richtig hingegen ist die Kritik von *Reichelt* (ebenda) an der These eines MRK-immanenten ordre public, der den nationalen (verfassungsgesetzlich begründeten) ordre public ausschließe.

104 Analog zu *Bydlinski* (Gutachten 163) bedeutete dies für das bestehende österr. IPR: Die als verfassungswidrig erkannten Vorschriften sind geltendes, aber verfassungswidriges Recht. — Vgl. dazu auch *Schäffer*, Rechtsquellen 42 f.

105 Es hieße in der Tat (wie *Wimmer*, Verfassungsverständnis 33) formuliert, „die Rangordnung zwischen Gesetz und Verfassung ... in ihr Gegenteil“ zu verkehren, „den Verfassungsgeber zum Erfüllungsgehilfen des einfachen Gesetzgebers“ zu erniedrigen.

106 Siehe *Jochem*, Erbrecht 144 („Demgegenüber ist zu betonen, daß wie das Privatrecht, so auch das Internationale Privatrecht sich die Elle der Verfassungsrechtssätze anlegen lassen muß“); ebenso etwa *Dölle*, IPR 20; vgl. auch schon *Bydlinski*, Gutachten 156 ff.

107 Besser wäre es freilich, mittels einer Grundsatzbestimmung sowohl das autonome als auch das staatsvertraglich geregelte Verweisungsrecht im B-VG selbst verfassungsrechtlich zu legitimieren.

Für die hier dargelegte Problematik sehr aufschlußreich siehe auch die Ausführungen von *Öhlinger*, Grundlagen 142 ff. und 148 ff. (und schon *derselbe*, Integration [durchgehend]). Zu den verfassungsrechtlichen Problemen, die sich aus der Übertragung der Kompetenz zur generellen Rechtsetzung an internationale und „supranationale“ Gemeinschaftsorgane ergeben, siehe auch neuerdings eingehend *Schreuer*, Beschlüsse.

einwandfrei verankert und von dieser Seite her außer Streit gestellt hätte.

Ist aber diese, für die Existenz des österr. IPR entscheidende Frage einmal geklärt, so dürfte auch die Lösung eines weiteren verfassungsrechtlichen Problems, nämlich „wie sich das Verfassungsrecht auf ausländische Rechtsnormen auswirkt, die kraft der inländischen Kollisionsnormen zur inländischen Anwendung berufen sind und die mit verfassungsrechtlichen Grundsätzen der inländischen Verfassung unvereinbar sind“[108], keine Schwierigkeiten mehr bereiten; denn wäre die gegenwärtig formaljuristisch[109] durchaus denkbare Gefahr, daß bei verfassungswidrigem Verweisungserfolg jedesmal die betreffende Verweisungsnorm aufzuheben ist, durch den Verfassungsrang künftighin gebannt, so bleibt zur notwendigen Abwehr der Anwendung verfassungswidriger fremder Rechts*inhalte* noch immer das Instrument der Vorbehaltsklausel[110] übrig. Funktionell wäre diese Klausel als „Einbruchstelle“ der Verfassung (namentlich ihrer Grundrechte) in das inländische IPR mit der Folge zu erweitern[111], daß *jede* durch die Anwendung frem-

---

108 *Ferid,* Wechselbeziehungen 133.

109 Vgl. *Neumayer,* Zivilehe 91, der in der generellen Billigung des Art. 13 I EGBGB (= § 6 Abs. 1 der 4. DVEheG) und der gleichzeitigen Ablehnung einzelner Folgen daraus durch das dt. BVerfG nicht ganz zu Unrecht einen „inneren Widerspruch“ erblickt; vgl. dazu aber *Neuhaus,* Bundesverfassungsgericht 129 (FN 9); *Sturm,* Durchbruch 17 (FN 11).

110 Siehe schon de lege lata sehr aufschlußreich etwa OGH 7. 11. 1974 EvBl 1975/161 = JBl 1975, 375 = EFSlg 22948: „Die UntG haben ... mit Recht einen Verstoß der anzuwendenden jordanischen Sachnorm gegen den inländischen ordre public angenommen. Die Auffassung des Vaters, dies käme einer Diskriminierung seines Heimatstaates gleich, entbehrt der Berechtigung, weil in der Annahme des Verstoßes *keineswegs ein absolutes Werturteil,* sondern nur das Ergebnis eines Vergleiches der ausländischen Norm mit den *Grundprinzipien der inländischen Rechtsordnung,* sohin nur eine relative Wertung zu erblicken ist. In diesem Zusammenhang darf aber nicht unerwähnt bleiben, daß ein Rechtssatz, der dem Vater die Pflege und Erziehung über einen Mj ohne jede Rücksicht auf dessen Wohl, also selbst für den Fall einräumt, daß der Vater dem Mj etwa infolge Drohungen, Mißhandlungen oder aus anderen Gründen keine menschliche Behandlung zuteil werden läßt, *unter diesem Gesichtspunkt auch gegen Art. 3 MRK verstößt*“ (im Text ohne Hervorhebung).

111 *Schwind* (Verfassung 126) würde jedoch darin nicht nur „nationalistische Anmaßung, sondern darüber hinaus eine ernste Gefährdung der Grundlage des IPR“ erblicken. Hier fragt sich allerdings, ob ein *auch* durch die Verfassung legitimiertes und gestütztes IPR nicht in jeder Hinsicht einem IPR vorzuziehen wäre, das seine (verfassungsrechtliche) Daseinsberechtigung offenkundig nur dem Umstand zu verdanken hat, daß bislang in Österreich „noch ... niemand auf den Gedanken gekommen“ ist, „den *Inhalt des verwiesenen* Rechts am Maßstab der das verweisende Recht beherrschenden Verfassung zu messen“ (*Schwind,* ebenda 125).

Abzulehnen — weil damit die in der Verfassung niedergelegten Grundwertungen u. U. geringer veranschlagt werden als einfachgesetzliche Rechtsgrundsätze — ist aber auch die Ansicht, wonach verweisungsgemäß heranzuziehendes fremdes Recht „nicht einmal den inländischen Verfassungsgrundden Rechts *im Einzelfall* entstehende Grundrechtsverletzung das Eingreifen des österr. ordre public[112] auslösen würde[113]. „Das rechte Maß ergäbe sich dabei aus der Prüfung, ob und wieweit das betroffene Grundrecht nach Wortlaut, Inhalt und Funktion unter Berücksichtigung der Gleichstellung anderer Staaten und der Eigenständigkeit ihrer Rechtsordnungen für auslandsbezogene Sachverhalte Geltung verlangt[114]."

---

sätzen zu entsprechen braucht, sondern nur dort seine Grenze findet, wo die Anwendung mit den Grundprinzipien des inländischen Rechts in unlösbarem Widerspruch stünde" (so *Schwind*, Entwurf 182); insofern aber abschwächend offenbar die Erläuterungen (9), die lediglich davon sprechen, „daß dieses [fremde] Recht nicht dem inländischen Recht entsprechen muß, soweit nicht die Schranke der Vorbehaltsklausel (§ 7) eingreift": mit dieser Modifikation des Verfassungsverständnisses wird die Erweiterung des ordre public zum „Einfallstor der Grundrechte in das IPR" wenigstens nicht von vornherein abgelehnt.

112 Einem ordre public, der nach dem Ergebnis der hier angestellten verfassungsrechtlichen Untersuchung ebenfalls im Verfassungsrang stünde. Vgl. *Jochem*, Erbrecht 160 (FN 86), der zu Recht die Ansicht vertritt, „daß Art. 30 EGBGB nur dann als ‚Einbruchsstelle der Grundrechte' verstanden werden kann, wenn man ihm *Verfassungsrang* zubilligt". Vgl. auch *Sturm*, Durchbruch 18.

113 Im Anschluß an den vom dt. BVerfG entschiedenen „Spanierfall" siehe treffend *Henrich*, Bedeutung 3: „Es geht nicht darum, ob ausländisches Recht gegen das Grundgesetz verstößt, sondern darum, ob die Anwendung ausländischen Rechts durch den deutschen Richter zu einer Grundrechtsverletzung führen würde ... Das Bundesverfassungsgericht hat damit nichts anderes getan, als die Vorbehaltsklausel neu interpretiert: Die Anwendung eines ausländischen Gesetzes ist ausgeschlossen, wenn seine Anwendung eine Grundrechtsverletzung darstellen würde." Vgl. dazu auch *Neuhaus*, Bundesverfassungsgericht 130.

Grundsätzlich a. M. ist aber *Schwind*, Entwurf 196, der die Auffassung vertritt, daß das anzuwendende fremde Recht mit den Grundsätzen der österr. Verfassung nicht in Einklang stehen müsse, dieses Recht vielmehr nur an den Maßstäben der Verfassung seines Heimatrechts zu messen sei, „nicht an den unseren". Selbstverständlich könne ein Verstoß gegen einen Grundsatz der Verfassung auch ein Verstoß gegen den ordre public sein, aber es müsse dies nach *Schwind* keineswegs der Fall sein. An dieser Auffassung hält *Schwind* grundsätzlich auch noch in seinem Handbuch (82) fest. Vergleicht man allerdings die Aufzählung (ebenda 83) der durch den ordre public zu schützenden Rechtsgüter (persönliche Freiheit auch hinsichtlich der Entschließung im geschäftlichen Verkehr, Freiheit der Eheschließung, Privateigentum sowie alle Menschenrechte im Sinne der MRK), läßt sich auch bei *Schwind* (außer dem Gleichheitssatz) praktisch kein verfassungsrechtlich geschütztes Grundrecht finden, das nicht „unter" den Anwendungsbereich des ordre public fiele. Die Aussage *Schwinds*, daß „die Anwendung fremden Familienrechts, in dem der Grundsatz der Gleichberechtigung der Geschlechter nicht voll durchgeführt ist, nicht unbedingt ordre-public-widrig" sei (ebenda 82) ist nicht Bestätigung seiner These, sondern zeigt vielmehr, daß die Anwendung eines lediglich auf Staatsbürger beschränkten Grundrechtes im IPR dogmatisch noch nicht vollends geklärt ist.

114 So das dt. BVerfG v. 4. 5. 1971 (C VI 2 — Gesamtergebnis —) RabelsZ 36 (1972) 162. Das praktische Ergebnis der Entscheidung — daß nämlich die Antragsteller entgegen dem durch Art. 13 I EGBGB verwiesenen spanischen Eherecht heiraten konnten — wurde überwiegend gutgeheißen (siehe *Neuhaus*,

ee) Was allerdings trotz formaler verfassungsrechtlicher Sanierung[115] des IPR nach wie vor bestehen bliebe, wäre das Unbehagen, daß die Normadressaten[116] bisweilen mit Normen konfrontiert und überrascht werden, die sie nicht kennen, schlimmer noch, die sie selbst unter Aufbietung zumutbarer Sorgfalt gar nicht kennen können. Dies wiederum ist aber kein spezifisch international-privatrechtliches, rechtsdogmatisches, sondern vornehmlich ein allgemeines rechtspolitisches Problem, das sich heutzutage bei jeglicher Rechtsanwendung stellt[117]. Darum aber gleich die Verfassung über Bord zu werfen (oder diese erst gar nicht zu beachten), wäre sicherlich der denkbar schlechteste Weg[118].

Bundesverfassungsgericht 128 mit einer Analyse der Meinungen und eigener Stellungnahme).

115 Vgl. allgemein sehr treffend *Schäffer*, Rechtsquellen 169: „Verfassungsrechtlich strittige Fragen der Rechtsquellenlehre sollten nicht mit dem Hinweis auf die Unangemessenheit des Zweifels“ — so aber etwa *Schwind*, Verfassung 125 und 126 — „beiseitegeschoben, sondern durch rationale Diskussion zur Konsensfähigkeit geführt werden. Verfassungsrechtlich nicht vorgezeichnete Rechtsformen, über deren Legitimation kein allgemeiner Konsens hergestellt werden kann, sollten beseitigt oder *saniert* werden.“

116 Und zwar ist hier nicht so sehr an die Behörden und Gerichte gedacht, an die — wie *Kegel* (Embarras 31) ohne weiteres zuzugeben ist — nur wenige Fälle gelangen, sondern vor allem an die „Leute“, deren persönliche Verhältnisse und Vermögensverhältnisse untereinander direkt (durch materielles Recht) oder indirekt (durch IPR) geregelt werden. — Zum Normadressaten im IPR vgl. auch *Wengler*, Funktion 1 ff.

117 Siehe etwa nur *Mayer-Maly*, Rechtskenntnis.

118 Vgl. auch sehr treffend *Bydlinski* (Gutachten 163): „Der Respekt vor der Verfassung gebietet, entweder das Gesetz der Verfassung anzupassen oder, wenn das Gebot der Verfassung bei wirklicher, konsequenter Befolgung zu unerwünschten Ergebnissen führt, die Verfassungsvorschrift [sc ausdrücklich] einzuschränken.“

IV. Zwei Marksteine am Weg zum anwendbaren Recht

1. Die Amtswegigkeit der (gesamten) kollisionsrechtlichen Beurteilung

„Ermittlung der für die Anknüpfung erforderlichen Tatsachen

§ 2. Die Tatsachen, aus denen sich die Anknüpfung an eine bestimmte Rechtsordnung ergibt, sind von Amts wegen festzustellen.

Anwendung fremden Rechtes von Amts wegen

§ 3. Liegen die Voraussetzungen für die Anwendung fremden Rechtes vor, so ist dieses Recht von Amts wegen anzuwenden.

Ermittlung fremden Rechtes

§ 4. (1) Das Gericht hat sich die Kenntnis des anzuwendenden fremden Rechtes von Amts wegen zu verschaffen. Es kann sich dabei auch der Mitwirkung der Beteiligten bedienen, das Bundesministerium für Justiz um Mitteilung des Inhalts, erforderlichenfalls Beschaffung der in Betracht kommenden Rechtsquellen ersuchen und Gutachten, besonders von Rechtsgelehrten, einholen.

(2) Solange das anzuwendende fremde Recht innerhalb angemessener Frist, besonders bei dringenden Maßnahmen, nicht festgestellt werden kann, ist das österreichische Recht anzuwenden.“

a) Grundsätzliches

Der überwiegende Teil des Regelungsinhaltes der §§ 2, 3 und 4 des Entwurfes, d. h. sowohl das Gebot einer schon von Amts wegen zu erfolgenden Ermittlung[1] der für die Anknüpfung erforderlichen Tatsachen[2], als auch vor allem die Anordnung einer von einem entspre-

[1] Siehe *Schwind*, Handbuch 69 f. — Mit Einschränkung bezüglich der Verfahren, in denen der (durch die §§ 182, 432 ZPO modifizierte) Verhandlungsgrundsatz gilt, siehe auch *Bolka*, Parteieneinfluß 244; *Schwimann*, Ermittlung 127 f. — Vgl. aber auch *Kralik*, Iura 91.

[2] Richtig heben die Erläuterungen (11) hervor, daß dies „sowohl für die Gerichte als auch die eine zivilrechtliche Vorfrage beurteilenden Verwaltungsbehörden“ gelte.

Der in § 2 verwendete Ausdruck *Tatsachen* ist im weiten Sinn zu verstehen; siehe etwa *Koziol / Welser*, Grundriß 12 f. — „Er erfaßt in erster Linie alle objektiven Anknüpfungspunkte, einschließlich solcher, denen auch rechtliche Elemente innewohnen, wie z. B. dem Anknüpfungsbegriff der Staatsangehörigkeit. Die Bestimmung bezieht sich jedoch auch auf ... die Fälle einer zulässigen Rechtswahl. Hier ist also zunächst festzustellen, ob eine solche chenden Parteiantrag unabhängigen[3], amtswegig wahrzunehmenden Befolgung der objektiven Verweisung, sowie der amtswegigen Ermittlung des anzuwendenden fremden Rechts[4], gehört bereits de lege lata zum gefestigten Stand der österr. Lehre und Rechtsprechung. Die nunmehr beabsichtigte, ausdrückliche und erschöpfende Regelung dieser Materie stellt die konsequente Durchführung der mit dem „Grundsatz der engsten Beziehung" gewählten Kollisionsrechtsmethode dar[5] und ist als notwendiges Korrelat eines nicht unbedingt auf die Anwendung der lex fori bedachten IPR zu begrüßen; daß darüberhinaus auch rechtsstaatliche Gesichtspunkte derartige Regelungen geboten sein lassen, liegt auf der Hand.

aa) Mit dem Bekenntnis zur „Amtswegigkeit der *gesamten* kollisionsrechtlichen Beurteilung"[6] wird aber zugleich allen jenen, vornehmlich in jüngerer Zeit geäußerten Ansichten[7] eine deutliche Absage erteilt, welche der „Misere bei der Behandlung von Auslandsrechtsfällen"[8] kurzerhand und radikal dadurch abhelfen wollen, „daß man die Par-

---

Rechtswahl vorliegt, wird dies verneint, so sind die von der einschlägigen Verweisungsnorm für maßgebend erklärten objektiven Anknüpfungstatsachen zu erheben" (Erläuterungen 12).

[3] Siehe etwa *Baeck*, Anwendung 91; *Bolka*, Parteieneinfluß 245; *Schwimann*, Ermittlung 129; *Schwind*, Handbuch 72 (mit reichen Nachweisen). Siehe auch neuerlich OGH 1. 3. 1973, ZfRV 1975, 276 (278): „Ob die Klägerin ihren Anspruch auf österr. Recht gestützt hat, ist ohne Bedeutung, weil das Gericht jedenfalls das richtige Recht anzuwenden hat" (mit Anm. von *Hepting*); ferner OGH 11. 5. 1976 EvBl 1976/237; etwa auch OGH 17. 12. 1976 JBl 1977, 419.

[4] Siehe etwa *Schwimann*, Ermittlung 129 ff.; *Schwind*, Handbuch 70 ff.; vgl. auch *derselbe*, Grundsätze 32. — In diesem Zusammenhang ist auch besonders auf das Europäische Übereinkommen vom 7. 6. 1968 (BGBl 1971/417), betreffend Auskünfte über ausländisches Recht hinzuweisen, wodurch insoferne eine „Verbesserung der Informationsmöglichkeit der Gerichte geschaffen worden [ist], als nunmehr die Justizministerien der Vertragsstaaten verpflichtet sind, untereinander die entsprechenden Rechtsauskünfte zu geben" (*Schwind*, Handbuch 71); zum Abkommen selbst siehe neuerdings *Wolf*, Übereinkommen. — Dem Abkommen gehören derzeit alle Mitgliedstaaten des Europarats, sowie Costa Rica, Liechtenstein und Spanien an (letzte Kundmachung BGBl 1977/634).

Auf bilateraler Ebene vgl. auch die zahlreichen von Österreich abgeschlossenen „Rechtshilfeverträge", welche die Erteilung von Rechtsauskünften vorsehen (zuletzt in Art. 61 des Vertrages mit Polen „über die wechselseitigen Beziehungen in bürgerlichen Rechtssachen und über Urkundenwesen", BGBl 1974/79). Siehe dazu auch *Matscher*, Abkommen 362 f. und 375.

[5] Insofern richtig die Bemerkung von *Simitis* (Entscheidungsfindung 11), wonach die Reform des Kollisionsrechtes mehr als nur die Suche nach anderen Kollisionsregeln bedeute. „Die Reform bleibt [vielmehr] solange unvollständig, wie das für die Anwendung dieser Normen maßgebliche Verfahren nicht mitbedacht wird." Vgl. auch *Neuhaus*, Grundbegriffe 448.

[6] Siehe besonders die eingehende (reich belegte) Analyse von *Bolka*, Parteieneinfluß 245 (und durchgehend).

[7] Siehe vor allem (jeweils durchgehend) *Flessner*, Kollisionsrecht; *Simitis*, Entscheidungsfindung; auch *Zweigert*, Armut 445 f.

[8] So der Titel einer gleichnamigen Studie von *Ferid*.

teien zwischen dem kollisionsrechtlich berufenen Recht und der lex fori wählen läßt"[9] oder zumindest bei Inlandsaufenthalt der Parteien das ausländische Recht nur dann zum Zuge kommen läßt, „wenn dies die Betroffenen mit Rücksicht auf ihre Interessen ausdrücklich wünschen"[10]. Demnach ist einem „fakultativen Kollisionsrecht"[11], das einerseits die Gefahr einer ungerechtfertigten und u. U. verfassungsrechtlich bedenklichen Privilegierung der an „Auslandssachverhalten" Beteiligten gegenüber den an „reinen Inlandssachverhalten" Beteiligten — pointiert formuliert, eine gewissermaßen legalisierte fraus legis — heraufbeschwört, andererseits aber ein allzu geringes Vertrauen[12] in die Flexibilität und Qualität (nicht nur) der hoheitlichen Rechtsanwendung bei Auslandsrechtsfällen setzt, auch im künftigen österr. IPR zu Recht die Anerkennung versagt worden. Vorderhand noch leider unbeantwortet geblieben ist freilich der gerechtfertigte Ruf nach *Verbesserung* (nicht partieller Abschaffung) der kollisionsrechtlichen Entscheidungsfindung durch gezielte Maßnahmen im Bereich der Juristenausbildung und namentlich der Gerichtsorganisation[13].

bb) Wegen des weitgehend verfahrensrechtlichen Charakters der gegenständlichen Vorschriften stellt sich allerdings die Frage, ob die darin enthaltene Materie systematisch nicht besser im Prozeßrecht, beispielsweise in einem neuzufassenden § 271 ZPO[14] — mit entsprechender

---

[9] *Flessner*, Kollisionsrecht 581.

[10] *Simitis*, Entscheidungsfindung 15. — Vgl. aber dazu *Jayme*, Entscheidungsfindung 359.

[11] Zur Kritik an diesem Kollisionsrechtsmodell siehe etwa *Bolka*, Parteieneinfluß 248 f.; *Ferid*, Misere 10; *Luther*, Gerichtspraxis 667 f.; *Neuhaus*, Grundbegriffe 66; besonders auch *E. Lorenz*, Struktur 103 f.

[12] Beispielhaft hier *Zweigert*, Armut 445: „Ein Richter, der ausländisches Recht anwenden muß, ist immer ein schlechterer Richter als der, der sein eigenes Recht anwendet. Im ausländischen Recht ist der Richter Dilettant, Anfänger, ängstlich; im eigenen ist er Experte, souverän, überlegen, mutig. Weiters hat ausländisches Recht in der Hand eines fremden Richters nicht die gleiche Qualität wie im Ursprungsland. ... Im ganzen ist der juristische ‚Service' schlechter, wo der Richter nicht die lex fori anwendet, sondern ausländisches Recht."

[13] Siehe etwa *Arndt* (u. a.), Verbesserung 326 ff.; *Ferid*, Misere 12 ff. und besonders 18 ff.; *Jayme*, Entscheidungsfindung 360; vor allem auch *Luther*, Gerichtspraxis 668 (mit zahlreichen weiteren Hinweisen); siehe auch *Mänhardt*, Gesetz 276; *Neuhaus*, Grundbegriffe 326 ff.; *Schwimann*, Ermittlung 131; *derselbe*, Lage 545. Vgl. auch *Kegel*, Organisation; *E. Lorenz*, Struktur 105.

[14] § 271 ZPO lautet:

„(1) Das in einem anderen Staatsgebiete geltende Recht, Gewohnheitsrechte, Privilegien und Statuten bedürfen des Beweises nur insofern, als sie dem Gericht unbekannt sind.

(2) Bei Ermittlung dieser Rechtsnormen ist das Gericht auf die von den Parteien angebotenen Beweise nicht beschränkt; es kann alle zu diesem Zwecke ihm nötig erscheinenden Erhebungen von Amts wegen einleiten und insbesondere, soweit erforderlich, das Einschreiten des Justizministers in Anspruch nehmen."

Bezugnahme im AußStrG[15], eventuell auch in den Verwaltungsverfahrensgesetzen[16] — zu regeln wäre; dies jedenfalls solange, bis nicht ein spezielles BG über das internationale (Zivil-)Verfahrensrecht beschlossen wird, worin ein separater Abschnitt „Ermittlung und Anwendung fremden Rechts" vorzusehen wäre.

Bliebe es jedoch bei der geplanten Regelung der verfahrensrechtlichen Materie im IPR-Gesetz selbst, so müßte allerdings überlegt werden, ob dem § 271 ZPO nicht nur (wie in der Bestimmung des § 54 Abs. 1 Z. 4 des Entwurfes vorgesehen) bezüglich dessen Abs. 2, sondern auch bezüglich dessen (nicht mehr zeitgemäßen) Abs. 1 formell derogiert werden sollte. Denn „das in einem anderen Staatsgebiete geltende Recht" stellt schon nach der bisherigen Interpretation des § 271 Abs. 1 ZPO, und erst recht nach der entsprechenden Anordnung des Ministerialentwurfes auch bei Nichtnotorietät keine beweispflichtige Tatsache mehr dar. Die in § 271 Abs. 1 ZPO weiters genannten (inländischen) „Gewohnheitsrechte, Privilegien und Statuten" hingegen werden gemeiniglich nicht als (selbständige) ursprüngliche Rechtserzeugungstatbestände der österr. Rechtsordnung anerkannt; würde man sie aber dennoch als solche anerkennen, verstünde es sich wiederum von selbst, daß das Rechtsanwendungsorgan auch ohne ausdrücklichen Hinweis zur amtswegigen Ermittlung[17], bzw. zur Kenntnis derselben verpflichtet wäre.

b) Systemwidersprüche in § 4 Abs. 2 des Entwurfes

Die Bestimmung des § 4 Abs. 2, worin die Anwendung österr. Sachrechtes für alle jene Fälle vorgesehen ist, in denen das an sich anzuwendende fremde Recht nicht innerhalb *„angemessener Frist"* festgestellt werden kann, entwertet nicht nur die vorhergehenden verfahrensrechtlichen Bestimmungen, sondern steht auch in unüberbrückbarem Gegensatz zur tragenden Grundidee des Entwurfes, nämlich durch die Ausführung des „Grundsatzes der engsten Beziehung" der kollisionsrechtlichen Gerechtigkeit (dem „örtlich" besten Recht) möglichst uneingeschränkt zum Durchbruch zu verhelfen. Denn keine noch so optimistische Prognose wird darüber hinwegtäuschen können, daß das Rechtsanwendungsorgan vermittels des unbestimmten Gesetzesbegriffes der „angemessenen Frist" zu einem, auch instanzenmäßig schwer korrigierbaren[18], „Heimwärtsstreben" geradezu eingeladen wird.

---

[15] Etwa bei § 2 AußStrG. — Vgl. (im Zusammenhang mit der Geltung des § 271 [293] ZPO auch im Außerstreitverfahren) *Kralik*, Iura 89 (91).

[16] Daß die Amtswegigkeit der kollisionsrechtlichen Beurteilung „sowohl für die Gerichte als auch die eine zivilrechtliche Vorfrage beurteilenden Verwaltungsbehörden" gelte, betonen auch richtig die Erläuterungen (11).

[17] Vgl. aber *Fasching*, Kommentar III 276; *Kralik*, Iura 90.

[18] Vgl. als Beweis hiezu etwa nur die Judikatur des OGH zum Rechtsmittelgrund der „offenbaren Gesetz- oder Aktenwidrigkeit" des § 16 Abs. 1

Mag dieser evidente Systemwiderspruch bei dringenden Maßnahmen, wie einstweiligen Verfügungen im Sinne der EO[19] oder dringenden Anordnungen in Vormundschafts- und Kuratel-(Pflegschafts-)[20]Sachen auf Grund der erhöhten Eilbedürftigkeit dieser Fälle sowie des ohnehin nur provisorischen Charakters derartiger Maßnahmen notgedrungen hingenommen werden, so fehlt ihm über diesen speziellen Schutzbereich hinausgehend jegliche kollisionsrechtliche Rechtfertigung[21].

Ebensowenig einzusehen ist es aber auch, warum bei der Regelung der Vorbehaltsklausel in § 7 Abs. 2 des Entwurfes für den Fall der Ausschaltung des zunächst verwiesenen fremden Rechtes detaillierte Ersatzrechtsregelungen[22] getroffen wurden, unter denen die Anwendung der lex fori nur *eine* der möglichen Alternativen darstellt, während man dies in der allgemeinen Bestimmung des § 4 Abs. 2 anzuordnen mit der bedeutungsvollen Begründung unterließ[23], „daß die Praxis bei einer solchen Lösung überfordert sein könnte".

Eine klare Entscheidung für das IPR *oder* für die Verfahrensökonomie wäre hier am Platze. Geht man nämlich von der grundsätzlichen Gleichwertigkeit der verschiedenen (Privat-)Rechtsordnungen aus, bekennt

---

AußStrG; dazu (statt vieler) mit erschöpfenden Hinweisen *König*, Konformität 104 ff.

19 Siehe etwa (aus dem int. Wettbewerbsrecht) *Schwind*, Problem 487 ff. — Vgl. auch § 382 Z 8 lit. a und b EO (eingeführt durch Art. IV des BG v. 1. 7. 1975, über die Neuordnung der persönlichen Rechtswirkungen der Ehe, BGBl 1975/412): Bestimmung eines einstweilen zu leistenden Unterhaltes im Zusammenhang mit einem Verfahren auf Leistung des Unterhalts; vollstreckbarer Auftrag (im Zusammenhang mit einem Verfahren auf Scheidung, Aufhebung oder Nichtigerklärung der Ehe) an einen Ehegatten zum Verlassen der Wohnung, die der Befriedigung des dringenden Wohnbedürfnisses des anderen Teiles dient, wenn jener diesem das weitere Zusammenleben unerträglich macht, besonders ihn erheblich körperlich bedroht.

20 Siehe § 14 Abs. 2 der 4. DVEheG; dazu etwa *Mänhardt*, IPFR 65 (FN 3); *Schwind*, Vormundschaft 63; *derselbe*, Handbuch 243.

21 Daran vermögen auch die spärlichen (positiv-)rechtsvergleichenden Hinweise der Erläuterungen (16) auf das IPR Polens und Portugals nichts zu ändern, zumal sowohl im entsprechenden Art. 7 des polnischen IPR-Gesetzes als auch im Art. 23 II des portugiesischen ZGB nicht auf eine „angemessene Frist" zur Ermittlung des verwiesenen Rechts abgestellt wird und Art. 23 II des port. ZGB als „subsidiär zuständiges Gesetz" die lex fori nur dann eingreifen läßt, wenn die maßgebende Kollisionsnorm keine Ersatzanknüpfung vorsieht: siehe dazu *Neuhaus / Rau*, IPR 506; *Schwind*, Entwurf 189 (FN 40). Das neue Rechtsanwendungsgesetz der DDR beispielsweise enthält keine derartige Bestimmung.

22 Zum „Ersatzrecht" bei Nichtfeststellbarkeit des primär verwiesenen fremden Rechts, siehe ausführlich *Kegel*, Ermittlung 179 ff.; *Neuhaus*, Grundbegriffe 388 ff.; siehe ferner etwa *Schwimann*, Ermittlung 130 („Prinzip der nächstverwandten Norm"); *Schwind*, Anwendung 17 f.; *derselbe*, Entwurf 188.

23 Siehe aber noch § 3 Abs. 3 des *Schwind*-Entwurfes: „Sind die anzuwendenden Rechtsnormen überhaupt nicht feststellbar, so sind die einschlägigen nächstverwandten anzuwenden; sind solche nicht zu ermitteln, das inländische Recht."

man sich zur „kollisionsrechtlichen Gerechtigkeit“ und statuiert dementsprechend sachadäquate objektive Verweisungsregeln, deren Verweisungserfolg noch zusätzlich durch eine durchgehend amtswegige kollisionsrechtliche Entscheidungsfindung verfahrensrechtlich abgesichert werden soll, dann ist die gegenwärtige, nicht nur auf die genannten dringenden Maßnahmen beschränkte Fassung von § 4 Abs. 2 des Entwurfes zweifellos verfehlt. Legt man jedoch bezüglich der Behandlung von Auslandsrechtsfällen von vorneherein verfahrensökonomische Maßstäbe an, so bleibt — wie die Ausführungen von *Flessner, Zweigert* und *Simitis* systemimmanent überzeugend beweisen — der Rekurs auf die lex fori die einzig denkbare Konsequenz; dann aber ist auch der gesamte übrige intellektuelle und legistische Aufwand einer detaillierten IPR-Kodifikation entschieden zu hoch veranschlagt.

2. Ordre Public („Vorbehaltsklausel“)[24]

„§ 7. (1) Eine Bestimmung des fremden Rechtes ist nicht anzuwenden, wenn ihre Anwendung zu einem Ergebnis führen würde, das mit den Grundsätzen der österreichischen Rechtsordnung ganz unvereinbar ist.

(2) Anstelle der durch den Abs. 1 ausgeschlossenen Bestimmung des fremden Rechtes ist erforderlichenfalls entweder die nächstverwandte Bestimmung dieses Rechtes oder die einschlägige Bestimmung derjenigen Rechtsordnung, zu der der Sachverhalt sonst die engste Beziehung hat, oder die des österreichischen Rechtes anzuwenden, je nachdem, welche dieser Bestimmungen der durch den Abs. 1 ausgeschlossenen fremden Bestimmung im Ergebnis am nächsten kommt.“

a) Allgemeines

aa) Die Formulierung des Abs. 1 enthält im wesentlichen alle jene Merkmale, die von Lehre und Rechtsprechung im Laufe der Zeit hinsichtlich der Funktion des (negativen) ordre public herausgearbeitet[25] wurden; Schutzgut des allgemeinen ordre public bleibt daher nach wie vor primär[26] die inländische Rechtsordnung, auf konkrete Individualinteressen wird nur mittelbar im Rahmen der Anwendung der materiel-

[24] So die Marginalrubrik im Entwurf.

[25] Siehe besonders *Scheucher*, ordre public (durchgehend); *Schwind*, Handbuch 77 ff. (mit reichen Hinweisen); siehe ferner *Reichelt*, ordre public (durchgehend), sowie *Mänhardt*, IPFR 28 f. und 69 (Judikaturhinweise). — Aus der deutschen Literatur siehe (statt vieler) etwa *Ferid*, IPR 60 ff.; *Neuhaus*, Grundbegriffe 363 (367 ff.). — Zur Funktion einer allgemeinen Vorbehaltsklausel als Norm berichtigender Rechtsfortbildung im IPR siehe besonders auch *A. Bucher*, Grundfragen 243 ff. (Gesetzesvorschlag 251 f.).

Aus der neueren österr. Judikatur zum ordre public siehe besonders OGH 7. 11. 1974 EvBl 1975/161 = JBl 1975, 375 = EFSlg 22948; OGH 4. 12. 1974 ZfRV 1976, 140.

[26] Siehe dazu besonders *Schwind*, Handbuch 85 (FN 140); vgl. auch *Hanreich*, Abtretung 14.

len lex fori[27] oder durch die einzelnen Verweisungsnormen des Besonderen Teiles[28] des IPR-Gesetzes Rücksicht genommen. Von der Statuierung einer „internationalprivatrechtlichen Härteklausel", welche das objektiv verwiesene Recht jedesmal dann von der Anwendung auszuschließen hätte, wenn deren Anwendung für die Betroffenen „eine unzumutbare Härte bedeuten würde"[29], hat man zu Recht Abstand genommen; auch hier wiederum wäre schlechterdings nicht einzusehen, warum gerade die an einem Auslandssachverhalt Beteiligten kraft IPR gegenüber der breiten Masse der an „reinen" Inlandssachverhalten Beteiligten privilegiert werden sollten.

bb) Streiten ließe sich freilich darüber, ob in § 7 Abs. 1 des Entwurfes nicht besser (wie schon im entsprechenden § 5 Abs. 1 des *Schwind*-Entwurfes)[30] von „wesentlichen" (d. h. unverzichtbaren) statt schlicht von *„den"* Grundsätzen der österr. Rechtsordnung gesprochen werden sollte. Sicherlich gehört etwa die Rechtsparömie des „nemo pro praeterito alitur" (oder die Gewährung von Schmerzensgeld) zu *den* Grundsätzen der österr. (Privat-)Rechtsordnung, ob sie allerdings so schwer wiegen, daß sich heranzuziehendes fremdes Recht (das diesen Grundsatz nicht kennt) daran brechen soll, ist sehr die Frage[31]. — Mit der um das Wort „wesentlich" erweiterten Formulierung des Abs. 1 von § 7 könnte aber nicht nur der Ausnahmecharakter dieser Bestimmung noch stärker unterstrichen, sondern zudem verdeutlicht werden, daß ein Verstoß gegen einen Grundsatz der Verfassung sehr wohl auch immer einen Verstoß gegen den ordre public bedeutet, da es „wesentlichere" als die in der Verfassung niedergelegten Grundsätze schwerlich geben kann[32].

---

27 Vgl. etwa die wirtschaftlichen Schutzbestimmungen des Arbeitsrechts, des Gläubigerschutzes, des Kartellrechts (dazu *Schwind*, Handbuch 84).

28 Siehe etwa die subsidiären Anknüpfungen im Familienrecht, die einer Begünstigung der Ehelichkeit, der Legitimation sowie der Feststellung und Anerkennung der Vaterschaft zu einem unehelichen Kind dienen (§ 23 Abs. 1, § 24 Abs. 2, § 27 Abs. 1 zweiter Satz); siehe ferner die Kollisionsnorm für Verbraucherverträge (§ 43) und die Beschränkung der subjektiven Rechtswahl im Bereich des internationalen Arbeitsvertragsrechts (§ 46 Abs. 3).

29 *Stöcker*, Härteklausel 329; eine derartige Klausel befürwortet auch *Vischer*, Kodifikation 77.

30 Durchgehend positive Beurteilung dazu *Neuhaus*, Entwurf 83 und *derselbe*, Grundbegriffe 370 (371 unten).

31 Ablehnend bezüglich des Schmerzensgeldes OGH 31. 10. 1974 ZVR 1975, 233/157 = ZfRV 1975, 227 (Anmerkung *Schwimann*).

32 Siehe besonders *Wengler*, Bedeutung 117:

„Würde durch die Anwendung eines ausländischen Gesetzes ein Grundrecht im Anwendungsbereich der betreffenden Verfassungsnorm verletzt, so wüßte ich nicht, was mehr gegen den ‚Zweck' eines deutschen Gesetzes, nämlich hier der Grundrechtsnorm, verstoßen könnte. Die für das Eingreifen der ordre-public-Klausel erforderliche Binnenbeziehung deckt sich dann eben mit dem für die Anwendbarkeit der Grundrechtsnorm maßgeblichen Anknüpfungsmoment." Vgl. dazu auch *Siehr*, Grundrecht 110 f.

Es wird ferner zur Diskussion gestellt, ob statt „ganz unvereinbar" konsequenterweise nicht der durch die einschlägigen Staatsverträge im österr. IPR und IZPR bereits eingebürgerte Begriff „offensichtlich unvereinbar" (manifestement incompatible)[33] verwendet werden sollte, zumal das Wort „ganz" in diesem Zusammenhang genauso viel oder genauso wenig normative Aussagekraft besitzt wie das Wort „offensichtlich". Allerdings mit einem Unterschied, denn bei „offensichtlich" weiß man bereits, was gemeint sein soll: möglichst sparsamer Gebrauch des ordre public[34].

Da im vorgeschlagenen Gesetzestext weder das Wort „Vorbehalt" noch das Wort „Klausel" verwendet wird, wäre schließlich noch die Marginalrubrik[35] von § 7 etwa in „Nichtanwendung fremden Rechts"[36] zu ändern.

b) *Ersatzrecht*

Bedenken sind auch gegen die allzu detaillierte, dem gewollten Charakter einer flexiblen Generalnorm[37] wenig entsprechenden Formulierung von § 7 Abs. 2 des Entwurfes vorzubringen. Hier hätte eine, auf den in § 1 Abs. 1 des Entwurfes statuierten „Grundsatz der engsten Beziehung" bezugnehmende Formulierung vollauf genügt[38]. Etwa wie

---

[33] Siehe dazu besonders *Matscher*, Abkommen 389 ff. Bezüglich des EG-Vorentwurfes (Art. 22) siehe *K. Heller*, Entwurf 124; *Siehr*, Vorentwurf 585.

[34] *Matscher* (Abkommen 391 [FN 37]) meint zwar, daß auch die neue „eingeschränkte" Vorbehaltsklausel keinen Vertragsstaat hindern könnte, so vorzugehen, wie wenn das sprachlich einschränkende „manifestement" im Text nicht aufschiene. Dennoch könne man der neuen Formel eine gewisse „erzieherische Wirkung" nicht absprechen. In diesem Sinne auch *Neuhaus*, Grundbegriffe 372; vgl. auch *Schwind*, Handbuch 86.

[35] Siehe *K. Wolff*, Gesetzessprache 404: „*Die Überschrift* soll ferner den Inhalt decken."

[36] Vgl. etwa die Marginalrubrik zum § 4 des Rechtsanwendungsgesetzes der DDR v. 5. 12. 1975 GBl I 748 („Nichtanwendung des Rechts anderer Staaten").

[37] Siehe *A. Bucher*, Grundfragen 246, der die eigentliche Aufgabe einer solchen Generalklausel — sieht man einmal von den Grundrechten ab — in der Aufforderung zur normativen Konkretisierung kollisionsrechtlicher Wertüberlegungen erblickt; siehe auch *Neuhaus*, Grundbegriffe 370: „Am Ende muß der ordre public die umfassende Generalklausel bleiben, die immer in neuen Einzelregeln konkretisiert werden mag, aber letztlich — gerade in den unvoraussehbar mannigfaltigen und wechselnden Konstellationen des internationalen Rechtsverkehrs — als Grundlage elastischen Richterrechts eine gewisse Unbestimmtheit zu bewahren hat." — Vgl. ferner *Vischer*, Restatement 152 f.

[38] Nach *A. Bucher* (Grundfragen 249) sollte in einer allgemeinen Vorbehaltsklausel als inhaltliche Zielsetzung richtigerweise diejenige Formulierung wieder aufgenommen werden, die im einleitenden Zweckartikel enthalten ist, „so etwa, wenn der letztere dem Gesetz die Aufgabe zuweist, die Rechtsordnung zu bestimmen, mit welcher die von diesem erfaßten Sachverhalte im engsten Zusammenhang stehen, währenddem die Aus-

bei *Schwind*[39] derart, daß an Stelle der durch den Abs. 1 ausgeschlossenen Bestimmung die Norm zu treten habe, die zum Sachverhalt „nunmehr oder sonst" die engste Beziehung hat.

Im Prinzip ist auch zweifellos richtig, daß die ursprüngliche Verweisung trotz Eingreifens des ordre public ihrem Inhalt nach soweit als irgendmöglich aufrecht erhalten werden sollte[40]. Dennoch wird in manchen Fällen nichts anderes übrig bleiben, als ersatzweise eine Bestimmung heranzuziehen, deren Anwendungsergebnis dem aus der primär verwiesenen Norm gewonnenen Resultat völlig diametral gegenübersteht. Als Beispiel sei hier auf den vom dt. BVerfG entschiedenen „Spanierfall" hingewiesen, worin auch jede andere ersatzweise herangezogene Bestimmung, welche dem betreffenden Spanier eine Eingehung der Ehe mit der betreffenden Deutschen im *Ergebnis* versagt hätte, als grundrechtswidrig von der Anwendung auszuschließen gewesen wäre[41].

---

nahmeklausel von ‚offensichtlich engeren Zusammenhang' spricht". Gerade das aber hat Schwind in seinem Entwurf (auch namentlich beim ordre public) getan. *Schwind* vorzuwerfen (*A. Bucher*, ebenda FN 880), daß er es versäumt habe, die Behelfe des Allgemeinen Teils in den „Grundsatz der engsten Beziehung" zu integrieren, weshalb seine *(Schwinds)* Generalklausel der „engsten Beziehung" das Bedürfnis nach methodischer Ehrlichkeit bei der Normberichtigung nicht zu befriedigen vermag, ist insofern ungerechtfertigt.

39 Entwurf 165 (Erläuterungen 196).

40 Siehe etwa *Scheucher*, ordre public 25; *Schwind*, Handbuch 90; ferner OGH 25.10.1955, JBl 1956, 132 (Anmerkung *Schwind*); OGH 26.2.1958 SZ 31/33; OGH 21.5.1968 ÖBl 1968, 94 (mit Anmerkung *H. Hoyer*, ÖBl 1969, 53) = SZ 41/62.

41 Die Frage nach dem „Ersatzrecht" konnte im „Spanierfall" nicht erörtert werden. Auch in einer Folgeentscheidung des BGH vom 19.4.1972 StAZ 1972, 170, wurde lediglich festgestellt, daß der OLG-Präsident den Antragsteller unter Beachtung grundrechtskonformer Rechtsauffassung neu zu bescheiden und die Befreiung von der Beibringung des Ehefähigkeitszeugnisses neu zu erteilen habe, „wenn sonstige Ehehindernisse nicht vorliegen"; welchem Recht das allfällige Vorliegen dieser Ehehindernisse zu entnehmen, d. h. — nach welchem Recht die Beurteilung der „Eingehung der Ehe" (Art. 13 Abs. 1 EGBGB) nunmehr vorzunehmen sei, blieb jedoch offen. Löst man die keineswegs überflüssig gewordene Frage des „Ersatzrechtes" im Sinne von *Schwind* nach dem *„Grundsatz der nunmehr engsten Beziehung"*, wäre im „Spanierfall" auf Grund des neunjährigen Wohnsitzes des Spaniers in der BRD, in dem vom BGH entschiedenen Folgefall — auf Grund der in der BRD geschiedenen Ehe des spanischen Antragstellers — unzweifelhaft deutsches materielles Eherecht zur Anwendung zu bringen gewesen.

Kollisionsrechtlich insofern inkonsequent sind aber die Erläuterungen (28), die es in derartigen Fällen damit bewenden lassen wollen, „die fremde Bestimmung einfach nicht anzuwenden".

V. Allgemeine Formvorschrift: Lex causae und lex loci actus als gleichwertige Alternativen

„§ 9. Die Form einer Rechtshandlung ist nach demselben Recht zu beurteilen wie die Rechtshandlung selbst; es genügt jedoch die Einhaltung der Formvorschriften des Staates, in dem die Rechtshandlung vorgenommen wird."

1. Ortsform: „es genügt jedoch"

Folgt man den Erläuterungen (34), so stellt der vorgeschlagene § 9 keine Rangordnung unter den Anknüpfungen auf, lex loci actus und lex causae sollen vielmehr *gleichberechtigt* nebeneinander stehen. Ist aber die Anknüpfung an das Recht des Handlungsortes tatsächlich als Alternative und nicht nur als „Ausfallsanknüpfung" in favorem negotii gewollt, dann sollte diese Absicht auch im Gesetzestext (unter Fortlassung des mißverständlichen und lehrbuchhaft-unjuristischen „es genügt jedoch")[1] eindeutig zum Ausdruck gelangen; etwa derart: „Die Form einer Rechtshandlung ist (soferne im folgenden nichts anderes bestimmt wird) entweder nach demselben Recht wie die Rechtshandlung selbst oder nach dem Recht des Staates zu beurteilen, in dem die betreffende Rechtshandlung vorgenommen wird."

In diesem Zusammenhang drängt sich ferner die Frage auf, ob es im Hinblick auf die allgemeine Zielsetzung[2] des Entwurfes wirklich nötig war, von dem einmal eingeschlagenen Weg der Gesamtverweisung[3]

[1] Zur Kritik an dieser (dem Art. 11 I 2 EGBGB entlehnten) Formulierung siehe besonders *Neuhaus*, Grundbegriffe 143, und *derselbe*, Entwurf 84.

Wie *Neuhaus* nachweist, ist die Formulierung aus dem nachwirkenden Einfluß *Savignys* (dessen Lehre von *Unger* in Österreich vollständig übernommen wurde) zu erklären, der die Regel locus regit actum ausdrücklich als eine „bloße Begünstigung und Erleichterung" gegenüber der „von dem allgemeinen Standpunkt" anzunehmenden Geltung des Wirkungsstatuts bezeichnet.

Zur historischen Entwicklung der Regel locus regit formam actus siehe etwa *Firsching* in Staudinger 178 ff. (RZ 14 und 15 zu Art. 11 EGBGB); bezüglich der dogmengeschichtlichen Entwicklung dieses Satzes im österr. Rechtsbereich siehe auch *Kralik*, Beurkundung 229 (236).

[2] Im konkreten Fall nämlich, die „Verwirklichung des Gedankens, daß das auf Grund einer Verweisungsnorm zur Anwendung berufene fremde Recht möglichst so angewendet werden soll, wie dies der Richter des betreffenden Staates [auf Grund seines IPR] täte" (Erläuterungen 6).

[3] Demgegenüber ordnet Art. 21 des EG-Vorentwurfes (wie die meisten IPR-Staatsverträge) generell Sachnormverweisung an; siehe dazu *Siehr*, Vorentwurf 584 (577).

abzugehen und im zweiten Halbsatz von § 9 Sachnormverweisung (auf die „Formvorschriften“ des Ortsrechtes)[4] anzuordnen. Diese Systeminkonsequenz ist schon allein deswegen unnötig, da es momentan keine maßgebliche Rechtsordnung gibt, die in ihrem IPR die Einhaltung der Ortsform wenn nicht — wie etwa noch in Argentinien — zwingend[5] so doch wenigstens alternativ neben der lex causae vorsieht; was im Ergebnis bedeutet, daß die Ortsformverweisung auch bei Normierung einer Gesamtverweisung in jedem Falle angenommen werden würde.

2. Ortsform und die kollisionsrechtliche Beurteilung von Distanzgeschäften

Daß sich der Entwurf zu der (wohl erstmals) von *Zweigert*[6] vertretenen und auch in Art. 18 des EG-Vorentwurfes[7] übernommenen *„Spaltungstheorie“* bei Distanzgeschäften bekennt, ist im Prinzip zu bejahen[8]. Vorderhand unklar bleibt allerdings, warum dieses Ergebnis — „daß bei einem aus Angebot und Annahme zusammengesetzten Rechtsgeschäft die Formgültigkeit jeder dieser Erklärungen kollisionsrechtlich getrennt zu beurteilen ist“[9] — ausgerechnet dadurch erreicht werden sollte, daß § 9 nach den Erläuterungen (36) „bewußt nicht allein auf Rechtsgeschäfte abstellt, sondern ganz allgemein von Rechtshandlungen spricht“. Hierbei wurde ganz offensichtlich verkannt, daß es sich bei Offert und Annahmeerklärung ebenfalls um jeweils selbständige Willenserklärungen, d. h. Rechtsgeschäfte und nicht bloß um geschäftsähn-

---

[4] Vgl. dazu *Firsching* in Staudinger 212 (RZ 61 zu Art. 11 EGBGB); *Neuhaus*, Grundbegriffe 271.

[5] Spanien, wo die Ortsform ebenfalls zwingend — unter Ausschluß des Wirkungsstatuts — angeordnet war (siehe *Firsching* in Staudinger 169; *Ferid*, IPR 128 [RZ 5 - 101]), hat sein IPR mittlerweile grundlegend geändert (siehe oben FN 68 auf Seite 24). Gemäß Kapitel IV Art. 11 des neuen Einleitungstitels zum Código civil (abgedruckt in RabelsZ 39 [1975] 731) werden als „Alternativen zum Abschlußort die lex causae, darüber hinaus das Heimatrecht [Personalstatut] sowie bei Grundstücksgeschäften die lex rei sitae“ vorgesehen (*v. Hoffmann / Ortiz-Arce*, IPR 674).

[6] Distanzverträge 636 (650).

[7] Art. 18 EG-Vorentwurf lautet: „Ein Rechtsgeschäft ist nur formgültig, wenn es entweder den Voraussetzungen des Rechts, dem das Rechtsgeschäft materiell-rechtlich untersteht oder zum Zeitpunkt seiner Vornahme unterstanden hat, oder den Voraussetzungen des Orts, an dem es vorgenommen worden ist, genügt. *Setzt sich ein Rechtsgeschäft aus mehreren Erklärungen zusammen, wird die Formgültigkeit für jede von ihnen getrennt beurteilt*“ (zitiert aus RabelsZ 38 [1974] 215, im Text ohne Hervorhebung); siehe dazu *Siehr*, Vorentwurf 577 f.; *K. Heller*, Entwurf 122 ff.

[8] Befürwortend etwa auch *Ferid*, IPR 130 (RZ 5 - 118); *Firsching* in Staudinger 234; vgl. auch *Schwind*, Handbuch 284.

[9] Erläuterungen 36.

liche Handlungen ohne Rechtsfolgewillen handelt. Wollte man aber den Begriff „Rechtshandlungen" im weiteren Sinne[10], also nicht nur Realakte, Willens- und Vorstellungsmitteilungen, sondern auch Rechtsgeschäfte miteinschließend, verstanden wissen, so wäre damit für die erwünschte gespaltene Anknüpfung erst recht nichts gewonnen.

Die Absicht, jedes Rechtsgeschäft (jede Rechtshandlung) bezüglich der entsprechenden Formerfordernisse getrennt nach dem jeweiligen Ortsrecht beurteilen zu lassen, könnte indessen bereits dadurch verwirklicht werden, daß das Wort „einer" durch „jeder" (Rechtshandlung [jedes Rechtsgeschäfts]) ersetzt wird oder aber im zweiten Halbsatz nicht allein von „die", sondern von „die *betreffende* Rechtshandlung *jeweils* vorgenommen wird", gesprochen wird. Besser wäre es freilich, wie in Art. 18 des EG-Vorentwurfes einen eigenen Absatz („setzt sich ein Rechtsgeschäft aus mehreren Erklärungen zusammen, wird die Form[gültigkeit] für jede von ihnen getrennt beurteilt") anzufügen.

3. Kollisionsrechtliche Behandlung international zwingender Formvorschriften

Schließlich wäre noch darauf hinzuweisen, daß sich die, egal ob nun als Gesamt- oder Sachnormverweisung ausgeführte, alternative Anknüpfung des vorgeschlagenen § 9 in der praktischen Rechtsanwendung zwangsläufig Korrekturen dadurch wird gefallen lassen müssen, daß gewisse zwingende Formvorschriften[11] der lex fori oder auch einer dritten Rechtsordnung ohne Rücksicht auf die Hauptanknüpfung internationale Beachtung verlangen. Dem „internationalen Geltungsanspruch" bestimmter Sachnormen[12] im Formbereich, sollte man freilich nicht mit der umstrittenen Rechtsfigur des (positiven) ordre public, sondern — analog etwa zu Art. 7 des EG-Vorentwurfes[13] — mit einer entsprechenden Sonderanknüpfungsregel[14] kollisionsrechtlich Rechnung tragen. Auf diese Frage, sowie auch auf das konnexe Problem der

[10] Zur Begriffsbestimmung siehe statt vieler *Koziol / Welser*, Grundriß 13 (70 ff.); vgl. auch *Firsching* in Staudinger 196 (RZ 34) und 229 (RZ 102 - 104).

[11] Siehe etwa die Nachweise bei *Siehr*, Vorentwurf 578; vgl. auch *Neuhaus*, Grundbegriffe 148 f.; *Schwind*, Handbuch 285 (und besonders die dort angeführte Judikatur).

[12] Für Nachweise (insbesondere aus dem int. Gesellschaftsrecht) siehe jüngst *Koppensteiner*, Umwandlungen 307 (FN 7).

[13] Siehe dazu oben FN 5 auf Seite 32.

[14] Da — technisch gesehen — bereits die getrennte kollisionsrechtliche Beurteilung der Formerfordernisse eines Rechtsgeschäftes eine Sonderanknüpfung einer Teilfrage darstellt, könnte man bei der Anerkennung des int. Geltungsanspruches zwingender Formvorschriften von einer Sonderanknüpfung „sozusagen zweiten Grades sprechen". Zur Begriffsbestimmung der „Sonderanknüpfung von Teilfragen" siehe allgemein etwa *Koppensteiner*, Unternehmen 146.

„Substitution“[15] hat der Entwurf bedauerlicherweise weder allgemein noch in seinem § 9 Bedacht genommen.

---

[15] Siehe etwa *Neuhaus*, Grundbegriffe 351 („Wenn z. B. nach § 129 BGB die *öffentliche Beglaubigung* durch einen ‚Notar‘ erfolgt — genügt dafür auch ein französischer notaire oder ein amerikanischer notary public? Die Frage wird allgemein bejaht“); *Schwind*, Handbuch 285 f. (mit zahlreichen weiteren Hinweisen). — Aus der Judikatur vgl. etwa OLG Wien 10. 11. 1961 HS 3207: „Die Übernahmserklärung bei einer *Erhöhung* des *Stammkapitals* bedarf der Beurkundung durch einen *Notariatsakt* (§ 52 Abs. 4 GesmbHG). Diesen Notariatsakt hat ein *österreichischer Notar* zu errichten, was sich daraus ergibt, daß nach einhelliger Rechtsprechung die für die Abtretung eines Geschäftsanteils einer Gesellschaft mbH vorgeschriebene Notariatsform nur dann als erfüllt angesehen wird, wenn dieser Notariatsakt vor einem österreichischen Notar errichtet wurde [es folgen Judikatur- und Literaturhinweise]. Es wäre nicht einzusehen, warum bei gleicher Beurkundungsform für die Übernahmserklärung eine andere Regelung als für die Abtretung eines Geschäftsanteiles gelten sollte.“ Für die „Substitution“ durch einfache Beglaubigung (hier entsprechend dem belgischen Recht) aber *Schwind*, Handbuch 286 (in Kritik zu OGH 23. 4. 1952 SZ 25/103).

Zu dem gesamten Problemkreis siehe aber auch *Kralik*, Beurkundung 238, der zunächst richtig hervorhebt, „daß wir uns hier an einer Nahtstelle zwischen materiellem und Verfahrensrecht befinden“, um dann (ebenda 240) festzustellen, daß es „bei einer ausländischen Beurkundung nicht darauf ankommen [könne], ob die Urkundsperson und ihr Verfahren den inländischen Kompetenz- und Verfahrensvorschriften entspricht, sondern nur darauf, ob die lex fori ihr die Beurkundung von Rechtsgeschäften übertragen hat und welche Rechtsfolgen das ausländische Recht an Kompetenz- und Verfahrensmängel knüpft“.

Zur „internationalen Vertretbarkeit von Formalakten“, die durch qualifizierte Urkundspersonen vorgenommen werden, siehe vor allem auch *Firsching* in Staudinger 182 ff. (RZ 16 - 32, mit reichen Nachweisen). Vgl. ferner etwa *Müller-Gindullis*, RabelsZ 38 (1974) 642 ff. (Buchbesprechung).

VI. Das Personalstatut

1. Natürliche Person

„§ 10. (1) Das Personalstatut einer natürlichen Person ist das Recht des Staates, dem die Person angehört, bzw. das nach dessen Recht im Sinn des § 6 anzuwenden ist; gehört eine Person mehreren Staaten an, so ist das Recht desjenigen dieser Staaten maßgebend, zu dem die Person die engste Beziehung hat.

(2) Das Personalstatut eines Staatenlosen ist das Recht des Staates, in dem er seinen gewöhnlichen Aufenthalt hat, bzw. das nach dem Recht dieses Staates im Sinn des § 6 anzuwenden ist; gleiches gilt, wenn die Staatsangehörigkeit einer Person innerhalb angemessener Frist nicht festgestellt werden kann.

(3) Das Personalstatut einer Person, die Flüchtling im Sinn der für Österreich geltenden internationalen Übereinkommen ist oder deren Beziehungen zu ihrem Heimatstaat aus vergleichbar schwerwiegenden Gründen abgebrochen sind, ist das innerstaatliche Recht des Staates, in dem sie ihren Wohnsitz, mangels eines solchen ihren gewöhnlichen Aufenthalt hat."

a) Positiva

Durch die absatzmäßige Gliederung, insbesondere aber auch durch die Beschränkung auf eine reine Legaldefinition, hat diese Bestimmung gegenüber dem entsprechenden § 8 des *Schwind*-Entwurfes[1] sehr an Übersichtlichkeit gewonnen; sie entspricht damit nicht nur bewährter österr. legistischer Tradition, sondern vor allem auch dem Zweck eines Allgemeinen Teiles einer Kodifikation.

aa) Das Festhalten am Staatsangehörigkeitsprinzip ist trotz der Aufweichung[2], das dieses Prinzip durch die von Österreich abgeschlossenen,

---

[1] Siehe dazu *Neuhaus*, Entwurf 84.

[2] Mit *Neuhaus* (Grundbegriffe 217) aber gleich von einem „*Niedergang des Staatsangehörigkeitsprinzips*" zu sprechen, wäre übertrieben und fände seine Berechtigung allenfalls im Bereich des (multilateralen) staatsvertraglichen IPR; von „schrittweiser Umpolung" zu reden (*derselbe*, ebenda 202) ist schon eher angebracht. Vgl. dazu auch etwa *Kropholler*, Aufenthaltsprinzip I 16 („Das Aufenthaltsprinzip ist ergänzend neben den Staatsangehörigkeitsgrundsatz getreten"). — Angesichts des immer stärker werdenden Einflusses, den das öffentliche Recht im kollisionsrechtlichen Entscheidungsprozeß gewinnt, ist aber ein „roll back" in Richtung Staatsangehörigkeitsprinzip ohne weiteres denkbar.

Wer sich — wie namentlich die Staatsvertragsverfasser — emphatisch für das Wohnsitz- und Aufenthaltsprinzip einsetzt, sollte dabei freilich nicht einschlägigen multilateralen Staatsverträge erfahren hat, noch immer gerechtfertigt[3]. Jüngere Untersuchungen[4] zu diesem Problem zeigen darüberhinaus sehr anschaulich, daß der Staatsangehörigkeitsgrundsatz selbst für die mitunter äußerst stark in den „Arbeitsplatzstaat" sozial integrierte Personengruppe der Gast- oder Fremdarbeiter als „Goldwährung des IPR"[5] mit guten Gründen beibehalten werden kann.

bb) Die hinsichtlich der *Mehrstaater* getroffene Regelung stellt einen gelungenen Kompromiß zwischen individualisierender Methode und gänzlicher Nichtregelung des Fragenkomplexes „effektive Staatsangehörigkeit"[6] dar. Da es hier jedoch im Gegensatz zur Bestimmung des

---

übersehen, daß dieses Prinzip die Anwendung der lex fori in höchstem Maße begünstigt, somit stärker als alle anderen „modernen" Bestrebungen im IPR zu einer allmählichen Auflösung desselben führen müßte. An und für sich wäre dies noch nichts Schlimmes, wenn es sachlich gerechtfertigt wäre und sich mit den jeweils in Frage stehenden Interessen (Rechtsanwendungserwartungen, Rechtsschutzbedürfnissen) der Beteiligten deckte. Ob dies der Fall ist, bedürfte jedoch einer eingehenden und vor allen Dingen weniger rechtsdogmatisch als vielmehr rechtstatsächlich-empirisch angelegten Untersuchung, die in umfassender Weise — soweit bekannt — bis dato noch aussteht (einige wertvolle Teileinsichten finden sich in dem 1974 erschienenen Sammelband „Gastarbeiter in Gesellschaft und Recht"; vgl. dazu auch *Fleischer*, Situation [durchgehend]).

[3] Auch ist bislang „der Deutsche Rat grundsätzlich vom Staatsangehörigkeitsprinzip ausgegangen" (so *Siehr*, Reform 209; vgl. aber ebenda 210). Eine gute Übersicht über Vor- und Nachteile des Staatsangehörigkeitsprinzips bringt *Neuhaus*, Grundbegriffe 208 ff. (mit zahlreichen weiteren Hinweisen). Vgl. hier auch *Ferid*, IPR 10 (RZ 1 - 42), der im generellen Übergang zum Wohnsitzprinzip kein Allheilmittel gegen die Misere bei der Behandlung von Auslandsrechtsfällen erblickt, da dieser nach *Ferid* die Notwendigkeit mit sich brächte, „auf Auslandsdeutsche deren Wohnsitzrecht anzuwenden, und ... zu übermäßig leichten Umgehungsmaßnahmen mit beliebigem Wohnsitzwechsel [führte]". Nach *Ferid* habe das Staatsangehörigkeitsprinzip den Vorteil für sich, die kosmopolitischere Lösung zu sein und zu einer internationalen Entscheidungsharmonie zu führen. — Für umfassende Nachweise zur Problematik siehe auch bei *Raape / Sturm*, IPR 113 ff. (115 Ländernachweise).

[4] Siehe etwa *Ansay / Martiny*, Gastarbeiterfamilie; vgl. dazu *Simitis*, Entscheidungsfindung 14 (FN 69).

[5] So *Neuhaus*, Grundbegriffe 209, der dieses Bild aber nicht als positive Stellungnahme zum Staatsangehörigkeitsprinzip verstanden wissen will. „Vielmehr bedeute[t] die Staatsangehörigkeit nur einen Annäherungswert, ein Indiz für die eigentlich gemeinte Zugehörigkeit zu einer Zivilrechtsordnung. Dabei kann dieses Indiz völlig falsch sein ... Trotzdem hat die Anknüpfung an die Staatsangehörigkeit im Vergleich zur Wohnsitzanknüpfung — wie die Goldwährung früher gegenüber Projekten einer Indexwährung — immerhin den Vorteil der internationalen Einheitlichkeit" (ebenda 210), während dies beim Wohnsitz bekanntlich nicht immer der Fall ist. Vgl. auch *Siehr*, Reform 210.

[6] Siehe mit zahlreichen weiteren Hinweisen etwa *Kegel*, IPR 201 f.; *Neuhaus*, Grundbegriffe 213; *Raape / Sturm*, IPR 133 ff.; *Schwind*, Handbuch 100 f.; vgl. auch *Beitzke*, Staatenlose 165 ff., der allerdings eine gesetzliche Regelung des Personalstatuts der Mehrstaater ablehnt (ebenda 184). — Siehe auch *Lauterbach*, Vorschläge (Personenrecht, 1972) 27 (Begründung) und Gesetzes-

§ 1 Abs. 1 des Entwurfes einzig und allein um die Auswahl zwischen (wohl nur zwei) objektiv völlig gleichwertigen, a priori bereits feststehenden Anknüpfungsmomenten geht, ist zu überlegen, ob nicht besser statt von „engster" von „engerer"[7] Beziehung auszugehen wäre[8]. Damit könnte nämlich nicht nur die Notwendigkeit jeweils gewissenhaften Abwägens aller jener Kriterien, welche für das Abstellen auf die eine oder die andere Staatsangehörigkeit (Staatsbürgerschaft) sprechen, noch deutlicher unterstrichen, sondern auch die etwas umständliche Formulierung dieses letzten Halbsatzes von § 10 Abs. 1 geglättet werden. Geht man von „engerer" Beziehung aus, ließe die schlichte Formulierung „so ist das Recht des Staates maßgebend ..." auch bei einem Nichtjuristen keinen Zweifel darüber aufkommen, daß ausschließlich zwischen dem Recht der Staaten zu wählen ist, denen die betreffende Person tatsächlich angehört[9].

b) Negativa

aa) Bezüglich Abs. 1 ist zunächst festzustellen, daß der nochmalige Hinweis auf die in § 6 allgemeingültig ausgedrückten (Gesamtverweisungs-)Prinzipien überflüssig ist. Auch differenziert der Entwurf selbst genau zwischen den Termini „Recht" und „Bestimmungen" (Vorschriften), stellt somit über die Grundsatzregelung des § 6 hinaus klar, daß jedesmal, wenn auf „Recht" verwiesen wird, zuallererst die entsprechenden Verweisungsnormen der betreffenden verwiesenen Rechtsordnung zu befragen sind.

bb) Die Absätze 2 und 3 des § 10 enthalten Differenzierungen, die sachlich nicht zwingend gerechtfertigt sind. Ohne hier nun im einzelnen auf die verschiedenen Gruppen innerhalb der *Staatenlosen* (staatenlos Gewordene — staatenlos Geborene)[10] und *Flüchtlinge* (Konventionsflüchtlinge — Flüchtlinge mit, oder dieser verlustig gegangenen Staatsangehörigkeit) näher einzugehen, dürfte feststehen, daß beide Male

---

vorschlag, ebenda 5: „Soweit das Recht des Staates gilt, dem eine Person angehört, ist bei mehrfacher Staatsangehörigkeit das Recht desjenigen Staates maßgebend, dem die Person am engsten verbunden ist."

[7] Vgl. *Kegel*, Kommentar 736 (RZ 36 zu Art. 29 EGBGB).

[8] Hervorzuheben gilt jedenfalls, daß der Entwurf bei österreichisch-ausländischen Doppelstaatern die österr. Staatsbürgerschaft nicht von vornherein begünstigen will (vgl. zu diesem Problem etwa *Mänhardt*, IPFR 27; *Reichelt*, IPR-Entwurf 259; besonders aber *Schwind*, Handbuch 100 [FN 13], für den staatsvertraglichen Bereich auch *derselbe*, Mehrstaater 483). Ferner ist zu begrüßen, daß hier eine „*Kegel*'sche Leiter" ausdrücklich vorzusehen abgelehnt wurde (siehe *Kegel*, IPR 201); es soll vielmehr dem jeweiligen Rechtsanwendungsorgan überlassen bleiben festzustellen, welches die effektive, d. h. die wirklich „*gelebte*" Staatsangehörigkeit darstellt.

[9] Vgl. hierzu *Neuhaus*, Reform 82.

[10] Vgl. *Beitzke*, Staatenlose (Gutachten) 144 ff.; *Kegel*, IPR 203.

weniger der abstrakte Grundsatz des internationalen Entscheidungseinklangs[11] als vielmehr überwiegend Parteieninteressen dieser schutzbedürftigen Personengruppen anknüpfungsmäßig im Vordergrund stehen sollten[12]. Ist es einmal der Flüchtling, der in keinem Falle dem Recht des Staates unterstellt werden sollte, von dem er sich aus objektiven, von ihm auch nicht weiters zu vertretenden Gründen abgewandt hat, so hat etwa der staatenlos Gewordene ebensowenig Interesse daran, nach dem Recht seines ursprünglichen Heimatstaates beurteilt zu werden. Beim staatenlos Geborenen wiederum käme ohnehin nur eine Weiterverweisung an das jeweilige Wohnsitzrecht in Frage.

Darüber hinaus wird zu bedenken sein, ob es in der Tat sachlich gerechtfertigt ist, beim Flüchtling primär an den Wohnsitz, in Ermangelung eines solchen, an den gewöhnlichen Aufenthalt anzuknüpfen, beim Staatenlosen aber lediglich das Aufenthaltsrecht[13] — wie vorgeschlagen — mit Weiterverweisungsmöglichkeit auf das Wohnsitzrecht zu berufen. Die tatsächliche Situation indessen dürfte eher für eine gerade umgekehrte Anknüpfungsregelung sprechen: Flüchtlinge, ganz gleich welcher Kategorie, haben im Regelfall zunächst gewöhnlichen oder schlichten Aufenthalt im „Auffangstaat", bis sie sich dann wohnsitzmäßig, u. U. auch staatsangehörigkeitsrechtlich im Auffangstaat oder einem anderen Staat etablieren und sozial integrieren.

cc) Als überflüssig ist die Regelung des zweiten Halbsatzes von Absatz 2 des § 10 anzusehen. Die Notwendigkeit, die staatsangehörigkeitsrechtlichen Verhältnisse einer Person (als Anknüpfungsmoment) gewissenhaft zu ermitteln, ergibt sich nämlich zwingend aus der in § 2 des Entwurfes statuierten Amtswegigkeit bei der Ermittlung der für die

---

[11] Kritisch dazu allgemein etwa *Jochem*, Erbrecht 89 (145); siehe auch *Schwimann*, Zuständigkeit 217 f.; *derselbe*, Probleme 580 f.; besonders *derselbe*, IPR 202.

[12] Vgl. aber *Kegel*, Kommentar 736 (RZ 34 zu Art. 29 EGBGB).

[13] Nach Art. 29 EGBGB alter Fassung, der durch Art. 7 § 25 des FamRÄndG v. 12. 4. 1938 geändert wurde, unterlagen staatenlos Geborene dem Recht ihres Wohnsitzes, hilfsweise dem Recht ihres schlichten Aufenthaltes; siehe dazu eingehend *Kegel*, Kommentar 727 (RZ 8, 9 zu Art. 29 EGBGB); *Neuhaus*, Grundbegriffe 215 f.; zur Frage, ob das Personalstatut des Staatenlosen an seinen Wohnsitz oder an den gewöhnlichen Aufenthalt anzuknüpfen ist, vgl. auch *Beitzke*, Staatenlose 148 ff.

Wichtig erscheint in diesem Zusammenhang, darauf hinzuweisen, daß das Ministerkomitee des Europarates am 18. 1. 1972 die *Entschließung* (72) I, betreffend die Vereinheitlichung der Rechtsbegriffe „Wohnsitz" und „Aufenthalt" angenommen hat, was den diesbezüglichen Kontroversen und Auslegungsschwierigkeiten etwas von ihrer Schärfe nehmen dürfte. — Siehe dazu besonders *Loewe*, Empfehlungen (durchgehend); vgl. aber auch schon die (nicht hinreichend ratifizierte) UN-Konvention vom 28. 9. 1954 über die Stellung der Staatenlosen (Anknüpfung an den Wohnsitz hilfsweise an den einfachen Aufenthalt); Hinweise dazu etwa bei *Kegel*, IPR 204 f., Text bei *Makarov*, Quellen II (330/2 RZ 42 a).

Anknüpfung erforderlichen Tatsachen. Daß eine Person, deren Staatsangehörigkeit nicht geklärt werden kann, grundsätzlich wie ein Staatenloser zu behandeln ist[14], wird jedoch bereits in allgemeingültiger Weise im § 3 StbG 1965 geregelt[15].

dd) Im Hinblick auf die Bestimmung des § 56 des Entwurfes ebenso überflüssig erscheint der Hinweis auf die „für Österreich geltenden Abkommen" im Absatz 3 von § 10[16]. Wenn nämlich der Entwurf den Begriff „Flüchtling" verwendet, so bleibt dieser Begriff nach wie vor ein Begriff des autonomen Rechts. Er kann zwar im Sinne der bestehenden einschlägigen internationalen Abkommen normativ ausgefüllt werden, es ist aber keineswegs ausgeschlossen, daß das autonome Recht einen anderen, etwa aus humanitären Gründen darüberhinausgehenden Begriffsinhalt normiert. Dementsprechend würde es vollauf genügen sowie auch der erwünschten Elastizität einer derartigen Regelung entsprechen, schlicht von „Flüchtlingen", allenfalls von „Flüchtlingen und diesen vergleichbaren Personen" auszugehen[17].

ee) Im Ergebnis wird daher vorgeschlagen, die Absätze 2 und 3 des § 10 zusammenzufassen, generell vom Wohnsitzrecht, subsidiär vom Recht des (gewöhnlichen) Aufenthaltes auszugehen und ohne Differenzierung innerhalb der Personengruppen der Flüchtlinge und Staaten-

---

[14] Vgl. etwa *Neuhaus*, Grundbegriffe 215, der von Staatenlosen und die ihnen gleichzustellenden Personen definitiv ungeklärter Staatsangehörigkeit spricht.

[15] In diesem Sinn auch schon die Erläuterungen 42.

[16] Kritisch dazu bereits *Neuhaus*, Entwurf 84. — § 56 ordnet in üblicher Weise an, daß „durch dieses Bundesgesetz ... diejenigen Bestimmungen der zwischenstaatlichen Vereinbarungen, die in diesem Bundesgesetz geregelte Gegenstände betreffen, nicht berührt" werden. Gemeint ist in § 10 Abs. 3 die (Genfer) Konvention über die Rechtsstellung der Flüchtlinge vom 28. 7. 1951, BGBl 1955/55, sowie das Protokoll vom 31. 1. 1967 BGBl 1974/78, mit welchem der Flüchtlingsbegriff durch Beseitigung der stichtagsmäßigen Beschränkungen ausgedehnt worden ist.

Was die *vorfragenmäßige* Beurteilung der Flüchtlings*eigenschaft* (im Sinne der Konvention) durch Gerichte und Verwaltungsbehörden anbelangt, so hat zwar das am 18. 4. 1968 in Kraft getretene „BG über die Aufenthaltsberechtigung von Flüchtlingen im Sinne der Konvention über die Rechtsstellung der Flüchtlinge" (BGBl 1969/126) ein förmliches Anerkennungsverfahren normiert, in dem von der Sicherheitsdirektion über die Flüchtlingseigenschaft einer Person durch Feststellungsbescheid abzusprechen ist. Entgegen der Ansicht von *H. Hoyer* (AcP 173 [1973] 284) beschränkt sich jedoch die Wirkung dieser bescheidmäßigen Feststellung lediglich auf den sachlichen Geltungsbereich des erwähnten Asylrechtsgesetzes. Sie ist weder für die Verwaltungsbehörden noch für die Gerichte bindend, diese Behörden hätten daher die Flüchtlingseigenschaft nach wie vor selbständig zu beurteilen. „Im übrigen könnte eine solche Bindung durch *einfaches Bundes*gesetz verfassungsgemäß auch gar nicht verfügt werden" (*Goldemund / Ringhofer / Theuer*, Staatsbürgerschaftsrecht 87 [FN 26 zu § 10 StbG 1965]).

[17] Vgl. hiezu *Neuhaus*, Entwurf 85, der überhaupt nur von „Staatenlosen und vergleichbaren Personen" (letztere Gruppe Konventionsflüchtlinge und andere Flüchtlinge umfassend) sprechen will.

losen ausnahmsweise eine Sachnormverweisung anzuordnen; der mißverständliche Begriff „innerstaatliches Recht“ sollte hierbei durch den im IPR allgemein gebräuchlichen Ausdruck „Sachrecht“[18] ersetzt werden.

2. Juristische Person: Grundsätzliches Bekenntnis zur „Sitztheorie“

„§ 11. Das Personalstatut einer juristischen Person oder sonstigen Personen- oder Vermögensverbindung, die Rechte und Pflichten erwerben kann, ist das Recht des Staates, in dem die juristische Person oder sonstige Personen- oder Vermögensverbindung den Sitz ihrer Hauptverwaltung hat, bzw. das nach dem Recht dieses Staates im Sinn des § 6 anzuwenden ist.“

a) Als positiv hervorzuheben wäre zunächst, daß der Entwurf von einem *einheitlichen* Personalstatut ausgeht, das sowohl Innen- und Außenstatut der juristischen Person, wie auch die Frage der Anerkennung[19] derselben umfaßt[20]. Was die hier festgelegte „Sitztheorie“[21] selbst anbelangt, so ist diese jedenfalls im Bereich der österr. Rechtsprechung und Lehre die herrschende[22], in Deutschland noch immer die überwiegend vertretene Ansicht[23]. Auch vermögen die gegen die An-

[18] In § 6 des Entwurfes, wo in allgemeingültiger Weise Gesamt-, Rück-, Weiter- und Innenverweisung geregelt werden, ist im Zusammenhang mit der Rückverweisung ohnehin schon von „Sachnormen“ die Rede. Zur Klarstellung würde sich daher überdies empfehlen, am Ende von § 6 Abs. 2 den Klammerausdruck „Sachnormverweisung“ anzufügen und die Marginalrubrik von § 6 dementsprechend zu ergänzen.

[19] Siehe dazu *Doralt*, Anerkennung 183; vgl. auch *Drobnig*, Anerkennung 127 ff.

[20] Siehe für eine einheitliche Anknüpfung (wenngleich mit anderem Anknüpfungsgrundsatz) *Beitzke*, Kollisionsrecht 131 ff. (Zusatzbericht); *Koppensteiner*, Unternehmen 113.

[21] Siehe auch *Lauterbach*, Vorschläge (Personenrecht) 19: „§ A für juristische Personen sowie für nichtrechtsfähige Personenverbindungen und Vermögensmassen gilt das Recht des Staates, in dem die Verwaltung geführt wird“ (Begründung für diesen — gegen den Vorschlag des Berichterstatters *Beitzke* einstimmig erfolgten — Gesetzesvorschlag siehe ebenda 19 f.). Siehe dazu *Siehr*, Reform 224 f.; vgl. *Neuhaus*, Reform 82.

[22] Siehe statt vieler (mit zahlreichen weiteren Hinweisen) *Doralt*, Anerkennung 186 ff.; *Schwind*, Handbuch 133 ff.; vgl. auch *Mayer-Maly*, Sitztheorie 19; *Torggler*, Zulassung 33. Aufschlußreich ist hier etwa auch VfGHSlg 4745 („Art. 7 B-VG gewährt das Recht auf Gleichheit vor dem Gesetz nur inländischen Rechtssubjekten. Die beschwerdeführende Gesellschaft hat ihren Sitz in München; sie ist also keine inländische Gesellschaft“). Vgl. auch zuletzt (obiter) OGH 5. 10. 1976 EvBl 1977/66.

[23] Siehe etwa *Ferid*, IPR 121 (RZ 5 - 59); *Firsching*, IPR 145 f.; *Grossfeld*, Entwicklung 203 ff.; *derselbe*, Praxis 44 ff.; vgl. auch *derselbe*, Basisgesellschaften 45 ff. Vgl. aber *Behrens* in Hachenburg (Allg. Einl.) RZ 75 ff.; *Neuhaus*, Grundbegriffe 206 f.; *derselbe*, Entwurf 85. Für die Gründungstheorie (jeweils mit Nachweisen) vor allem aber *Beitzke*, Kollisionsrecht 94 ff., mit Zusatzbericht 126 ff.; *Grasmann*, System 244 ff. (272 ff.); *Koppensteiner*, Unternehmen 105 ff. (129).

knüpfung an den Sitz der Hauptverwaltung in neuerer Zeit vorgebrachten Argumente *insgesamt* nicht derart zu überzeugen, daß ein Abgehen von der im Entwurf vorgeschlagenen Grundsatzanknüpfung anzuraten wäre[24]. Fest steht jedenfalls, daß die Sitztheorie der Rechtsordnung des am stärksten beteiligten Staates den Vorrang gibt und somit einem leitenden Grundsatz des IPR und letztlich des Entwurfes selbst Rechnung trägt[25]. Allerdings sollte auch im Text, etwa durch den Einschub des Wortes *„tatsächlichen"* vor „Sitz" unmißverständlich zum Ausdruck gebracht werden, daß eine Anknüpfung an den *effektiven* und nicht bloß an den statutarischen Sitz der Hauptverwaltung beabsichtigt ist[26]. Bezüglich des überflüssigen letzten Halbsatzes von § 11 (Hinweis auf die in § 6 angeordnete Gesamtverweisung) gilt das bereits zu § 10 Gesagte.

b) Die sich im Hinblick auf den Schutz des inländischen Rechtsverkehrs, sowie im Hinblick auf die inländischen Zweigniederlassungen ausländischer Unternehmen ergebenden kollisionsrechtlichen Regelungsprobleme werden sinnvollerweise erst bei § 14 (Rechts- und Handlungsfähigkeit) näher zu erörtern sein.

---

[24] Vgl. auch die sich bei anderer Anknüpfung bereits mit §§ 37, 38 AktG und §§ 107, 108 GmbHG ergebenden Anpassungsprobleme. Siehe dazu besonders *Doralt,* Anerkennung 192 f.

[25] Siehe etwa *Grossfeld,* Anerkennung 23.

[26] Siehe etwa auch *Schwind,* Entwurf 205 (und Gesetzesvorschlag § 8 Abs. 2 [ebenda 165]); *derselbe,* Handbuch 133.

VII. Parteiautonomie („Rechtswahl")

„§ 12. (1) Soweit die Parteien nach diesem Bundesgesetz oder einer anderen Rechtsvorschrift das anzuwendende Recht ausdrücklich bestimmen oder aus den Umständen schlüssig als anwendbar voraussetzen können, ist eine solche Rechtswahl nur rechtswirksam, wenn der Sachverhalt Beziehungen zu mehr als einer Rechtsordnung hat; die schlüssige Rechtswahl kann in einem anhängigen Verfahren jedoch nicht mehr getroffen werden.

(2) Die Rechtswahl betrifft im Zweifel nicht die Verweisungsnormen der gewählten Rechtsordnung."

1. Zur Formulierung

Was zunächst die Rechts-*Wahl* selbst anbelangt, so ist eine straffere Formulierung, etwa in der Art: „soweit die Parteien ... das anzuwendende Recht ausdrücklich oder stillschweigend bestimmen ..."[1], vorzuschlagen. Es ist nämlich nicht einzusehen, warum gerade hier von dem allgemein gebräuchlichen Terminus „stillschweigend" (vgl. § 863 ABGB) abgegangen wird. Außerdem wird durch die derzeitige Formulierung nicht hinreichend klargestellt, daß beide Male auf den tatsächlich *erklärten* Willen der Parteien abzustellen ist[2]; die vom Entwurf gewählte Formulierung — „aus den Umständen schlüssig als anwendbar voraussetzen können" — legt vielmehr eine Auslegung im Sinne der in Österreich bislang verpönten Anknüpfung[3] an den mutmaßlichen[4] oder hypothetischen[5] Partei-„Willen" nahe.

2. Die bedenkliche Wirksamkeitsvoraussetzung der Rechtswahl

Problematisch ist vor allem die Statuierung der Wirksamkeitsvoraussetzung eines Sachverhaltes, „der Beziehungen zu mehr als einer Rechts-

[1] Siehe § 9 des *Schwind*-Entwurfes; siehe auch *Schwind*, Handbuch 287 (295).

[2] Siehe etwa OGH 2. 7. 1969 SZ 42/103; vgl. OGH 5. 10. 1976 EvBl 1977/66.

[3] Siehe dazu etwa *K. Heller*, „Wirkungsstatut" 18; *derselbe*, Entwurf 109 f.; *Schwind*, Handbuch 298. — Vgl. aber neuerdings auch die sehr eingehende Analyse de lege lata von *Spielbüchler*, Rechtswahl (durchgehend).

[4] Vgl. dazu auch *Gamillscheg*, Rechtswahl 319 ff.

[5] Siehe dazu etwa *Ferid*, IPR 148 ff. (RZ 6 - 42 ff.); *Müller-Gindullis*, Rechtsprechung 49 ff.; *Neuhaus*, Grundbegriffe 263 ff.; ausführlich *Reithmann (Martiny)*, Vertragsrecht 17 ff. Zur Begriffsabgrenzung mutmaßlich oder hypothetisch siehe etwa *Kegel*, IPR 292 f.; zur schwierigen Abgrenzung zwischen stillschweigend geäußertem und mutmaßlichem Parteiwillen vgl. auch *Gamillscheg*, Arbeitsrecht 314.

ordnung hat“. Namentlich dann, wenn nach den Erläuterungen zu § 12 tatsächlich alle jene Fälle von der Rechtswahlmöglichkeit ausgeschlossen bleiben sollten, „die räumlich oder persönlich ausschließlich mit einer einzigen Rechtsordnung verknüpft sind, *mag diese nun die österreichische sein oder eine ausländische*“[6]. Wörtlich genommen läßt dies nämlich den Schluß zu, daß die „Internationalität“ des Falles, für den die Parteien das jeweils anwendbare Recht bestimmen dürfen, nicht erst im Zeitpunkt der gerichtlichen Geltendmachung, sondern bereits im Zeitpunkt der Entstehung ihrer wechselseitigen Ansprüche gegeben sein müsse[7]; was wiederum praktisch bedeutet, daß etwa die Rechtswahl zweier Deutscher bezüglich eines zufällig in Deutschland geschlossenen Vertrages über ein zur Zeit des Vertragsschlusses zufällig in Deutschland befindliches bewegliches Gut auch dann unwirksam wäre, wenn später aus dem Vertrage nicht vor einem deutschen, sondern vor einem österr. Gericht geklagt werden würde[8]. Um derartige „kuriose“[9] Ergebnisse zu vermeiden, die auch mit dem Gedanken einer möglichst großzügigen Handhabung der Rechtswahl, zu der sich der Entwurf nun einmal bekannt hat[10], schwerlich vereinbart werden können, wäre auf jeden Fall klarzustellen, daß die nötige „Beziehung zu mehr als einer Rechtsordnung“ nicht schon für den Zeitpunkt der Anspruchsentstehung gilt, vielmehr *erst im Verhältnis zum angerufenen Gericht festzustellen sein wird*[11].

Da aber auch die Mehrzahl der in den Erläuterungen für den Ausschluß der Rechtswahl bei fehlendem Rechtswahlinteresse in „reinen“ Inlandsfällen angeführten Autoren[12] eher zurückhaltend formulieren[13],

---

[6] Erläuterungen 47 (im Text ohne Hervorhebung).

[7] Allgemein dagegen schon (im Rahmen der Erörterung von Art. 1 Abs. 1 des EG-Vorentwurfes) *Lando*, Convention 9; *K. Heller*, Entwurf 106 f.; *Siehr*, Vorentwurf 571.

[8] Vgl. auch die Beispiele bei *K. Heller*, Entwurf 106 und 107 (112).

[9] So *K. Heller*, Entwurf 106.

[10] Siehe dazu § 21 Abs. 1 und § 37 Abs. 1.

[11] Siehe allgemein *Siehr*, Vorentwurf 571.

[12] Vgl. *Dölle*, IPR 125 (= 113 der in den Erläuterungen zitierten Auflage): „Nur wenn überhaupt kein anerkennenswertes Interesse an der Herrschaft des gewählten Rechts erkennbar ist, ist die Rechtswahl unzulässig. Das ist *möglicherweise* bei reinen Inlandssachverhalten der Fall“ (im Text ohne Hervorhebung); *Kegel*, IPR 290 stellt fest: *„Irgendein anerkennenswertes Interesse* an der Herrschaft des gewählten Rechts muß erkennbar sein ... Dies kann etwa bei reinen Inlandsfällen fehlen“; *Neuhaus*, Grundbegriffe 259 (= 173 zitierte Auflage): „Nur für reine Inlandsfälle ohne räumliche oder persönliche Verknüpfungen mit dem Ausland mag die Wahl einer fremden Rechtsordnung verwehrt werden.“ Vgl. auch *Gamillscheg*, Rechtswahl 313, dessen Ausführungen jedenfalls nicht den Schluß zulassen, daß die „Internationalität“ des Falles schon bei Vertragsschluß vorliegen müsse. — Auch bei *Trinkner*, AWD 1973, 34 (Entscheidungsbesprechung), der die Kriterien für die Auslandsberührung je nach Rechtsgebieten verschieden bewerten will,

stellt sich schließlich die Frage, ob die ausdrückliche Normierung dieser problematischen[14] Wirksamkeitsvoraussetzung der Rechtswahl im § 12 nicht gänzlich unterbleiben sollte. Die allgemeine, den Zeitpunkt der erforderlichen Auslandsberührung im obigen Sinne konkretisierende Bestimmung des § 1 Abs. 1 des Entwurfes dürfte ausreichen, um evident mißbräuchliche Rechtsausübung bei „wirklich reinen" Inlandsfällen zu verhindern[15].

3. Nachträgliche Rechtswahlmöglichkeit

a) Zwischen Vertragsschluß und Verfahren

Was schließlich die ausdrückliche Zulassung einer nachträglichen Rechtswahl anbelangt, so ist zunächst mit aller Deutlichkeit festzuhalten, daß es sich hierbei jedesmal auch um eine *vertragliche Veränderung der materiellen Rechtslage* handelt[16], die es zumindest nicht ausschließt,

---

bleibt aber die Frage nach dem Zeitpunkt einer, mit welchen Merkmalen nun immer erreichten Auslandsberührung offen; ebenso etwa auch bei *Lando*, Convention 9 (12).

[13] Vgl. aber auch *Simitis*, Parteiautonomie 211 („Wo es hingegen von vorneherein an jeder Auslandsbeziehung fehlt, entstehen Zweifel an der *Zulässigkeit einer Rechtswahl*"). — Nach *E. Lorenz* (Struktur 83) „kann [hier] die Wahl nur zugelassen werden, wenn die gestaltete Materie nach dem Inlandsrecht (lex fori) der materiellprivatrechtlichen Gestaltungsfreiheit der Parteien unterliegt; denn das Kollisionsrecht dient nicht dazu, den Gestaltungsspielraum der Parteien zu erweitern".

[14] Vgl. auch treffend *Reithmann (Martiny)*, Vertragsrecht 9 (RZ 6): „Der Auslandsbezug kann aber in sehr vielfältigen Formen erscheinen. Präzise Formeln für eine Auslandsberührung und insbesondere für ihr Fehlen haben sich daher bisher nicht aufstellen lassen."

[15] Daß hierin ein gewisses resignatives Bekenntnis zu *Kegels* diesbezüglicher Lehre vom notwendigen „anerkennenswerten Interesse" an der Herrschaft des gewählten Rechtes liegt, soll keineswegs geleugnet werden (vgl. *Kegel*, Kommentar 114 [RZ 228]; *derselbe*, IPR 290; dagegen aber *K. Heller*, Entwurf 112 f.). — Auf der anderen Seite scheint es dem Gedanken der Parteiautonomie wiederum besser zu entsprechen, diese zunächst von Wirksamkeitserfordernissen möglichst freizuhalten, den „zwingenden" Normen der lex fori oder dritten Staaten jedoch im Wege einer Sonderanknüpfung Geltung zu verschaffen (vgl. dazu insbesondere *Neuhaus*, Grundbegriffe 259 [und FN 725]; ferner *v. Hoffmann*, Schutz 402 ff. [405]; *Trinkner*, AWD 1973, 34). Auch *Schwind* (Handbuch 293) konzediert, daß durch die sog. kollisionsrechtliche Parteiautonomie nicht alle Bestimmungen ausgeschlossen werden können, die dem Schutz des Unerfahrenen oder wirtschaftlich Schwächeren dienen (vgl. auch § 43 Abs. 2 und § 46 Abs. 3 des Entwurfes); ferner, daß die kollisionsrechtliche Parteiautonomie überall dort ihre Grenzen finde, „wo sie mit der *positiven Funktion des ordre public* in Widerspruch gerät", wie etwa bei wirtschafts- und sozialpolitischen Lenkungs- und Eingriffsgesetzen (*Schwind*, Handbuch 295 [298]). Der ebenfalls zu honorierende Geltungsanspruch derartiger Normen dritter Rechtsordnungen kann allerdings mit dem positiven ordre public allein nicht bewältigt werden (siehe etwa *Mänhardt*, RiZ 1977, 43 [Buchbesprechung *Schwind*]). Vgl. auch *Gamillscheg*, Rechtswahl 307; *W. Lorenz*, RabelsZ 32 (1968) 178 (Buchbesprechung).

[16] Siehe vor allem *Pfister*, Vereinbarung 444.

daß sich eine Partei, nämlich die Partei, die von vornherein weiß, welche Rechtsordnung für sie materiell günstiger ist, im Wege des IPR unbillige Vorteile verschafft. Sicherlich kann letzteres für die „ursprüngliche“ Rechtswahl gleichermaßen zutreffen[17], es wird jedoch dann bedenklich, wenn dadurch zwangsläufig auch die in der Vergangenheit begründeten Rechte und Pflichten der Parteien geändert werden[18]. Ob aber einer derartigen „rückwirkenden Rechtswahl“ allein mit den in § 8 des Entwurfes normierten Grundsätzen über den Statutenwechsel wirksam begegnet werden kann, ist mehr als fraglich.

Eine ähnlich bedenkliche Situation ergibt sich aber auch für die Rechte Dritter[19], für deren Schutz der Entwurf keine ausreichende Vorsorge getroffen hat. Der entsprechende Hinweis in den Erläuterungen (50), wonach aus „allgemeinen Grundsätzen“ folge, daß in allen Fällen einer nachträglichen Rechtswahl die „Rechtsstellung Dritter nicht beeinträchtigt werden kann“, sollte daher auch im Gesetzestext — etwa analog der Regelung in Art. 3 Satz 3 des EG-Vorentwurfes[20] — zum Ausdruck gelangen[21]. Dies umsomehr, da hier der ordre public die Rechte Dritter, wie etwa die des Haftpflichtversicherers bei einer Rechtswahl zwischen dem Geschädigten und dem Versicherten (Haftpflichtigen), in der Regel nicht zu schützen vermag.

---

[17] Siehe *v. Hoffmann*, Schutz 398 ff.; *Neuhaus*, Grundbegriffe 257 („Die Parteiautonomie verliert ihren Sinn — ebenso wie die materiellrechtliche Vertragsfreiheit —, wenn sie zur Herrschaft des Stärkeren über den Schwachen wird“); *Pfister*, Vereinbarung 444; vgl. auch *Siehr*, Vorentwurf 573: („Es sieht nämlich so aus, als ob die Zeit der liberalen Wahlfreiheit vorüber ist“). — Vgl. auch schon *Simitis*, Parteiautonomie 215. — a. M. aber *K. Heller*, Entwurf 108, der die Ansicht vertritt, es sei nicht Aufgabe des IPR, den typischerweise schwachen Vertragspartner zu schützen; ähnlich auch *H. Hoyer*, Wege 173.

[18] Vgl. auch *Schwind*, Handbuch 291, der die „spätere“ Rechtswahl zwar grundsätzlich bejaht, aber einschränkt: „Erfolgt die Wahl allerdings erst später, so muß sie nach dem das Rechtsgeschäft objektiv beherrschenden Recht (lex causae) zulässig sein. Nach diesem Recht bestimmt sich, ob und welche Wirkungen eine solche Vereinbarung hat.“

[19] Siehe dazu *Schwind*, Handbuch 299 (richtiger Hinweis auf die Gefahr des sittenwidrigen Vertrages zu Lasten Dritter). Vgl. auch *Gamillscheg*, Rechtswahl 315; *Neuhaus*, Grundbegriffe 262 (und grundsätzlich 258).

[20] Art. 3 des EG-Vorentwurfes lautet (aus RabelsZ 38 [1974] 212): „Die Wahl des anzuwendenden Rechts durch die Parteien kann sowohl im Augenblick des Vertragsabschlusses als auch zu einem späteren Zeitpunkt erfolgen. Diese Wahl kann jederzeit durch eine Vereinbarung zwischen den Parteien geändert werden. *Durch eine erst nach Vertragsabschluß vereinbarte Änderung des anzuwendenden Rechts werden Rechte Dritter nicht berührt*“ (im Text ohne Hervorhebung).

[21] Vgl. aber *Kegel*, Kommentar 130 (RZ 273): „Den Dritten gegebenenfalls zu schützen, ist Sache der Rechtsordnungen, die sein Verhältnis zu den Vertragsparteien betreffen ...“

b) Rechtswahl während eines anhängigen Verfahrens

aa) In jedem Falle problematisch bleibt jedoch die Zulassung einer wie immer nun gearteten (ausdrücklichen oder stillschweigenden) Rechtswahl im bereits anhängigen Verfahren[22]. Bedenkt man nämlich, daß der Richter einerseits zur amtswegigen Ermittlung des durch die objektive Anknüpfung oder durch die Rechtswahl bezeichneten Rechts verpflichtet ist, andererseits jedoch die Parteien in jeder Lage des erstinstanzlichen Verfahrens die Möglichkeit haben sollten, den Richter zu einer neuerlichen amtswegigen Ermittlung der rechtlichen Entscheidungsgrundlagen zu provozieren, wird der im streitigen Erkenntnisverfahren an sich herrschende Verhandlungsgrundsatz erheblich verfälscht und die Frage legalisierter, „mutwilliger" Prozeßführung kraft IPR drängt sich geradezu auf.

Zugegebenermaßen ist dieses Problem bis dato forensisch nicht akut geworden; offenbar auch deswegen, weil die — insbesondere aus der deutschen und schweizerischen Judikatur[23] — bekannt gewordenen Fälle eine der Prozeßökonomie zweifellos in hohem Maße dienliche „nachträgliche Rechtswahl" der *lex fori*[24] betrafen. Allein aber nur diese Fallkonstellation[25] wird in den Erläuterungen als Rechtfertigung einer erst im Verfahren erfolgenden Rechtswahl angeführt; lege non distinguente müßte hier jedoch auch die Wahl fremden (dritten) Rechts in die diesbezüglichen kodifikatorischen Überlegungen miteinbezogen werden. Wollte man hingegen aus prozeßökonomischen Gründen lediglich eine „nachträgliche Rechtswahl" der *lex fori* zulassen, dann sollte man dies auch offen einbekennen und vor allem dafür nicht den Deckmantel des genuin kollisionsrechtlichen Instrumentariums der Parteiautonomie verwenden.

---

[22] Signifikanterweise enthalten weder § 9 des *Schwind*-Entwurfes noch die diesbezüglichen Erläuterungen (*Schwind*, Entwurf [205 - 208]) irgendeinen Hinweis für die Zulässigkeit einer derartigen Rechtswahl.

[23] Siehe die Nachweise bei *Bolka*, Parteieneinfluß 250 f.; *Jäggi*, Rechtswahl; *Müller-Gindullis*, Rechtsprechung 46 f. (vgl. aber 48 [bei lit. d]); *Neuhaus*, Grundbegriffe 263 (FN 738); *Pfister*, Vereinbarung 441; *Stauffer*, Rechtsberufung (durchgehend); *Walder*, Passivität (durchgehend). Vgl. auch *Lando*, Convention 25: "In practice, the change of law after the contract is made, mostly comes up when the parties in court agree to submit to the law of the *forum*."

[24] Vgl. hier auch *Stauffer*, Bundesgericht 398, der diese Art von „Heimwärtsstreben" geradezu als „Idealzustand" bezeichnet.

[25] Erläuterungen 49: „Oftmals wird den Parteien die Zweckmäßigkeit einer Rechtswahl erst im Prozeß bewußt, so etwa, wenn sich abzeichnet, daß die Ermittlung des auf Grund objektiver Anknüpfung berufenen fremden Rechts zu einer Verzögerung des Verfahrens führen würde; in solchen Fällen kann den Parteien daran gelegen sein, durch Vereinbarung der lex fori eine raschere Erledigung in der Sache zu erreichen." — Vgl. dazu *Bolka*, Parteieneinfluß 251.

bb) Darüberhinaus steht aber jedenfalls fest, daß gerade über das Problem der nachträglichen (wirklichen) Rechtswahl im bereits anhängigen Verfahren ein keineswegs befriedigend ausdiskutierter Meinungsstand[26] erreicht worden ist, und auch diese Frage — soweit ersichtlich — in der bisherigen österr. Rechtsprechung keinerlei Bedeutung erlangt[27] hat. Daß die (prozeß-)rechtsdogmatische Erfassung und Einordnung[28] der im bereits anhängigen Verfahren vorgenommenen Rechtswahl äußerst schwierig sein dürfte und auch mit der in Österreich herrschenden (sich bereits aus dem Gesetz ergebenden) publizistischen Betrachtungsweise[29] des Zivilprozesses schwerlich in Einklang zu bringen sein wird[30], sei hier lediglich am Rande erwähnt. Aus alledem wäre daher

---

[26] Art. 3 des EG-Vorentwurfes enthält sich einer ausdrücklichen Regelung. *Siehr* (Vorentwurf 574 [FN 61]) berichtet, daß die Frage, „ob die Rechtswahl noch im Prozeß erfolgen kann, ... allein vom jeweiligen nationalen Verfahrensrecht beurteilt werden" sollte. Vgl. hier auch *Lando*, Convention 25 ("Some aspects of this choice are closely linked with questions of procedure which are not covered by the EC Draft Convention").

K. Heller (Entwurf 113) will die zeitliche Grenze der nachträglichen Rechtswahl dort gezogen haben, „wo das formelle Recht Neuerungen im Prozeß ausschließt". Hierbei wird allerdings verkannt, daß es sich bei der Rechtswahl (und allen damit zusammenhängenden rechtlichen Erscheinungen) wohl kaum um „Tatumstände und Beweise" handeln kann, „die nach Inhalt des Urteils und der sonstigen Prozeßakten in erster Instanz nicht vorgekommen sind" und gemäß § 482 Abs. 2 ZPO „von den Parteien im Berufungsverfahren nur zur Dartuung oder Widerlegung der geltend gemachten Berufungsgründe vorgebracht werden" dürfen (vgl. dazu [auf Grund schweizerischen Prozeßrechts] auch richtig *Walder*, Passivität 108).

Man kann es drehen und wenden wie man will, Neuerungsverbot und Rechtswahl können genausowenig auf einen Nenner gebracht werden, wie geordnetes Verfahren und eine materiellrechtlich konzipierte Rechtswahl *während* eines bereits anhängigen Prozesses.

[27] Kein Wunder, wenn man bedenkt, daß der Beschluß des OGH vom 14. 10. 1969 ZfRV 1971, 281 nach *Bolka* (ebenda 283) überhaupt *die erste veröffentlichte Entscheidung* des Höchstgerichtes darstellte, die einen Fall ausdrücklicher Rechtswahl der Parteien zu behandeln hatte; entgegen *K. Heller* („Wirkungsstatut" 17 [FN 62 a]) enthielt OGH 21. 5. 1968 ÖBl 1968, 82 *keine* ausdrückliche Rechtswahl. — Vgl. jetzt aber (bezüglich ausdrücklicher Rechtswahl außerhalb des Verfahrens) OGH 17. 12. 1971 ÖBl 1972, 113 ff.

[28] Zur Rechtsnatur der Rechtswahl allgemein siehe *Schwind*, Handbuch 287; vgl. auch *H. Hoyer*, Probleme 9, nach dem die Rechtswahl kein „gegenseitiger Vertrag" ist, weshalb diese „der Anfechtung durch die Vertragspartner auch wegen Motivirrtums (§ 901 ABGB)" unterliege. *Matscher*, Zuständigkeitsvereinbarungen 111, bezeichnet die Rechtswahl (ohne freilich die Rechtswahl im Prozeß zu behandeln) als „bürgerlich-rechtlichen Vertrag", der OGH 17. 12. 1971 ÖBl 1972, 116 bezeichnet sie schlicht als „Vertrag" (so auch schon OGH 14. 10. 1969 SZ 42/152 = EvBl 1970/35 = JBl 1971, 91 (mit krit. Anm. v. *H. Hoyer* 93) = ZfRV 1971, 281 (mit krit. Anm. von *Bolka* 283 ff.).

[29] Siehe dazu statt vieler *Matscher*, Zuständigkeitsvereinbarungen 20 ff. (vgl. auch ebenda 112).

[30] Es sei denn, man behandelt diese Art von Rechtswahl analog der Prorogation des § 104 JN als reine Prozeßhandlung; freilich mit der Konsequenz, daß materiellrechtliche Beurteilungskriterien (wie Irrtumsanfechtung u. dgl.) völlig außer Betracht blieben. — Siehe so auch *Walder*, Passivität 106 (108).

anzuraten, den letzten Halbsatz des vorgeschlagenen § 12 Abs. 1 des Entwurfes ersatzlos zu streichen[31].

[31] Hier gilt umso mehr, was *Schwind* (Handbuch 287) bezüglich der Qualifikation der kollisionsrechtlichen Rechtswahl ganz allgemein gesagt hat: „Zumindest im österreichischen Bereich hat dieser Fragenkomplex ... weder die Wissenschaft noch die Rechtsprechung jemals beschäftigt“; bevor dies nicht geschehen ist, sollte aber der Gesetzgeber nicht unnötig vorpreschen.

VIII. Internationales Personenrecht

1. Ungeregelte Fragen bei der Handlungsfähigkeit

„§ 14. Die Rechts- und Handlungsfähigkeit einer Person sind nach ihrem Personalstatut zu beurteilen."

a) Deliktsfähigkeit

Problematisch erscheint bei dieser Bestimmung zunächst die Beurteilung der Deliktsfähigkeit zu werden. Denn da die Deliktsfähigkeit — so jedenfalls nach österr. Sachrecht — neben der Geschäftsfähigkeit einen Teilaspekt der Handlungsfähigkeit darstellt[1], kann dem vorgeschlagenen Gesetzestext, vor allem auch im Zusammenhang mit dem diesbezüglichen Schweigen der Deliktsstatutsregelung im § 51 des Entwurfes, offenbar nichts anderes entnommen werden, als daß die *Deliktsfähigkeit* gleich wie die Geschäftsfähigkeit nach dem *Personalstatut*[2] des Schädigers beurteilt werden sollte.

aa) Die Erläuterungen, wie auch schon der *Schwind*-Entwurf (und dessen Erläuternde Bemerkungen), beziehen zum Problem der kollisionsrechtlichen Beurteilung der Deliktsfähigkeit nicht ausdrücklich Stellung[3]. Es kann daher lediglich vermutet werden, daß man hier das

---

[1] Siehe etwa *Gschnitzer*, Lehrbuch (Allgemeiner Teil) 84 (161) für die natürliche Person, 98 f. für die juristische Person; *Koziol / Welser*, Grundriß I 44.

[2] In Österreich scheint diese Anknüpfung (offensichtlich auf einem Irrtum beruhend) lediglich *Köhler*, IPR 37 (38) zu vertreten, indem er nämlich die Beurteilung der „*Geschäftsfähigkeit* (Handlungs- und Deliktsfähigkeit)" dem Heimatrecht des In- oder Ausländers unterstellt. Ansonsten wird in der österr. Lehre die Beurteilung der Deliktsfähigkeit nach dem Deliktsstatut vorgenommen. Siehe etwa *Mänhardt*, IPFR 30; besonders *Schwind*, Handbuch 328.

[3] Auch in Art. 11 des EG-Vorentwurfes wird die Deliktsfähigkeit nicht ausdrücklich erwähnt. Da aber „die Deliktsfähigkeit in der Doktrin einhellig dem Deliktsstatut unterstellt" und die „deliktsrechtliche Handlungsfähigkeit in allen EWG-Mitgliedstaaten dem Deliktsstatut zugeordnet" wird, „fällt es schwer anzunehmen, die Expertenkommission habe sie durch Art. 1 lit. a bewußt ausklammern wollen. Wir neigen eher dazu, ein Versehen anzunehmen, welches aber in der Endfassung des Vorentwurfes unbedingt klarzustellen wäre" (*v. Overbeck / Volken*, Deliktsrecht 72). Allerdings „ist nicht zu verkennen, daß eine Aufzählung wie diejenige in Art. 11 — selbst wenn sie mit ‚namentlich' eingeleitet wird — die Gefahr eines argumentum e contrario mit sich bringt" (*dieselben*, ebenda) und damit die Gefahr „einer unerwünschten Sonderanknüpfung der Deliktsfähigkeit" besteht (*K. Heller*,

(die Frage der Deliktsfähigkeit mitbeantwortende) Deliktsstatut — wenn überhaupt — nur auf dem Umweg über die Kollisionsnormen der von § 14 primär berufenen Rechtsordnung zur Anwendung bringen wollte[4]. Solcherart erreichte Anknüpfung der Deliktsfähigkeit stünde allerdings im unbegründeten Gegensatz zu der auch rechtsvergleichend ganz herrschenden Ansicht[5], wonach die Beurteilung der Deliktsfähigkeit (sowohl natürlicher als auch juristischer Personen)[6] stets von der Beurteilung sonstiger „Handlungsfähigkeiten" abgesondert, und direkt dem Deliktsstatut unterstellt wird. *Kegel*[7], dem sich *Schwind*[8] vollinhaltlich angeschlossen hat, begründet dies damit, daß es sich hierbei nicht — wie etwa bei der beschränkten Geschäftsfähigkeit oder Geschäftsunfähigkeit — um Dauerzustände handle, die in der Tat einer Anknüpfung mit relativer Konstanz bedürften[9]; vielmehr werde damit auch die Erwägung ausgeschaltet, daß die Deliktsfähigkeit mit der Person in so nahem Zusammenhang stünde, was rechtfertigen würde, sie dem Personalstatut zu unterstellen[10].

bb) Sicherlich könnte der hier nur auszugsweise vorgetragenen herrschenden Ansicht entgegengehalten werden, daß durch die in der Verweisung des § 14 des Entwurfes mitinbegriffenen Gesamtverweisung eine allenfalls erwünschte gesonderte kollisionsrechtliche Beurteilung der Deliktsfähigkeit ohnehin gewährleistet sei. Gleichwohl scheint aber ein derartiger anknüpfungsmäßiger Umweg allzu umständlich und wenig praktikabel zu sein, da beim Deliktsfall zweifellos zunächst einmal die Frage nach dem Deliktsstatut im Vordergrund steht, das — wie bereits erwähnt — auch gleich die Antwort hinsichtlich der Beurteilung der Deliktsfähigkeit bereit hält. Dazu kommt noch, daß die Anknüp-

Entwurf 129). — Diese Befürchtungen werden aber von *Siehr*, Vorentwurf 581 nicht geteilt: Da die Deliktsfähigkeit mit dem Aussparen der capacité ungeregelt bleibt, werde diese „also weiterhin nach nationalem Kollisionsrecht angeknüpft und gemäß deutschem IPR dem Deliktsstatut unterstellt".

[4] Ein gewisses Indiz dafür läge in der Bemerkung von *Schwind*, Entwurf 201, „daß das Personalstatut darüber bestimmt, was zur Handlungsfähigkeit gehört"; vgl. aber *derselbe*, Handbuch 328.

[5] Siehe *Beitzke* in Staudinger 61 (RZ 15 zu Art. 7 EGBGB); *Ferid*, IPR 165 (RZ 6 - 137); *Firsching*, IPR 221; *Kegel*, IPR 318; *derselbe*, Kommentar 347 (RZ 45 zu Art. 12 EGBGB); *Raape*, IPR 575; *M. Wolff*, IPR 105.

[6] Siehe statt vieler (mit weiteren Nachweisen) *Behrens* in Hachenburg 517 (Einl. RZ 90).

[7] IPR 318.

[8] Handbuch 328.

[9] Vgl. etwa *Lüderitz*, Rechtsfähigkeit 41: „Neben das Interesse an der Anwendung eines vertrauten Rechts tritt ein solches an stetiger Anknüpfung. Zu wählen ist daher eine Anknüpfung an das Recht, zu dem die engsten dauernden persönlichen Beziehungen bestehen"; vgl. auch *Vischer*, Kodifikation 79: „Doch scheint mir eine gewisse Konstanz und Ubiquität in der Beurteilung der Handlungsfähigkeit notwendig."

[10] *Schwind*, Handbuch 329.

fung an das Personalstatut in allen jenen Fällen versagen muß und nicht zum Deliktsstatut führt, in denen (wie etwa bei Flüchtlingen und, wie nunmehr vorgeschlagen[11], auch bei Staatenlosen) eine Gesamtverweisung von vorneherein nicht angeordnet ist und, was auch künftighin trotz „Aufweichung“ der Deliktsortsregel[12] der Normalfall sein dürfte, Deliktsstatut und Personalstatut auseinanderfallen.

Auf Grund der vorstehenden Erwägungen wird daher empfohlen, die Deliktsfähigkeit von der Geschäftsfähigkeit anknüpfungsmäßig zu lösen, d. h. die Beurteilung der Geschäftsfähigkeit dem Entwurf entsprechend dem Personalstatut zu unterstellen, aber bezüglich der Beurteilung der Deliktsfähigkeit ausdrücklich auf das gemäß der Bestimmung des § 51 (Deliktsstatut) anzuwendende Recht zu verweisen.

b) Verkehrsschutz

aa) Natürliche Person

Für die natürliche Person isoliert betrachtet, ist es gewiß zu vertreten, in § 14 des Entwurfes keine dem Art. 7 Abs. 3 Satz 1 EGBGB[13], Art. 7 b NAG[14] oder auch dem Art. 20 des EG-Vorentwurfes[15] vergleichbare Verkehrsschutzvorschrift aufzunehmen. Denn abgesehen von der dafür in den Erläuterungen gegebenen und im wesentlichen richtigen Begründung, daß nämlich „die Lage hier kaum anders als in reinen Inlandsfällen [sei], wenn jemand mit Minderjährigen Rechtsgeschäfte schließt, ohne sich der beschränkten Handlungsfähigkeit des Vertrags-

---

11 Siehe oben VI. 1. b) ee), Seite 78 f.

12 Siehe § 51 des Entwurfes; ferner Art. 4 des „Übereinkommen[s] über das auf Straßenverkehrsunfälle anwendbare Recht“, BGBl 1975/387.

13 Art. 7 Abs. 3 EGBGB lautet: „Nimmt ein Ausländer im Inland ein Rechtsgeschäft vor, für das er geschäftsunfähig oder in der Geschäftsfähigkeit beschränkt ist, so gilt er für dieses Rechtsgeschäft insoweit als geschäftsfähig, als er nach den deutschen Gesetzen geschäftsfähig sein würde. Auf familienrechtliche und erbrechtliche Rechtsgeschäfte sowie auf Rechtsgeschäfte, durch die über ein ausländisches Grundstück verfügt wird, findet diese Vorschrift keine Anwendung.“

14 Art. 7 b NAG lautet: „Ein handlungsunfähiger Ausländer, der in der Schweiz ein Rechtsgeschäft abgeschlossen hat, kann sich auf seine Unfähigkeit nicht berufen, wenn er nach schweizerischem Recht zur Zeit des Abschlusses handlungsfähig gewesen wäre.

Auf familienrechtliche und erbrechtliche Rechtsgeschäfte sowie auf solche, durch die über ein im Ausland liegendes Grundstück verfügt wird, findet diese Vorschrift keine Anwendung.“

15 Art. 20 des EG-Vorentwurfes lautet (aus RabelsZ 38 [1974] 215): „Keine natürliche Person kann sich auf ihre Rechts- oder Handlungsunfähigkeit gegenüber einem Dritten berufen, der sie bei Vornahme eines Rechtsgeschäftes guten Glaubens und ohne sich unvorsichtig verhalten zu haben, nach dem Recht des Orts, an dem das Rechtsgeschäft vorgenommen worden ist, für rechts- und handlungsfähig gehalten hat.“ — Kritisch dazu *Lando*, Convention 54 f.; vgl. auch *Siehr*, Vorentwurf 577.

partners bewußt zu sein"[16], hat das Vertrauensschutzproblem beim rechtsgeschäftlichen Handeln natürlicher Personen in Österreich bislang keinerlei praktische kollisionsrechtliche Bedeutung erlangt[17]. Dieser Befund wird überdies rechtsvergleichend vollauf bestätigt und war auch im Deutschen Rat für IPR mit ein Grund dafür, eine ersatzlose Streichung von Art. 7 Abs. 3 EGBGB vorzuschlagen[18].

Wenn allerdings die Erläuterungen weiters ausführen, daß der § 866 ABGB „... auch hier in zahlreichen Fällen helfend [wird] eingreifen können", sei dazu vermerkt, daß § 866 lediglich die *sach*rechtliche Anerkennung des Rechtsgedankens des Verkehrsschutzes darstellt[19]. Im Rahmen der kollisionsrechtlichen Beurteilung hingegen käme diese Bestimmung wie auch die Regelung des § 248 Abs. 1 ABGB entweder nur über das inländische Personalstatut, durch eine allenfalls vorzunehmende Sonderanknüpfung[20], oder aber im Wege des (positiven) ordre public zum Tragen; ob jedoch die Verletzung des guten Glaubens inländischer Geschäftspartner oder generell die Verletzung der Verkehrssicherheit im Inlande durch rechtsgeschäftliches Handeln geschäftsunfähiger Ausländer derart schwer wiegt, daß ein Eingreifen des ordre public am Platze wäre, muß, jedenfalls auf Grund der derzeitigen Aktivierungskriterien des ordre public, eher bezweifelt werden.

bb) Juristische Person

Eine hinsichtlich des inländischen Verkehrsschutzes gänzlich andere Situation stellt sich indessen im Handlungsbereich der juristischen Person und der ihr gleichzuhaltenden Personen- und Vermögensverbindungen. Ohne nun im einzelnen auf die vielfältigen, *für* einen kollisionsrechtlichen Verkehrsschutz vorgebrachten Argumente[21] näher einzugehen, wird es — auch im Hinblick auf die allgemeine internationale Tendenz[22] — als unumgänglich erachtet, den Rechtsverkehr vor den

---

[16] Erläuterungen 55.

[17] Vgl. dazu etwa *Mänhardt*, IPFR 31; *Mayer-Maly*, Sitztheorie 20.

[18] Siehe *Lauterbach*, Vorschläge (Personenrecht) 8. — Vgl. aber *Neuhaus*, Reform 81.

[19] Vgl. aber *Mayer-Maly*, Sitztheorie 20, der die Ansicht vertritt, daß dieser Gedanke nicht erst über die entsprechende Anwendung einer Norm von der Art des Art. 7 Abs. 3 S 1 EGBGB zur Geltung gebracht werden müsse. Er habe vielmehr selbständiges Gewicht.

[20] In diese Richtung tendiert (allerdings beschränkt auf den Bereich der juristischen Person) offenbar *Mayer-Maly*, Sitztheorie 20; vgl. auch *Schwind*, Entwurf 202.

[21] Hier sei nur allgemein auf *Beitzke*, Kollisionsrecht (Gutachten) 119 ff., und — speziell für Österreich — auf *Mayer-Maly*, Sitztheorie (durchgehend) hingewiesen.

[22] Weitere Hinweise etwa bei *Siehr*, Reform 226; vgl. auch *Reithmann*, Vertragsrecht 407 (RZ 511 - 515).

Risiken zu schützen, die eine Geschäftsverbindung zu fremden juristischen Personen (und den ihnen gleichzuhaltenden Gebilden) mit sich bringen kann. Durch eine entsprechende, möglichst *allseitig*[23] zu formulierende Regelung sollte eine Berufung auf solche Beschränkungen in der Geschäftsfähigkeitsstruktur der Organisation, die nach den Bestimmungen des Rechtes des Geschäftsortes nicht bestehen, in Hinkunft ausdrücklich ausgeschlossen werden[24]. Da es jedoch grundsätzlich bedenklich und auch gegenüber dem rein inländischen Rechtsverkehr sachlich nicht gerechtfertigt wäre, Verkehrsschutz schlechthin bei jedem vorgenommenen Rechtsgeschäft zu gewähren, wären hierbei zwei Einschränkungen vorzusehen: Der inländische Vornahmeort dürfte nicht rein zufällig sein, d. h. die Inlandsgeschäfte müßten von einer im Inland befindlichen Niederlassung oder wenigstens durch im Inland ansässige Agenten oder reisende Vertreter geschlossen werden[25]. Außerdem müßte der Geschäftspartner gutgläubig sein, d. h. er dürfte die gegenüber dem Recht des Vornahmeortes abweichenden Beschränkungen des fremden Personalstatutes der juristischen Person (oder des ihr gleichzuhaltenden rechtlichen Gebildes) weder positiv gekannt noch grob fahrlässig nicht gekannt[26] haben[27].

---

[23] Vgl. pointiert *Mayer-Maly*, Sitztheorie 22: „Das Prinzip des Verkehrsschutzes ist in Wahrheit nicht inlandbezogen, sondern international." Vgl. so auch *Vischer*, Kodifikation 79.

[24] Vgl. *Lauterbach*, Vorschläge (Personenrecht) 3 (Begründung des Gesetzesvorschlages ebenda 21 ff.): „*Gesellschaften und juristische Personen* ...

§ B (1) Hat eine Organisation in einem Staat, dessen Rechtsordnung sie nicht unterliegt, ein Rechtsgeschäft durch ein persönlich anwesendes Organ vorgenommen, so kann sie sich nicht auf Beschränkungen ihrer Rechtsfähigkeit und Haftung oder auf Beschränkungen in der Vertretungsmacht ihrer Organe berufen, die nach dem Recht des Vornahmeorts für eine entsprechende Organisation nicht bestehen. Dies gilt nicht, wenn die Beschränkungen dem Gegner bekannt waren.

(2) Für die persönliche Haftung eines Gesellschafters oder sonstigen Mitgliedes gilt Abs. 1 entsprechend."

[25] Siehe *Behrens* in Hachenburg (Allg. Einl.) RZ 89; *Beitzke*, Kollisionsrecht (Gutachten) 120; vgl. *Lauterbach*, Vorschläge (Personenrecht) 22; ferner *Mayer-Maly*, Sitztheorie 22.

[26] Siehe *Behrens* in Hachenburg (Allg. Einl.) RZ 89; vgl. *Beitzke*, Kollisionsrecht (Gutachten) 120.

[27] Zu überlegen wäre ferner, ob nicht auch die Frage der Haftung des *Vertreters ohne Vertretungsmacht* einer ausdrücklichen kollisionsrechtlichen Regelung zuzuführen wäre. Siehe hierzu *Beitzke*, Kollisionsrecht (Gutachten) 121 f. (125); *Lauterbach*, Vorschläge (Personenrecht) 4: „... § C Hat jemand als geschäftsführender Gesellschafter oder Organ einer Gesellschaft oder juristischen Person ohne Vertretungsmacht gehandelt, so gilt für seine Haftung das Recht des Ortes, an welchem das Geschäft vorgenommen worden ist"; Begründung dieses Gesetzesvorschlages ebenda 22 f.

c) Inländische Zweigniederlassungen fremder juristischer Personen

In diesem Zusammenhang erhebt sich abschließend die für die Praxis keineswegs akademische Frage, ob nicht auch die Rechtsstellung inländischer Zweigniederlassungen[28] fremder juristischer Personen (und diesen gleichzuhaltenden Gebilden) mittels einer *allseitigen* Kollisionsnorm entweder bei § 11 oder aber im Anschluß an § 14 des Entwurfes ausdrücklich geregelt werden sollte. Namentlich auch deswegen, weil in der österr. Judikatur und Lehre keineswegs klarzustehen scheint, daß die materiellrechtlichen Rechtsverhältnisse der inländischen Zweigniederlassung (insbesondere die Vertretungsmacht in der Zweigniederlassung) grundsätzlich ebenfalls nach dem jeweiligen Personalstatut der fremden juristischen Person zu beurteilen wären[29]. So vertritt *Kostner*[30] (und ihm zuletzt folgend der OGH)[31] die Ansicht, daß die inländische Niederlassung zwar Repräsentantin der ausländischen Gesellschaft sei, sie selbst aber österr. Recht unterliege; somit die gesellschaftsrechtlichen Verhältnisse nach österr. Recht zu beurteilen seien. Dies habe nach *Kostner* sogar „auch für die Vertretungsrechte der inländischen Organe" zu gelten[32].

---

[28] Treffend bemerkt *Schuhmacher*, Handelsrecht 92, daß „die inländische Zweigniederlassung einer ausländischen Gesellschaft ... wegen ihres ‚janusköpfigen' Charakters (einerseits ist sie rechtlich unselbständiger Teil der Hauptniederlassung im Ausland, andererseits hat sie Sitz und Schwerpunkt ihrer geschäftlichen Tätigkeit im Inland) schwierige internationalprivatrechtliche Probleme" aufwerfe. Siehe allgemein dazu mit weiteren Hinweisen etwa *Ulmer* in Hachenburg, RZ 34 - 43 zu § 12. — Zur kollisionsrechtlichen Behandlung der Zweigniederlassung siehe auch allgemein *Bumeder*, Zweigniederlassung 179 (Zusammenfassung); *Hilbig*, Rechtsstellung 26 ff. (40 ff.). — Vgl. auch *Kastner*, Grundriß 146 und 231. Zur Parteistellung der inländischen Zweigniederlassung einer ausländischen AG siehe etwa OGH vom 14. 1. 1975 RiZ 1975, 91.

[29] So auch *Schuhmacher*, Handelsrecht 92; *Ulmer* in Hachenburg, RZ 34 zu § 12. — Vgl. in diesem Sinne besonders auch *Mayer-Maly*, Zweigniederlassung (durchgehend).

[30] GmbH 133.

[31] E vom 12. 2. 1975 GesRZ 1975, 101 (Kritik dazu schon bei *Schuhmacher*, Handelsrecht 92).

[32] *Kostner*, GmbH 133; so aber auch in (unkommentierter) Wiedergabe des betreffenden Leitsatzes der genannten OGH-Entscheidung *Kastner*, Grundriß 146. Demgegenüber vertritt aber *Kostner* (ebenda 132) die Ansicht, daß „man ... davon [wird] ausgehen können, daß für den Umfang der Vertretungsmacht von Organen ausländischer Gesellschaften das Recht des Gesellschaftssitzes anzuwenden" sei und die Frage, ob die Sitztheorie durch Komponenten des Verkehrsschutzprinzips (Anwendung inländischen Rechts zur Sicherung des Vertragspartners) durchbrochen werden sollte, dahingehend zu beantworten sei, *daß die Argumente für das Prinzip des Verkehrsschutzes „im Interesse der Rechtssicherheit" nicht überzeugen können:* Die Widersprüchlichkeit der Aussagen Kostners schlägt sich auch prompt in der oben zitierten E des OGH nieder, indem der OGH zunächst richtig feststellt: „Sodann werden unter Anwendung des am Sitze der Gesellschaft

Der Fehler dieser — vom OGH in einer früheren Entscheidung[33] übrigens nicht vertretenen — Argumentation liegt aber offensichtlich darin, daß die *registerrechtliche* (wie auch fremdenrechtliche)[34] Behandlung der inländischen Zweigniederlassung, die in der Hauptfrage selbstverständlich nach österr. Recht vorzunehmen[35] ist, unzulässigerweise mit der materiellrechtlichen Rechtsstellung der Zweigniederlassung vermengt wird. Demgegenüber ließe sich bereits aus § 37 AktG, insbesondere aber auch aus § 107 (108) GmbHG unschwer ableiten, daß die — im Registerrecht vorfragenmäßig zu beurteilenden[36] — materiellrechtlichen Rechtsverhältnisse der Zweigniederlassung nach dem am „ausländischen Sitz" der juristischen Person geltenden Recht, also nach dem in § 11 (§ 14) des Entwurfes geregelten Personalstatut kollisionsrechtlich zu beurteilen wären[37]. Damit scheint aber zugleich festzustehen, daß die bisweilen vertretene Differenzierungslehre[38] auch hinsichtlich der Beurteilung der materiellen Rechtsverhältnisse inländischer Zweigniederlassungen fremder juristischer Personen (und u. U. der ihnen gleichzuhaltenden Gebilde) aus prinzipiellen wie auch aus praktischen Gründen abzulehnen ist[39].

---

geltenden Rechtes, also des Rechtes des Staates New York, die Rechtsverhältnisse der Gesellschaft und die Rechtsstellung des Klägers innerhalb der Gesellschaft zu prüfen sein; [aber irrig fortfährt] hierauf wird unter Anwendung des inländischen Rechtes zu klären sein, welcher inländischen Gesellschaftsform die XY Inc. unterstellt werden kann. Die gesellschaftsrechtlichen Verhältnisse der inländischen Niederlassung einer ausländischen Gesellschaft sind nämlich nach österreichischem Recht zu beurteilen. Dies gilt auch für die Vertretungsrechte der inländischen Organe ... Erst dann wird beurteilt werden können, ob die Bestimmungen des GmbHG, oder andere Rechtsvorschriften, etwa die Bestimmungen des Aktiengesetzes, zur Anwendung zu kommen haben."

[33] E vom 26. 2. 1952 SZ 25/48; vgl. auch E vom 22. 6. 1932 SZ 14/132.

[34] Siehe etwa klar unterschieden bei *Torggler*, Zulassung 31 (linke Spalte); vgl. auch *Schwind*, Handbuch 137.

[35] „Registerrechtlich wird also die inländische ZwN einer ausländischen Gesellschaft so behandelt, als ob sie eine HN wäre" (*Ulmer* in Hachenburg RZ 39 zu § 12, Hervorhebung weggelassen). Siehe auch *Losert / Schiemer / Stadler*, Aktiengesetz 1965, 51 (FN 9 zu § 37).

[36] Insoferne richtig *Bumeder*, Zweigniederlassung 179 (Zusammenfassung), wonach die „Vorschriften des Registerrechts — Sachnormen des deutschen Rechts — eine verweisungsrechtliche Entscheidung über ihre Anwendung voraussetzen". Siehe auch *Mayer-Maly*, Zweigniederlassung 228.

[37] „Dagegen gibt es gute Gründe, das Vertrauen des inländischen Geschäftspartners in die Unbeschränktheit der Vertretungsmacht der Organe der Zweigniederlassung zu schützen, vor allem dann, wenn das maßgebende Auslandsrecht eine Beschränkung der Vertretungsmacht zuläßt, oder, nach Art der ultra-vires-Lehre, von einer beschränkten Verpflichtungsfähigkeit der Gesellschaft ausgeht" (*Schuhmacher*, Handelsrecht 92, unter Berufung auf *Ulmer* in Hachenburg RZ 35 zu § 12).

[38] Allgemein siehe *Grasmann*, System 343 ff.; für die Zweigniederlassung vor allem *Bumeder*, Zweigniederlassung 40 ff. (123 ff).

[39] Siehe mit weiteren Hinweisen *Schuhmacher*, Handelsrecht 92 (FN 54). Vgl. auch *Beitzke*, Kollisionsrecht (Gutachten-Zusatzbericht) 131 ff.

2. Allseitiges IPR in Abhängigkeit vom IZPR

a) Todeserklärung und Beweisführung des Todes

„§ 16. (1) Die Voraussetzungen und Wirkungen einer Todeserklärung sind nach dem letzten bekannten Personalstatut des Verschollenen zu beurteilen.

(2) Die Voraussetzungen und Wirkungen der Aufhebung oder Berichtigung einer Todeserklärung sind nach dem letzten bekannten Personalstatut des für tot Erklärten zu beurteilen.

(3) Die Abs. 1 und 2 gelten für die Beweisführung des Todes und die sie betreffende Aufhebung oder Berichtigung sinngemäß."

aa) Vorbehaltlich „liberaler" international-verfahrensrechtlicher Durchführung[40] ist die hier vorgeschlagene Regelung systemgerecht und sachlich gerechtfertigt. Auf diese Weise wird nämlich — wie auch schon früher von *Raape*[41] gefordert — erreicht, daß die Frage nach dem Leben oder Tod des Verschollenen (nicht anders als die ihr verwandte Frage nach der Rechtsfähigkeit einer Person) bezüglich aller seiner Rechtsverhältnisse kollisionsrechtlich *einheitlich* beantwortet wird. Systemgerecht ist die Regelung unter anderem auch deshalb, weil sie sich lediglich auf die Bestimmung des anwendbaren Rechts beschränkt[42], währenddem die Lösung der Fragenkomplexe der inländischen Gerichtsbarkeit und der Anerkennung diesbezüglicher ausländischer Hoheitsakte den betreffenden Regelungen im internationalen Verfahrensrecht überlassen wird[43].

bb) Vorderhand ist freilich zu befürchten, daß die vorgesehene Verweisung vielfach deshalb ins Leere gehen und die analoge Anwendung einer der im § 7 Abs. 2 vorgesehenen Ersatzregelung oder gleich die unmittelbare Anwendung des § 1 Abs. 1 zur Folge haben wird, weil die meisten der in Frage kommenden Rechtsordnungen im Bereich der Todeserklärung noch immer einen strengen Gleichlauf von inländischem

---

[40] Siehe allgemein *Schwimann*, Zuständigkeit 220: „Keinesfalls geht es an, im IPR großzügig die Anwendung ausländischen Rechts mit gleichem Stellenwert wie dem des inländischen zu versprechen, um dann — wie heute vielfach versucht wird — das lästige Auslandsrecht durch die Hintertür der Zuständigkeitsablehnung wieder abzuschieben."

[41] IPR 185. Siehe auch eingehend *Coing* und *Weick* in Staudinger 139 ff. (RZ 84 - 99 zu Art. 9 EGBGB [nunmehr § 12 VerschG]); *Kegel*, IPR 249 ff.

[42] Vgl. aber demgegenüber § 11 Abs. 2 und 3 des *Schwind*-Entwurfes.

[43] So auch *Lauterbach*, Vorschläge (Personenrecht) 3 (Begründung ebenda 13: „Mit diesen Vorschlägen hat die Kommission im Gegensatz zum bisherigen § 12 VerschG Zuständigkeit einschließlich Anerkennung und anzuwendendes Recht völlig getrennt behandelt und damit auf den Gleichlauf beider Normen verzichtet. Die Kommission behielt damit eine Linie bei, die schon den Entwürfen zum Familienrecht und zum Erbrecht zugrunde gelegen hat. Die deutsche internationale Zuständigkeit führt also nicht notwendig zur deutschen Sachnorm"). Siehe dazu auch *Siehr*, Reform 222 f.

Zur gegenwärtigen österr. Rechtslage siehe etwa *Mänhardt*, IPFR 30 und 71 ff.; vor allem *Schwind*, Handbuch 111 ff. (mit weiteren Hinweisen).

Forum und inländischem anwendbaren Recht befolgen[44], sodaß deren Todeserklärungsrecht ohne unzulässige Verfälschung derzeit kaum internationalisierungsfähig ist. Dieser Umstand sollte aber anläßlich der Schaffung des in Aussicht gestellten Gesetzes über das IZPR wiederum nicht davon abhalten, bei der Regelung der Gerichtsbarkeits- und Anerkennungsvorschriften *auch in Statussachen* weitgehend den Grundsatz der internationalen Gerichts- und Behördenvertretbarkeit[45] zu befolgen.

cc) Für den Fall, daß das Personalstatut des Verschollenen eine der österr. Todeserklärung vergleichbare Rechtseinrichtung überhaupt nicht kennt, soll es nach den Erläuterungen (59) „in der Regel gerechtfertigt sein, die in der Vorbehaltsklausel (§ 7) vorgesehenen Ersatzrechte anzuwenden". Dieser Weg ist jedoch schon insoferne bedenklich, weil hier bereits die nötige Erfüllung des Tatbestandes von § 7 *Abs. 1* mangels verwiesenen fremden Rechts scheitert. In den genannten Fällen wird eine Ersatzanknüpfung daher ausschließlich über die Generalnorm des § 1 Abs. 1 des Entwurfes zu suchen sein.

b) Entmündigung

„§ 17. Die Voraussetzungen und Wirkungen einer Entmündigung oder der Aufhebung oder Umwandlung einer Entmündigung sind nach dem Personalstatut des Betroffenen zu beurteilen; kennt das danach in Betracht kommende fremde Recht den Entmündigungsgrund nicht, so ist österreichisches Recht maßgebend."

Bezüglich der im ersten Halbsatz dieser Bestimmung vorgesehenen Anknüpfung gilt im wesentlichen das bereits zu § 16 des Entwurfes Gesagte[46]. Der zweite Halbsatz von § 17 stellt indessen eine sachlich wie methodisch verfehlte spezielle Vorbehaltsklausel dar, die am besten ersatzlos entfallen sollte. Denn abgesehen von der einigermaßen un-

---

[44] Rechtsvergleichende Hinweise etwa bei *Coing* und *Weick* in Staudinger, 128 ff. (RZ 10 - 20 zu Art. 9 EGBGB [jetzt § 12 VerschG]); vgl. auch *Kegel*, IPR 248 ff.

[45] Siehe dazu (im Rahmen der Entmündigung) *Beitzke* in Staudinger 114 (RZ 40 zu Art. 8 EGBGB). Vgl. ganz allgemein zum Problem der internationalen Behördenvertretbarkeit etwa *Mänhardt*, Kollisionsrechtsprobleme 299; besonders aber *Zemen*, Einheit 100. Vgl. auch *Schwimann*, Zuständigkeit 216; auch *derselbe*, Probleme 580.

[46] Wie hier der Entwurf schon § 12 Abs. 1 des *Schwind*-Entwurfes (Erläuterungen dazu bei *Schwind*, Entwurf 212); diese Lösung bejahend *Neuhaus*, Entwurf 86. — Siehe auch *Beitzke* in Staudinger 113 f. (RZ 39 - 41 zu Art. 8 EGBGB); ferner *Lauterbach*, Vorschläge (Personenrecht) 2: „... Für die Entmündigung gilt das Recht des Staates, dem der zu Entmündigende angehört." Zur Begründung des Gesetzesvorschlages siehe ebenda 10 („Einen Gleichlauf mit Verfahrensrecht schließlich könnte nur die lex fori sichern; ihr das Personalstatut zu opfern, sah die Kommission — wie in ihren Vorschlägen zum Kindschafts- und Erbrecht — keinen Anlaß"); siehe auch *Lüderitz*, Rechtsfähigkeit (Gutachten) 65.

klaren Formulierung („*den*": welchen Entmündigungsgrund?) widerspricht der hier angeordnete, sofortige Rekurs auf die lex fori nicht nur den dem Entwurf selbst zugrunde gelegten kollisionsrechtlichen Prinzipien, eine derartige Regelung ist auch in keiner der von den Erläuterungen rechtsvergleichend herangezogenen kodifikatorischen Vorarbeiten und sonstigen Erkenntnisquellen vorgesehen[47]: Insbesondere ist nicht einzusehen, warum ausgerechnet hier die österr. Verkehrsschutzinteressen gegenüber der Anwendung fremden Rechts prävalieren sollten, während ansonsten — wie beispielsweise im Zusammenhang mit der Bestimmung des § 14 (Rechts- und Handlungsfähigkeit) — dem Schutz des österr. Rechtsverkehrs kein, oder zumindest kein eine gesonderte Regelung erfordernder, Stellenwert eingeräumt wurde. Auch unterscheidet sich die hier ausdrücklich bedachte Fallkonstellation nicht wesentlich von der in den Erläuterungen bei § 16 erörterten Situation, wonach die Verweisung deswegen ins Leere geht, weil das primär verwiesene Recht eine der österr. Todeserklärung vergleichbare Rechtseinrichtung überhaupt nicht kennt.

Soferne für unbedingt notwendig befunden, sollte man daher hier wie dort rechtspolitisch gänzlich unerträglichen Ergebnissen nicht von vornherein mit einer speziellen Vorbehaltsklausel zu Gunsten der lex fori begegnen[48], sondern vielmehr (wie durch das geplante Gesetz auch allgemein vorgesehen) mit einer Ersatzanknüpfung über § 1 Abs. 1 oder, wenn die Tatbestandsvoraussetzungen von § 7 Abs. 1 erfüllt sind, mit einer Ersatzrechtsregelung entsprechend § 7 Abs. 2 des Entwurfes abhelfen.

---

47 Die Erläuterungen (60) argumentieren dabei mit dem Schutz des Geschäftsverkehrs und dem öffentlichen Interesse. Diese Argumentation ist aber hier fehl am Platze, sie käme (wenn überhaupt) nur im umgekehrten Fall zum Tragen, dann nämlich, wenn das betreffende Heimatrecht exorbitante Entmündigungsgründe vorsieht, die für die österr. Rechtsordnung gänzlich unakzeptabel wären. — Siehe aber demgegenüber schon *Lüderitz*, Rechtsfähigkeit (Gutachten) 63, dem sich die Kommission des Deutschen Rates für internationales Privatrecht offenbar angeschlossen hat: „Betroffen werden in erster Linie die *Interessen des zu Entmündigenden*. Er kann völlig oder wenigstens zeitweise zurechnungsfähig sein. Maßgeblich ist daher das Personalstatut. Berührt werden ferner die Interessen der Angehörigen, die in der Regel das Personalstatut teilen. Soweit die Entmündigung der Klarstellung einer Geschäftsunfähigkeit dient, spielen Verkehrsinteressen mit, die jedoch für die Anknüpfung nur untergeordnete Bedeutung haben können."

48 Vgl. auch *Neuhaus*, Grundbegriffe 391 (FN 1075).

IX. Internationales Eheschließungsrecht

1. Nachwirkendes Kulturkampftrauma: Die geplante Kollisionsnorm für die Form der Eheschließung

„§ 18. (1) Die Form einer Eheschließung im Inland ist nach den inländischen Formvorschriften zu beurteilen; sieht das Recht eines fremden Staates eine Eheschließung vor seinem diplomatischen oder konsularischen Vertreter vor, so genügt die Einhaltung der Formvorschriften für eine solche Eheschließung, wenn beide Verlobte Angehörige dieses Staates sind.

(2) Die Form einer Eheschließung im Ausland ist nach dem Personalstatut jedes der Verlobten zu beurteilen; es genügt jedoch die Einhaltung der Formvorschriften des Ortes der Eheschließung."

a) Vorbemerkung zur kodifikatorischen Ausgangslage

Das Bemühen um eine sachgerechte (d. h. vor allem auch um eine allseitige) Kollisionsnorm bezüglich der Beurteilung der Form einer Eheschließung hätte sich von vorneherein über zwei, namentlich in der deutschen[1], aber bisweilen auch in der österr. Kollisionsrechtslehre[2] anzutreffende Behauptungen hinwegzusetzen: Einmal über die Behauptung, derzufolge eine hinsichtlich der Eheschließungsform auf den jeweiligen Eheabschlußort abstellende *Kollisionsnorm* hinkende Ehen[3] und mit diesen Ehen konnexe, hinkende Rechtsverhältnisse fördere[4], zum anderen über die rechtsdogmatisch ohnehin wenig ergiebige Behauptung, wonach die gegenwärtige Bestimmung etwa des § 6 Abs. 3 der 4. DVEheG[5] (ex Art. 13 Abs. 3 EGBGB) eine „typisch von der Mentalität der Kulturkampfzeit geprägte Bestimmung"[6] sei, die ohne Schaden verlassen werden könnte.

---

[1] Vgl. etwa *Gamillscheg* in Staudinger 366 (RZ 657 ff. zu Art. 13 EGBGB); *Kegel*, IPR 350; *derselbe*, Kommentar 388 f. (RZ 63 zu Art. 13 EGBGB).

[2] Vgl. *Schwind*, Entwurf 213; *derselbe*, Handbuch 152.

[3] Zum Begriff und zu den Ursachen „hinkender" Ehen siehe etwa auch *Jochem*, Sonderproblem 392; *Henrich*, Rechtsverhältnisse 141 f.; *Siehr*, Stellung 205 f. — Vgl. auch sehr realistisch *K. Müller*, „Anerkennung" 239.

[4] Siehe zu den hinkenden Ehen auch ausführlich *Dorenberg*, Rechtsverhältnisse 35, der dafür allerdings nicht Art. 13 Abs. 3 EGBGB (oder entsprechende Bestimmungen in ausländischen Gesetzgebungen) verantwortlich macht, sondern die Kollisionsnorm des Art. 11 Abs. 1 (Satz 2) EGBGB, wonach es „genügt", daß die Gesetze des Ortes beachtet werden, an dem das Rechtsgeschäft vorgenommen wird. Vgl. dazu auch *Jochem*, FamRZ 1975, 302 (Buchbesprechung).

aa) Demgegenüber ist nämlich festzuhalten, daß die Primärschuld an hinkenden Ehen und daraus u. U. resultierenden, ebenfalls hinkenden Rechtsverhältnissen keineswegs die auf den jeweiligen in- oder ausländischen Eheabschlußort verweisende Kollisionsnorm, sondern vielmehr das dahinterstehende Sachrecht trägt, das entweder die obligatorische Ziviltrauung[7] oder, was freilich immer seltener vorkommt, die obligatorische konfessionelle Eheschließung[8] *mit Unwirksamkeitsfolge*[9]

---

[5] Zur (nunmehr wohl herrschend *zweiseitigen*) Auslegung dieser Bestimmung, die — was besonders im deutschen Schrifttum oft übersehen wird — ohne das „Gegenstück" des Art. 11 Abs. 1 EGBGB rezipiert wurde, siehe vor allem *Scheucher*, ordre public 26 ff.; ferner *Mänhardt*, IPFR 35 (50 f.); *Schwind*, Handbuch 150 ff.; *derselbe*, ZfRV 1973, 213 ff. (Entscheidungsbesprechung); *H. Hoyer*, ZfRV 1975, 51 (Entscheidungsbesprechung). Siehe ferner Erl. des BMfI v. 2. 7. 1974, Zl 2081-33/74, abgedruckt in ÖStA 1974, 65.

An Hand der nunmehr vollständig aufgearbeiteten Kodifikationsgeschichte des EGBGB (siehe vor allem *Hartwieg / Korkisch*, Materialien) schiene es einmal durchaus sinnvoll zu untersuchen, ob die Anwendung von Art. 11 Abs. 1 EGBGB („Rechtsgeschäfte") als Kollisionsnorm für die Beurteilung der Form von Auslandsehen tatsächlich der Absicht des (historischen) Gesetzgebers entsprach oder nicht vielmehr Art. 13 Abs. 3 EGBGB ebenfalls zweiseitig auszulegen wäre.

[6] So *Schwind*, Entwurf 213; *Vischer*, Kodifikation 83; vgl. auch *Gamillscheg* in Staudinger 366 (RZ 657 zu Art. 13 EGBGB, weitere Nachweise zur „Verteufelung" [so *Ferid*, IPR 213 RZ 8 - 47] dieser Bestimmung ebenda RZ 658).

Schwind scheint aber hierbei zu übersehen, daß im Jahre 1941 zwar die betreffende Norm in etwa wortgleich aus dem EGBGB rezipiert wurde, damit aber noch nicht gesagt ist, daß auch gleichzeitig der außenpolitisch-rechtspolitische (offenbar nicht „kulturkampfpolitische") Hintergrund (siehe *Hartwieg / Korkisch*, Materialien 12 - 56), der letztlich zur Verstümmelung der ursprünglich allseitig geplanten Eheformvorschrift im EGBGB geführt hatte, mitübernommen wurde.

[7] In Europa (nach *Boschan*, Familienrecht) Belgien, BRD, DDR und die übrigen Staaten des sozialistischen Rechtskreises (einschließlich Jugoslawien), Frankreich, Fürstentum Liechtenstein, Luxemburg, Monaco, Niederlande, Österreich, Schweiz, Türkei.

[8] In Europa offensichtlich nur mehr Griechenland (siehe dazu *Boschan*, Familienrecht 171 ff.; *Gamillscheg* in Staudinger 360 [RZ 633, Judikatur] und 367 [RZ 661]; *Krispi*, Eheschließung; *Schwimann*, Ehescheidungsprozesse 75; *Schwind*, Ehen 158); ferner Malta (siehe StAZ 1975, 306), San Marino, Spanien (siehe *Schwendenwein*, Situation 93 f.; vgl. aber zur Tendenzänderung bezüglich der kollisionsrechtlich unnachgiebigen Haltung *v. Hoffmann / Ortiz-Arce*, IPR 664 f.) und Vatikanstaat.

Der wesentliche Unterschied zwischen den Ländern mit obligatorischer Ziviltrauung und den Ländern mit konfessionell orientiertem Eherecht besteht allerdings darin, daß die ersteren ihr Prinzip lediglich auf das eigene Territorium beschränkt haben wollen und deshalb bezüglich Auslandstrauungen in der Regel einen völlig neutralen Standpunkt einnehmen, während die Länder mit konfessionellem Eherecht die Beachtung der konfessionellen Erfordernisse ihres Sachrechts auch bei Auslandstrauungen (sogar nicht nur) ihrer eigenen Staatsangehörigen verlangen. — Zu Recht spricht auch *Ferid*, IPR 213 (RZ 8 - 48) davon, daß „die so lästigen ‚hinkenden Ehen' ... daher nicht dem Art. 13 Abs. 3, sondern der Nichtrespektierung unserer Territorialhoheit durch die konfessionelle Regelung der betreffenden Staaten anzulasten" ist; vgl. ferner *Braga*, Reform (Gutachten) 162; *Gamillscheg* in Staudinger 367 (RZ 661). — Zum Problem der obligatorischen staatder Eheschließung bei Nichtbeachtung der durch das Sachrecht vorgeschriebenen Formerfordernisse statuiert. Hinkenden Eheschließungen kann man daher wirksam und vor allem auch dem Gleichbehandlungsgebot konform nicht mit Alternativanknüpfungen in favorem matrimonii[10], sondern letztlich nur mit entsprechend „toleranten" Regelungen im Sachrechtsbereich abhelfen; daß dies — von zeitgesetzlichen Ausnahmebestimmungen der unmittelbaren Nachkriegszeit abgesehen[11] — bisher nicht geschehen ist, hat offensichtlich seine berechtigten, hier aber nicht näher zu erörternden Gründe[12].

---

lichen oder kirchlichen Eheschließung und der fakultativen staatlichen oder kirchlichen Eheschließung vgl. besonders die Analyse von *Neuhaus*, Eheschließung 306 ff.

[9] Kritisch zur folgenschweren Unterscheidung in Nichtehe (unwirksame Ehe) und nichtige (vernichtbare) Ehe etwa *Henrich*, Nichtehe (durchgehend); vgl. auch *Schwind*, Ehe 223.

[10] Kritisch zum kollisionsrechtlichen Lösungsansatz auch *Henrich*, Nichtehe 233. — Daß durch ein, wie immer nun geartetes Kollisionsrecht hinkende Ehen nicht gänzlich eliminiert werden können, gibt auch *Schwind* (Entwurf 215) zu; ebenso *Jochem*, FamRZ 1975, 302 (Buchbesprechung); *Lauterbach*, Vorschläge (Eherecht) 10; *Simitis*, Reform 244.

Im übrigen enthalten beispielsweise die „Dienstanweisung[en] für die Standesbeamten und ihre Aufsichtsbehörden" der BRD und Österreichs in ihrem § 173 bzw. § 422 (Traubereitschaftserklärung und Belehrungspflicht) wirksame Mittel, zumindest hinkende Zivilehen (also „Ehen, die im Eheschließungsstaat, nicht aber im Heimatstaat gültig sind" [*Dorenberg*, Rechtsverhältnisse 34]) zu vermeiden. „Wenn es die Verlobten dann aber trotz Kenntnis der Rechtslage, aus welchen Gründen immer, unterlassen, sich nach der standesamtlichen Eheschließung auch kirchlich trauen zu lassen, dann muß unterstellt werden, daß sie das Nichtzustandekommen der Ehe für den Bereich ihres Heimatstaats bewußt in Kauf nehmen" (so treffend die Erläuterungen 64) siehe *Hainzl*, Eheschließungsformen 13; vgl. auch *Simitis*, Reform 244.

Die Analogie zu der von *Welser* (Verschulden 188) geprägten *„eherechtlichen culpa in contrahendo"* drängt sich förmlich auf. — Umgekehrt kann es wohl auch von einem in Österreich trauenden Popen (oder Priester) zumutbarerweise verlangt werden, die Brautleute von den entsprechenden eherechtlichen Vorschriften des Trauungslandes und den Folgen ihrer Nichteinhaltung in Kenntnis zu setzen; wobei die Frage nach dem räumlich-persönlichen Anwendungsbereich von § 2 ABGB („Sobald ein Gesetz gehörig kundgemacht worden ist, kann sich niemand damit entschuldigen, daß ihm dasselbe nicht bekannt geworden ist") hier gar nicht weiter vertieft werden soll; vgl. dazu schon *Zeiller*, Commentar 32, in Verbindung mit 44 (45 FN *); vgl. auch OGH 13. 12. 1893 GlU 14950; OGH (Plenarbeschluß) 1. 7. 1903 GlUNF 2395. Vgl. zur Härte des Gesetzes auch *Neuhaus*, FamRZ 1963, 575 (Entscheidungsbesprechung).

[11] Für Österreich StGBl 1945/31 (und BGBl 1959/208); BGBl 1947/117; BGBl 1954/14. Zu diesen (sachrechtlichen, nicht kollisionsrechtlichen) Zeitgesetzen siehe etwa *Schwind*, Handbuch 151 (FN 37); *derselbe*, Ehe 219 f.; *derselbe*, Nichtehe 524 und 531.

[12] Auf einfachgesetzlicher Ebene sind dies vornehmlich die „Bedürfnisse der Führung standesamtlicher Register" (*Schwind*, Ehe 228); vgl. etwa auch *Schwind*, Nichtehe 531; *Henrich*, Nichtehe 243. Auf verfassungsrechtlicher Ebene spricht der *Gleichheitsgrundsatz* für die gegenwärtige Lösung (siehe etwa nur *Böhmer*, Neuregelung 7; *Neuhaus*, Eheschließungsrecht 63).

bb) Was indessen die Kulturkampfthese[13] anbelangt, so könnte diese bereits unschwer mit dem Hinweis entkräftet werden, daß der Grundsatz locus regit formam (actus) seit alters her auch schon für das Eherecht galt[14] und in seiner strikten und allseitigen Ausformung das (internationale) Eherecht Österreichs vor 1938 (1941)[15], dem man sicherlich viel, aber beileibe nicht Kirchenfeindlichkeit vorwerfen konnte, beherrschte[16]. Insofern hat daher das Inkrafttreten der 4. DVEheG kollisionsrechtlich gewiß nichts Neues gebracht.

cc) Die fast[17] durchgehend kompromiß*lose* Befolgung des Ortsrechtsgrundsatzes war aber nicht zuletzt auch mit ein Grund dafür, das kompromiß*hafte* und wenig bewährte Haager Eheschließungsabkommen von 1902[18] seitens Österreich[19] nicht zu ratifizieren[20]. Umsomehr muß es daher verwundern, daß dem Entwurf in Bezug auf die Form der

[13] Vgl. dazu auch schon *Merk*, Personenstandsgesetz 149 („Inwieweit die Verstaatlichung des Eherechts dem Kulturkampf zuzurechnen ist, mag dahinstehen. Es sei vielmehr daran erinnert, daß bereits die Französische Revolution die Einführung der Zivilehe und der Zivilstandsregister auf ihre Fahnen geschrieben hat"); vgl. auch *Sonnenberger*, ZvglRW 75 (1976) 251 (Buchbesprechung).

[14] Siehe etwa *Steinlechner*, Würdigung 71 (83).

[15] Eine „autarke" (nicht auf das EGBGB blickende) und die Rechtswirklichkeit getreu wiedergebende Darstellung vermittelt *Lenhoff* in Klang 495 ff.; siehe auch *Walker*, IPR 667 (660 ff.).

[16] Bezüglich *Inlandsehen* (bei denen die Beachtung der Ortsform ohnehin eine Selbstverständlichkeit darstellte) siehe OGH 9. 3. 1886 GlU 10963; OGH 1. 7. 1913 GlUNF 6508 („... Für die Form der Eheschließung, zu welcher die gesetzlich vorgeschriebenen Feierlichkeiten gehören, ist das Gesetz des Eheschließungsortes derart maßgebend, *daß dessen Verletzung die Ehe zum mindesten in dem Lande, in welchem sie geschlossen ist, ungültig macht*"); ferner OGH 25. 10. 1921 ZBl 1921/154, 617; OGH 21. 5. 1927 ZBl 1927/284, 772. — Bezüglich *Auslandsehen* siehe etwa OGH 6. 3. 1878 GlU 6867; OGH 26. 8. 1886 GlU 11148; OGH 13. 12. 1893 GlU 14950; OGH 6. 11. 1894 GlU 15276; OGH 1. 7. 1903 GlUNF 2395; OGH 1. 11. 1905 GlUNF 2925; OGH 19. 11. 1907 GlUNF 3984; OGH 11. 3. 1913 GlUNF 6345; OGH 18. 11. 1913 *Junker / Fuchs* 118, 363; OGH 14. 1. 1914 GlUNF 6757; OGH 31. 3. 1921 ZBl 1925/48, 104; OGH 2. 3. 1922 ZBl 1922/283, 590; OGH 8. 2. 1927 SZ 9/49; OGH 27. 3. 1930 SZ 12/73; OGH 4. 12. 1930 JBl 1931, 219; OGH 24. 10. 1934 ZBl 1935/1, 45 (mit Kritik von *Satter*); OGH 24. 5. 1937 SZ 19/166. Siehe ferner OLG Wien 16. 11. 1936 ZBl 1937/104, 201; OG Brünn 9. 2. 1927 ZBl 1927/201, 588.

[17] Für Auslandsehen fakultativ verstanden, unter analoger Anwendung von § 37 ABGB (letzter Halbsatz), siehe lediglich OGH 20. 11. 1894 GlU 15301; OGH 12. 7. 1904 GlUNF 2747; OGH 4. 3. 1913 *Junker / Fuchs* 111, 340.

[18] Siehe dazu statt vieler, mit weiteren Nachweisen *Gamillscheg* in Staudinger 441 ff. (RZ 932 - 975); noch Teilnehmerstaaten im Verhältnis zu Deutschland (nach *Böhmer*, Eheschließungsabkommen 247 [FN 1]): Italien, Luxemburg, Niederlande.

[19] Die ungarische Reichshälfte hatte das Abkommen im Jahre 1911 ratifiziert.

[20] Siehe allgemein *Czyhlarz*, Ehekonventionen 7 ff.; dazu *Pavlíček*, Ehekonventionen; vgl. auch *Neumann-Ettenreich*, Eherecht 138; *Sternberg*, Übereinkommen. Treffende Kritik zum Abkommen seinerzeit von *Mikocki*, Eherecht.

Eheschließung nichts anderes eingefallen ist, als im wesentlichen die Art. 5, 6 und 7 eben dieses unzulänglichen Abkommens im § 18 zusammenzufassen. Eine kritische Untersuchung der einschlägigen österr. Rechtsentwicklung, eine eingehende und komplexe Bestandsaufnahme der sich gegenwärtig im formellen Eheschließungsrecht darbietenden (Kollisions-)Rechtslage, sowie eine Analyse der Notwendigkeit und Zweckmäßigkeit derselben hätte nämlich in der Tat eine gänzlich andere „Neu"-Regelung der für das formelle Eheschließungsrecht maßgeblichen Kollisionsnorm empfohlen.

b) *Internationalrechtliches*

Im Detail wäre bezüglich § 18 zunächst zu bemerken, daß die im zweiten Halbsatz von Abs. 1 enthaltene Regelung überwiegend fremdenrechtlich-sachrechtlichen Charakter trägt und schon aus diesem Grunde nicht in ein IPR-Gesetz gehörte. Angesichts der Tatsache, daß die Rechtsinstitute der „konsularischen" und „diplomatischen" Eheschließung[21] zu keiner Zeit Eingang in die österr. Rechtsordnung gefunden hatten[22], stellt sich aber auch zwangsläufig die prinzipielle Frage nach der rechtspolitischen Notwendigkeit und Erwünschtheit einer derartigen Regelung.

aa) Soweit ersichtlich, ist aus der Praxis nach dem Kriege erst ein Fall — der „Bulgarenfall"[23] — bekannt, in dem die (Vor-)Frage[24] der Wirksamkeit einer „diplomatischen" Eheschließung virulent geworden ist. Der OGH hatte damals den richtigen Standpunkt vertreten, daß die im Inland geschlossene diplomatische (oder konsularische) Ehe für den inländischen Rechtsbereich nur dann „anerkannt" — der OGH meinte: wirksam werden könne, wenn die Eheschließung im Verhältnis zum Entsendestaat staatsvertraglich zugelassen wäre. Was nun diesbezügliche staatsvertragliche Regelungen anbelangt, so enthalten zwar gegenwärtig die *Konsularverträge* mit den Volksrepubliken *Bulgarien*[25],

---

21 Siehe dazu etwa *Hunziker*, Eheschließung 15 - 21; *Lenhoff* in Klang 498; aus neuerer Zeit etwa *Böhmer*, Eheschließungen; mit zahlreichen weiteren Hinweisen auch *Sakurada*, Ehe 85 (87). Vgl. auch *Beitzke*, FamRZ 1959, 507 (Entscheidungsbesprechung); *Raape*, Grundzüge 917.

22 Siehe etwa OGH 17. 8. 1880 GlU 8066 = JBl 1880, 483 (491); OGH 13. 7. 1886 GlU 11110; OGH 1. 10. 1924 SZ 6/307; OGH 5. 7. 1932 ZBl 1932/296, 780. Vgl. auch ÖStA 1965, 31 (Fragebeantwortung *Hainzl*).

23 OGH 25. 10. 1952 SZ 25/285; siehe dazu mit weiteren Nachweisen *Mänhardt*, IPFR 51 (FN 4); *Schwimann* in Mänhardt 24 ff.

24 Zur Terminologie und der Abgrenzung „Vorfrage"-„Erstfrage" (Teilfrage) im IPR siehe *Jochem*, Sonderproblem 393 ff.; *Schwimann* in Mänhardt 24.

25 BGBl 1976/342 (Art. 16 Abs. 2). Bezeichnend für die gegenwärtige Staatsvertragspraxis ist es, daß die Erläuternden Bemerkungen zur RV dieses Vertrages (26 BlgNR 14. GP) offen zugeben (ebenda 27), daß Art. 16 Abs. 2

Polen[26] und *Ungarn*[27] die grundsätzliche Ermächtigung an die Konsuln, Trauungen im jeweiligen Empfangsstaat vorzunehmen, setzen dazu jedoch voraus, daß beide Brautleute Staatsangehörige des Entsendestaates sind, die Eheschließung den (Gesetzen und sonstigen)[28] Rechtsvorschriften des Entsendestaates entspricht[29] und die Rechtsvorschriften des Empfangsstaates die Trauung durch den Konsul (ausdrücklich)[30] gestatten[31], bzw. die Eheschließung nicht im Widerspruch mit den Gesetzen und sonstigen Rechtsvorschriften des Empfangsstaates steht[32]. Hinsichtlich Polen ergibt sich noch insofern eine etwas verwirrende Situation, da ein anderer bilateraler Vertrag, nämlich der „über die wechselseitigen Beziehungen in bürgerlichen Rechtssachen und über Urkundenwesen“[33] rein kollisionsrechtlich anordnet, daß für die Form der Eheschließung das Recht des Vertragsstaates maßgebend sei, auf dessen Gebiet die Ehe geschlossen wird, „wenn auch nur einer der Eheschließenden Angehöriger eines der Vertragsstaaten ist“.

bb) An dieser Stelle gilt es festzuhalten, daß weder aus den wenigen einschlägigen bilateralen Vereinbarungen selbst, noch aus dem Wiener Übereinkommen über konsularische Beziehungen[34], noch aus dem allgemeinen Völkerrecht eine wie immer geartete Verpflichtung zur Erlassung entsprechender autonomer Vorschriften, welche die konsularische Eheschließung zulassen, abgeleitet werden kann. In diesem Zusammenhang bemerkenswert ist ferner die Tatsache, daß Konsularverträge in jüngerer Zeit[35] lediglich mit Staaten des *sozialistischen Rechts-*

---

des Vertrages überhaupt erst dann zum Tragen käme, wenn die im hier behandelten IPR-Gesetzesentwurf vorgesehene „Auflockerung“ des Eheformstatuts Gesetz würde (siehe auch unten FN 31). Der Vertrag ist seit 12. 7. 1976 in Kraft.

26 BGBl 1975/383 (Art. 38 Abs. 1).

27 BGBl 1977/146 (Art. 34 Abs. 1).

28 So noch zusätzlich im Vertrag mit Polen.

29 Diese Tatbestandsvoraussetzung fehlt im Vertrag mit Ungarn.

30 So im Art. 34 Abs. 1 Z 3 des Konsularvertrages mit Ungarn.

31 Zu Recht wird daher in einer Anmerkung zum Konsularvertrag mit Bulgarien (in ÖStA 1976, 66) bemerkt, daß demnach „solche konsularische Eheschließungen in Österreich *keine* Rechtswirkungen hervorbringen“ können; siehe auch die Erläuterungen zu Art. 38 Abs. 1 der RV zum Konsularvertrag mit Polen (1315 BlgNR 13. GP, Seite 24), sowie 74 BlgNR 14. GP (Erläuterungen zu Art. 34 Abs. 1 des Konsularvertrages mit Ungarn [Seite 24]).

32 So die Formulierung der letzten Tatbestandsvoraussetzung im Vertrag mit Polen.

33 BGBl 1974/79 (vom 11. 12. 1963, in Kraft getreten am 20. 2. 1974). Siehe dazu *Jodlowski*, Abkommen 324, 353; kritisch *Matscher*, Abkommen 380, 383.

34 Vom 24. 4. 1963, BGBl 1969/318. Siehe dazu (mit Nachweisen) etwa *Verdross / Simma*, Völkerrecht 465 ff.

35 Die Republik Österreich hat nach dem letzten Weltkrieg Konsularverträge (neben den bereits im Text angeführten Staaten) lediglich mit dem Vereinigten Königreich von *Großbritannien* und Nordirland (BGBl 1964/19)

kreises ausgehandelt wurden, von denen aber bereits die mit der DDR[36], der UdSSR[37] und der Rumänischen Volksrepublik[38] abgeschlossenen Verträge eine Trauungsermächtigung an die Konsuln nicht vorsehen. Staatsvertragsvergleichend ergibt sich daraus zumindest ein gewichtiges Indiz dafür, daß ein *staatliches Interesse* an der Einrichtung der konsularischen Eheschließung nicht allzu groß sein kann. Die in § 18 Abs. 1 (2. HS) des Entwurfes ebenfalls angeführte „diplomatische“ Eheschließung[39] könnte durch die bestehenden Konsularverträge ohnehin nicht erfaßt werden und bliebe daher von vorneherein eine mehr als fragwürdige Vorgabe an die einzelnen Entsendestaaten.

cc) Was hingegen das in den Erläuterungen angeführte angebliche[40] *Parteiinteresse* an konsularischen Eheschließungen anbelangt, so muß in der Tat ernstlich gefragt werden, worin dieses Interesse noch bestehen könnte und dementsprechend normativ honoriert werden sollte, nachdem die Rechtsordnungen sämtlicher der hier angeführten Staaten sachrechtlich im Prinzip dieselbe Eheschließungsform wie das österr. EheG, nämlich die obligatorische Zivilehe, vorsehen. Wie auch die Diskussion um den ominösen § 15 a des deutschen EheG[41] beweist, bestünde

---

und der Föderativen Volksrepublik *Jugoslawien* (BGBl 1968/378) abgeschlossen. — Aus der Vorkriegszeit vgl. RGBl 1875/96 (Italien), BGBl 1923/182 (Niederlande), BGBl 1929/266 (Estland), BGBl 1931/192 (USA).

[36] BGBl 1975/494.

[37] BGBl 1960/21.

[38] BGBl 1972/317.

[39] Eine solche lag im angeführten „Bulgarenfall“ vor (ein bulgarischer Staatsangehöriger hatte mit einer österr. Staatsbürgerin „vor“ der bulgarischen Gesandtschaft in Wien, nicht aber vor dem österr. Standesbeamten die Ehe geschlossen). Nachweise zum Begriff „diplomatische“ Eheschließung bei *Sakurada*, Ehe 85 (FN 7).

[40] Die Erläuterungen bemerken (62) hierzu sehr aufschlußreich, daß „anläßlich der Verhandlungen von Konsularverträgen festgestellt werden konnte, [daß] zahlreiche Ausländer besonderen Wert darauf [legen], sich der konsularischen Eheschließungsform ihres Heimatrechts zu bedienen“. Es muß daher angenommen werden, daß die betreffenden Ausländer aus den sozialistischen Staaten (um die es ja im wesentlichen geht), dazu wenigstens stichprobenartig befragt wurden, bzw. entsprechende empirische Untersuchungen vorgelegen haben.

[41] Nachweise dazu etwa bei *Böhmer*, Eheschließungen 231 ff.; *Firsching* in Staudinger 274 f. (RZ 181 zu Art. 11 EGBGB); *Gamillscheg* in Staudinger 369 ff. (RZ 665 - 687 zu Art. 13 EGBGB); vgl. auch *Müller-Gindullis*, Rechtsprechung 29 f.; *Siehr*, Stellung 207 (FN 16 und 17). — *Ferid*, IPR 213 (RZ 8 bis 45) erscheint diese Bestimmung rechtspolitisch *„eindeutig abschaffungswürdig“*. Allein die Kompliziertheit von § 15 a EheG scheint ihm recht zu geben (vgl. auch die praxisnahen Ausführungen von *Ferid* ebenda 212); diese Bestimmung lautet:

„(1) Als Ausnahme von den Bestimmungen der §§ 11, 12, 13, 14, 15 und 17 dieses Gesetzes kann eine Ehe zwischen Verlobten, von denen keiner die deutsche Staatsangehörigkeit besitzt, vor einer von der Regierung des Landes, dessen Staatsangehörigkeit einer der Verlobten besitzt, ordnungsgemäß ein berücksichtigungswürdiges (Partei-)Interesse an konsularischen, diplomatischen oder diesen gleichzuhaltenden Eheschließungen (etwa vor einem dazu autorisierten Popen oder Priester) überhaupt nur dann, wenn die Eheschließungsform des Heimatlandes der Nupturienten (wie im Falle Spaniens oder Griechenlands) gegenüber der des Eheschließungsortes gänzlich divergiert *und* die Nupturienten — für ihr Heimatrecht wirksam — nur in der von ihrem Heimatrecht vorgesehenen Weise heiraten können.

dd) Dazu kommt aber schließlich noch das weitere Argument, daß es dem österr. Konsul oder diplomatischen Vertreter nach derzeit geltendem Recht nicht gestattet ist[42], Trauungen zwischen österr. Staatsbürgern im Ausland vorzunehmen. Im gegenwärtigen Zeitpunkt kann daher nicht hinreichend begründet werden, warum ohne zwingende rechtspolitische Notwendigkeit eine die Ausländer gegenüber den Staatsbürgern u. U. privilegierende Bestimmung eingeführt werden sollte, die darüberhinaus nicht nur einen eklatanten Bruch mit bewährter österr. Rechtstradition darstellt, sondern auch ohne entsprechende flankierende Vorkehrungen — wie wechselseitige Mitteilungspflicht, delegierte Matrikenführung u. dgl. — erhebliche Störungsfaktoren für eine ordnungsgemäße und rechtsstaatlich ausgerichtete, jederzeit transparente Personenstandsführung mit sich bringen würde.

c) Internationalprivatrechtliches

aa) Bezüglich der rein kollisionsrechtlichen Regelung in § 18 Abs. 1 (1. HS) ist als positiv zu werten, daß trotz alledem an dem strikten, durch die Gerichte und Behörden tagtäglich problemlos gehandhabten Grundsatz locus regit formam actus festgehalten wurde[43]. Auch ließe

---

ermächtigten Person in der von den Gesetzen dieses Landes vorgeschriebenen Form geschlossen werden.

(2) Eine beglaubigte Abschrift der Eintragung der so geschlossenen Ehe in das Standesregister, das von der dazu ordnungsgemäß ermächtigten Person geführt wird, erbringt vollen Beweis der Eheschließung. Der deutsche Standesbeamte des Bezirks, in dem die Eheschließung stattfand, hat auf Grund der Vorlage einer solchen beglaubigten Abschrift eine Eintragung in das Familienbuch zu machen und die Abschrift zu den Akten zu nehmen."

Zur Frage, ob es sich hierbei um eine Kollisionsnorm handelt, siehe *Gamillscheg* in Staudinger 370 (RZ 669); *Sakurada,* Ehe 88.

[42] Siehe etwa den entsprechenden Hinweis in den Erläuterungen zur RV zum Konsularvertrag mit Ungarn (74 BlgNR 14. GP, 24). — Zur Rechtslage in der BRD siehe das „Gesetz über die Konsularbeamten, ihre Aufgaben und Befugnisse (Konsulargesetz)" vom 11. 9. 1974 BGBl I 1974, 2317. Im § 8 Abs. 1 dieses Gesetzes ist vorgesehen, daß die Konsularbeamten in den vom Auswärtigen Amt im Benehmen mit dem Bundesminister des Inneren besonders bezeichneten Konsularbezirken befugt sind, „Eheschließungen vorzunehmen und zu beurkunden, sofern mindestens einer der Verlobten Deutscher und keiner von ihnen Angehöriger des Empfangsstaates ist".

[43] Vgl. auch *Ferid,* IPR 213 (RZ 8 - 47): „Es müßte schon zu denken geben,

sich an Hand der Nachkriegsjudikatur sowohl des OGH (bzw. der Untergerichte) als auch des VwGH unschwer nachweisen, daß die Vor-Frage der hinkenden Griechen[44]- oder Spanierehen[45], wie überhaupt der (im Inland) hinkenden Ehen[46] (von Fällen im unmittelbaren Gefolge des letzten Krieges einmal abgesehen)[47] zumindest in der österr. Rechts*praxis* eine nahezu verschwindende Rolle gespielt hat. Nur am Rande sei in diesem Zusammenhang erwähnt, daß die einmal vom OGH[48] und VwGH[49] vorfragenmäßig unterschiedlich beurteilte[50], in Österreich nur

---

daß die gleiche Regelung, wie sie bei uns so stark angegriffen wird, sich auch in anderen Ländern findet ..., ohne daß aber solche Regelung verteufelt würde, wie bei uns."

[44] Bezüglich des Schrifttums siehe besonders *Schwind*, Ehen (durchgehend), mit allerdings beachtenswerten Vorschlägen zur weitgehenden Vermeidung derartiger hinkender Ehen (ebenda 174 ff.); vgl. auch *derselbe*, Handbuch 151; *derselbe*, Entwurf 214; vgl. aber auch den Erlaß des BMfI Zl 216.986-33/71 v. 14. 12. 1971 (ÖStA 1972, 11).

In der Judikatur konnten lediglich zwei Entscheidungen gefunden werden: LGZ Wien 16. 2. 1966 ÖStA 1966, 32 (Legitimationsverfahren), und VwGH 2. 10. 1959 ÖStA 1960, 78 (hier ging es um die Aberkennung der Witwenpension nach der ersten Ehe; der VwGH vertrat den [etatistischen] Standpunkt, daß die zweite, lediglich kirchlich [griechisch-orthodox] stattgefundene Eheschließung doch „kein rechtliches Nichts" sei und gab der belangten Behörde Recht!).

[45] Ein diesbezüglicher „Spanierfall" konnte in der Judikatur nicht nachgewiesen werden. — Vgl. aber *Schwendenwein*, Situation 93.

[46] Neben den bereits erwähnten Entscheidungen (einschließlich des „Bulgarenfalles" [SZ 25/285]) siehe noch OGH 16. 2. 1966 ZfRV 1970, 198 (mit Anmerkung von *Zemen*, ebenda 199 - 204) = SZ 39/30 und dazu VwGH 24. 6. 1966 ÖStA 1966, 81. Vgl. ferner VwGH 16. 1. 1958 JBl 1958, 288 (mit Kritik von *Schwind*).

[47] Hier scheint es sich vornehmlich um vor den Funktionären der ehemaligen Besatzungsmächte (nach dem Stichtag des BGBl 1947/117 — 1. 8. 1947 —) geschlossene „Britenehen" zu handeln: OLG Wien 1. 3. 1971 ZAS 1971/25, 184 (mit Kritik von *Selb*, ebenda 185 f. — Witwenpension —); OGH 8. 11. 1972 ZfRV 1973, 143 (mit Kritik von *Schwind*, ebenda 145 ff.) = SZ 45/116 (es ging um die Unterhaltsforderung der Ehegattin; entgegen der Ansicht des OGH wäre diese Ehe aber auch nach den einschlägigen englischen Rechtsvorschriften nicht zustandegekommen. Im übrigen gemahnt genaues Studium des Sachverhaltes stark an die „eherechtliche culpa in contrahendo" oder die Anwendbarkeit von § 2 ABGB). Siehe ferner VwGH 30. 3. 1954 VwGHSlg 3362 (A) — Ausbürgerung —; vgl. in diesem Zusammenhang auch *V. Hoyer*, ÖJZ 1952, 507; *Schwimann*, ÖJZ 1955, 389 f.; *Schwind*, RabelsZ 19 (1954) 249 f.

[48] 16. 2. 1966 ZfRV 1970, 198 (Anm. *Zemen*) = SZ 39/30.

[49] 24. 6. 1966 ÖStA 1966, 81.

[50] Für den *OGH* ging es um die Vorfrage der Ehelichkeit des Kindes zur allfälligen Berichtigung des Geburtseintrages im Geburtenbuch. Der OGH hatte es leichter als der VwGH, denn er konnte sich letztlich hinter dem Rekursgrund des § 16 AußStrG verschanzen (vgl. auch *Zemen*, ZfRV 1970, 200). Ergebnis: „Die Ansicht, die Frage der *Ehelichkeit* eines Kindes und die Vorfrage der Gültigkeit der Ehe der Eltern [der OGH meinte Wirksamkeit] sei nach dem Heimatrecht des Vaters zu beurteilen, verstößt weder gegen die Grundprinzipien des österr. Rechtes noch gegen eine ausdrückliche Bestimmung, weshalb keine offenbare Gesetzwidrigkeit (§ 16 AußStrG) vorliegt." Der *VwGH* hingegen hatte die Frage der *Ausbürgerung* gemäß § 8 Abs. 1 StbG

kirchlich geschlossene (unwirksame) „Liechtensteinerehe"[51] nicht mehr aktuell werden könnte. Denn nunmehr hat auch das Fürstentum Liechtenstein die obligatorische Zivilehe eingeführt[52] und somit die ohnehin geringe Zahl der eherechtliche Vorfragen*probleme* „erzeugenden" Rechtsordnungen weiter verringert.

Im Hinblick auf die im gegenständlichen Gesetzesentwurf vorgesehenen anknüpfungsmäßigen Vorkehrungen der §§ 20, 23, 24 und 26 Abs. 2[53] dürften aber bislang vereinzelt aufgetretene Vorfragen*probleme*[54] im Zusammenhang mit einer hinkenden Eheschließung[55] praktisch nicht mehr entstehen[56]. Schon aus diesem Grund hätte es wenig Sinn, eine der Anwendung fremden Rechts gegenüber äußerst freundlich eingestellte nationale IPR-Kodifikation just in dem Moment der starren Haltung[57] der Gesetzgebung einiger weniger Länder anzupassen,

---

1949 zu entscheiden; er stellte fest, daß eine österr. Staatsbürgerin die österr. Staatsbürgerschaft infolge Erwerbes einer fremden Staatsbürgerschaft *nicht* verloren habe, wenn die Ehe nach österr. Recht nicht wirksam zustandegekommen sei.

[51] Insofern sind auch die von den Erläuterungen zur Begründung der Regelung in § 18 Abs. 2 angeführten Beispiele (65 zweiter Absatz) obsolet geworden.

[52] Ehegesetz v. 13. 12. 1973 (Art. 32), (FL) LGBl 1974/20, abgedruckt in StAZ 1975, 69 - 75, in Kraft ab 1. 6. 1974. Allerdings bedeutet die Nichtbeachtung der Trauungsvorschriften nach neuem Recht nicht Unwirksamkeit der Eheschließung, sondern einen Ungültigkeitsgrund, der erst dann wirksam wird, nachdem das Gericht die Ungültigkeit durch Urteil ausgesprochen hat (Art. 39 FLEheG). Zur alten, weitgehend dem altösterreichischen Eherecht entsprechenden Rechtslage, vgl. *Gschnitzer,* Eherecht; auch *Boschan,* Familienrecht 281 f.

[53] Das bisher vom OGH praeter legem (25. 10. 1952 SZ 25/285; 16. 2. 1966 ZfRV 1970, 198) gehandhabte „konkrete Günstigkeitsdenken" (so *Jochem,* Erbrecht 89 [FN 156]) bekäme nunmehr eine gesetzliche Grundlage.

[54] Aus der Nachkriegsjudikatur (zu Auslandstrauungen) siehe etwa OGH 11. 5. 1960 EvBl 1960/229 (unwirksamer, nicht vor dem Standesbeamten erfolgter Eheabschluß in der Schweiz); LGZ Wien 13. 7. 1963 ÖStA 1963, 92 (auch nach griechischem Recht unwirksame Eheschließung zweier Staatsbürger vor einem Kapitän eines griechischen Dampfschiffes); VwGH 6. 2. 1973 ZfRV 1973, 209 (in Zypern [Nikosia] stattgefundene englische Ziviltrauung einer Staatsbürgerin mit einem Libanesen; Staatsbürgerschaftsverfahren, Vorfrage der Ehelichkeit des Kindes; Kritik von *Schwind,* ebenda 213 - 217).

[55] Zur Judikatur (Auslandstrauungen) vgl. ferner OGH 23. 4. 1963 JBl 1964, 607 (mit Kritik von *Schwind*); 21. 9. 1967 EFSlg 8708; OGH 7. 12. 1967 JBl 1969, 93; LG Salzburg 1. 3. 1974 ZfRV 1975, 48 (mit Anmerkung von *H. Hoyer*).

[56] Hinsichtlich der strafrechtlichen Beurteilung von Eheabschlüssen in Bigamiefällen entstünde freilich eine völlig andere Interessenslage; vgl. hierzu etwa OGH 30. 12. 1947 EvBl 1948/464; OGH 25. 2. 1949 EvBl 1949/496; OGH 28. 1. 1949 EvBl 1949/341; OGH 13. 6. 1950 EvBl 1950/567 (auch hier handelte es sich aber offensichtlich um Nachkriegserscheinungen).

[57] Siehe *Braga,* Reform (Eherecht) 162; *Ferid,* IPR 213 (RZ 8 - 48: „Es geht schlicht darum, ob gewisse ausländ. Rechtsordnungen ihren zwingenden Regeln der Zuständigkeit zur Vornahme von Eheschließungen über ihre Grenzen hinaus auf unserem [sc und anderem fremden] Gebiet Gültigkeit

in dem dort stattfindende Säkularisierungsprozesse eine Änderung ihrer im Ergebnis nicht nur sachrechtlichen, sondern kollisionsrechtlichen Intransigenz[58] mit hoher Wahrscheinlichkeit erwarten lassen. Davon abgesehen wäre aber hier wiederum nicht einzusehen, warum Staatsbürger und Personen aus Ländern mit obligatorischer Ziviltrauung, ebenso wie Flüchtlinge und Staatenlose mit Wohnsitz oder Aufenthalt in Österreich, die aus gewissen Gründen *nur* kirchlich (aber *mit* bürgerlich-rechtlicher Wirkung) getraut werden wollen, gegenüber einer anderen Personengruppe *mittels des Internationalprivatrechts* benachteiligt werden sollten[59].

bb) Bedenkt man schließlich, daß bei der Eheschließung (übrigens seit jeher) keineswegs nur Parteiinteressen[60] im Vordergrund stehen, vielmehr aus Gründen einer ordnungsgemäßen Personenstandsführung[61] und wegen der eminenten Bedeutung, die der (Vor-)Frage nach dem Bestand oder Nichtbestand einer Ehe gerade im heutigen „nehmenden und verteilenden" Sozialstaat zukommt[62], auch legitime Rechtsanwendungsinteressen des *jeweiligen* — in der Regel keineswegs zufällig gewählten[63] — Eheabschlußstaates zu beachten sind, ist letztlich nicht einzusehen, warum in Abs. 2 des § 18 anknüpfungsmäßig gegenüber Abs. 1 (1. HS) differenziert wird. Richtiger und systemkonformer hingegen wäre es, zunächst allein auf das (Kollisions-)Recht des Ortes

---

verschaffen können"); vgl. auch *Gamillscheg* in Staudinger 367 (RZ 661); *Jochem*, FamRZ 1975, 302 (Buchbesprechung); pointiert *Stöcker*, ordre public 124 (unter Z 2).

58 Vgl. *Schwind*, Nichtehe 523: Sicherlich vertritt auch der Staat im laisierten Eherecht die ausschließliche Wirksamkeit der standesamtlichen Eheschließungsform, allerdings mit dem Unterschied, daß diese Forderung auf das jeweils eigene Geltungsgebiet (Territorium) beschränkt bleibt.

59 Vgl. auch schon *H. Müller*, Eheschließung 44.

60 Siehe etwa *Braga*, Reform 160; insbesondere *Thomas*, Ehen 122 ff. (127); vgl. auch *Beitzke*, AcP 174 (1974) 95 (Buchbesprechung Thomas); *Neuhaus*, Eheschließungsrecht 61; *Schwind*, Nichtehe 531; ferner *E. Rehbinder*, Politisierung 154.

61 Siehe etwa *Henrich*, Nichtehe 243; *Schwind*, Entwurf 214; *derselbe*, Ehe 228; *Sonnenberger*, ZvglRW 75 (1976) 251.

Daß der internationale Trend keineswegs zur „Reprivatisierung" der Ehe(-schließung) führt, zeigt zuletzt das „Übereinkommen über die Erklärung des Ehewillens, das Heiratsmindestalter und die Registrierung von Eheschließungen" vom 10. 12. 1962 (BGBl 1969/433; RV 1209 BlgNR 11. GP; letzte Kundm. BGBl 1976/37). Siehe dazu *Beitzke*, Eheschließungsfreiheit (durchgehend); vgl. auch *derselbe*, AcP 174 (1974) 95; *Böhmer*, Neuregelung 6; *Neuhaus*, Eheschließungsrecht 60; siehe ferner StAZ 1969, 92 (diesbezügliche, dem dt. Bundestag zugeleitete Denkschrift); vgl. *Schwind*, Recht 922.

62 Siehe besonders *Thomas*, Ehen 127; auch *Schwind*, Recht 922 („Es unterliegt heute keinem Zweifel, daß unsere Sozialstruktur der Form der Ehe bedarf, ergeben sich doch so viele Folgerungen aus der Tatsache der Eheschließung"). Vgl. aber *Simitis*, Reform 246.

63 Siehe *Braga*, Reform (Eherecht) 163.

der Eheschließung zu verweisen und es dann diesem Recht selbst zu überlassen, nach welchen Bestimmungen es die Form einer Ehe beurteilt haben will[64].

cc) Aus allen hier angeführten Gründen und auch um zu vermeiden, daß die in Abs. 1 vorgesehene kollisionsrechtliche Regelung in Hinkunft wiederum zu Unrecht als spezielle Vorbehaltsklausel abqualifiziert wird, wäre anstatt des geplanten § 18 eine *allseitige Kollisionsnorm*[65] *mit (Gesamt-)Verweisung* auf das am Ort der Eheschließung[66] geltende Recht zu empfehlen: *Die Form einer Eheschließung ist nach dem Recht des Ortes zu beurteilen, an dem die Eheschließung stattfindet*[67].

2. Materielle Voraussetzungen der Eheschließung

„§ 19. (1) Die Voraussetzungen der Eheschließung sind für jeden der Verlobten nach seinem Personalstatut, die der Ehenichtigkeit nach demjenigen dieser Personalstatute zu beurteilen, das den Nichtigkeitsgrund vorgesehen hat.

(2) Ist von einem österreichischen Gericht eine Ehe für nichtig erklärt, aufgehoben oder geschieden oder ist ihr Nichtbestehen festgestellt worden, so darf nicht allein deshalb eine neue Eheschließung untersagt oder die neue Ehe für nichtig erklärt werden, weil das Personalstatut bloß eines der Verlobten bzw. Ehegatten diese Entscheidung nicht anerkennt; dies gilt sinngemäß im Fall der Todeserklärung oder der Herstellung des Todesbeweises."

a) Der verhinderte „Spanierfall" — „Rechtskraft (Gestaltungswirkung) geht vor materiellem Recht"[68]

Die Regelung des Abs. 2 versucht das Entstehen einer dem leidigen „Spanierfall" vergleichbaren Situation[69] erfreulicherweise von vorneherein zu unterbinden[70]. Damit wird zugleich die problematische Theo-

---

[64] Etwa in diese Richtung dürfte auch die E des LG Salzburg vom 1. 3. 1974 ZfRV 1975, 48 (mit Ausführung von *H. Hoyer*, ebenda 50 ff.) zielen.

[65] Vgl. auch *Neuhaus*, Entwurf 86.

[66] Vgl. *Braga*, Reform (Eherecht) 163 f.; ferner *Böhmer*, Eheschließungsabkommen 249.

[67] Eine ähnliche allseitige Textierung der kollisionsrechtlichen Eheformvorschrift war schon in sämtlichen Materialien zur Kodifikation des deutschen IPR bis zum Entwurf der zweiten Gesetzgebungskommission (1895) nachgewiesen; siehe *Hartwieg / Korkisch*, Materialien 63, 69, 99, 165, 180, 212.

[68] Siehe *Jochem*, FamRZ 1975, 302 (Buchbesprechung Gamillscheg).

[69] Zum kollisionsrechtlichen Wiederverehelichungsproblem siehe für den österr. Rechtsbereich vor allem *H. Hoyer*, Anerkennung (durchgehend bis 71); *V. Hoyer*, Wiederverehelichung; *derselbe*, Scheidung (jeweils durchgehend); *Schwind*, Handbuch 143. Siehe auch BMfJ 30. 8. 1971 Zl 421.269-7a/71 (abgedruckt in EFSlg 15733).

[70] Ein ähnlicher Gesetzesvorschlag findet sich auch schon bei *V. Hoyer*, Scheidung 22.

rie von der „kollisionsrechtlichen Relativität"[71] der Rechtskraft[72] abgelehnt[73], was für den Bereich des int. Eherechts nicht nur rechtsvergleichend und auf staatsvertraglicher Ebene Bestätigung findet[74], sondern letztlich auch einer Grundeinstellung des Entwurfes entspricht, derzufolge der Eigenständigkeit des (int.) Verfahrensrechts gegenüber dem materiellen IPR weitgehend Rechnung zu tragen ist[75].

Sachlich nicht gerechtfertigt erscheint allerdings die darin vorgenommene Differenzierung („bloß eines") je nachdem, ob nur einer, oder zufällig beide Verlobten ein scheidungsfeindliches Personalstatut haben[76]. Auch ist nicht einzusehen, warum die — derzeit durch § 24 der 4. DVEheG[77] geregelten — Fälle der Anerkennung ausländischer Eheentscheidungen im Inland gegenüber den im Inland selbst entschiede-

---

[71] Siehe erstmals *Wengler*, JZ 1964, 622 (Entscheidungsbesprechung).

[72] In Österreich wird diese Theorie besonders von *H. Hoyer*, ZfRV 1969, 302 ff. (Entscheidungsbesprechung) vertreten; vgl. aber *V. Hoyer*, Scheidung 21; auch *Schwind*, Anerkennung 755 f.; *derselbe*, Handbuch 128 f.; sowie *Neuhaus*, RabelsZ 37 (1973) 820 (Buchbesprechung H. Hoyer).

Die rechtspolitischen Motive für diese — wenn man *Jochem* (FamRZ 1975, 302) glauben darf, „unseren Prozeßrechtlern gänzlich unbekannte" — Theorie, nämlich unselbständige Vorfragenanknüpfung und „internationaler Entscheidungseinklang", werden freilich zusehends in Frage gestellt; siehe zuletzt etwa *Schwimann*, IPR 202, der mit Hinweis auf den Spanierentscheid des dt. BVerfG gar von der „überforderten Chimäre vom internationalen Entscheidungseinklang" spricht; vgl. dazu auch *Stöcker*, ordre public 106 (124).

[73] Siehe insbesondere *Matscher*, Theorie 284: „Ein Unding wäre es jedoch, etwa eine ausländische Scheidung anzuerkennen, aber hinsichtlich des Ehepartners, dessen Personalstatut die Scheidung (allgemein oder im speziellen Fall) nicht als rechtswirksam ansieht, die Lösung des Ehebandes (als Voraussetzung einer Wiederverehelichung) nicht als eingetreten zu betrachten. Es geht nämlich nicht an, ohne den Sinn der Anerkennung eines ausländischen Gestaltungsurteils zu pervertieren, zwischen Anerkennung der Gestaltungswirkung (hier Lösung des Ehebandes) und dem darin implizierten Recht auf Wiederverehelichung (= Fehlen des Ehehindernisses des bestehenden Ehebands) zu differenzieren." Siehe ebenso *K. Müller*, „Anerkennung" 222 (240, 245).

[74] Reichhaltige Nachweise dazu (statt vieler) bei *Siehr*, Reform 233; *derselbe*, Grundrecht 114 f.; rechtsvergleichend neuerdings auch *Pi-Song Tsai*, Ehescheidung. — Siehe auch die Hinweise auf entsprechende staatsvertragliche Regelungen bei *Schwind*, Recht 922; *derselbe*, Handbuch 188 (349 ff.); *Simitis*, Reform 247 (FN 83). Siehe auch jüngst RV 445 BlgNR 14. GP: „Übereinkommen über die Anerkennung von Entscheidungen in Ehesachen samt Anhang I und II und Vorbehaltserklärung"; sowie RV 446 BlgNR 14. GP: „Bundesgesetz ... zur Durchführung des Übereinkommens vom 8. September 1967 über die Anerkennung von Entscheidungen in Ehesachen" — nunmehr BGBl 1978/43, bzw. BGBl 1978/44.

[75] Ebenso *Lauterbach*, Vorschläge (Eherecht) 13; *K. Müller*, Scheidungsurteil 63; vgl. aber *Neuhaus*, RabelsZ 37 (1973) 820.

[76] Die Erläuterungen (71) begründen die Differenzierung damit, daß „in diesen Fällen ... der Vorrang der inländischen Entscheidung eine zu starke Störung des internationalen Entscheidungseinklangs bedeuten [würde]".

[77] Siehe dazu ausführlich *H. Hoyer*, Anerkennung (besonders 86 ff.); *Schwind*, Handbuch 179 - 188.

nen Fällen nicht als gleichwertig behandelt werden sollten[78]. Hierbei (wie die Erläuterungen) jedoch auf die Möglichkeit etwaigen Eingreifens des allgemeinen ordre public zu verweisen[79], widerspricht nicht nur der ausdrücklich erklärten Tendenz des Entwurfes, nämlich die Anwendung der Vorbehaltsklausel möglichst hintanzuhalten, sondern vor allem auch der einschlägigen Prozeßrechtslehre, wonach Anerkennung einer ausländischen Entscheidung schlechthin *Gleichstellung* der fremden Entscheidung mit einer inländischen Entscheidung in prozeßrechtlicher Hinsicht bedeutet[80].

b) Randkorrektur

Entsprechend der Formulierung in § 16 Abs. 3 des Entwurfes (einschließlich der dazugehörigen Marginalrubrik) müßte es im letzten Halbsatz von § 19 Abs. 2 wohl richtigerweise „Todeserklärung oder der Beweisführung des Todes" heißen; der Vollständigkeit halber wäre schließlich in Abs. 1 neben der „Ehelichkeit" ebenso die „Eheaufhebung" und dementsprechend neben „Nichtigkeitsgrund" der „Eheaufhebungsgrund" ausdrücklich anzuführen.

---

78 Siehe auch *Lauterbach*, Vorschläge (Eherecht) 13: „Ein ähnlicher Widerspruch kann entstehen, wenn das *Urteil im Ausland ergangen* ist und *in Deutschland* nach § 24 der 4. DVO EheG *anerkannt* ist. Es ist aber nicht so wichtig, daß dafür eine ausdrückliche Bestimmung notwendig wäre"; *Matscher*, ZZP 90 (1977) 448 (Buchbesprechung Schwind).

79 Nach den Erläuterungen (71) sei hier der Vorrang des Personalstatutes „nicht so stoßend wie bei Vorliegen einer inländischen Entscheidung [...]. Sollte in besonders gelagerten Fällen mit starker Inlandsbeziehung der Vorrang des Personalstatuts zu unerträglichen Ergebnissen führen, so bleib[e] immer noch der Rückgriff auf die Vorbehaltsklausel."

Das Fehlen oder Vorliegen mehr oder weniger intensiven „Inlandsbezuges" scheint (namentlich im Gefolge des „Spanierfalles") zum neuen Schlagwort des heutigen IPR avanciert zu sein. In den hier angezogenen Fällen verdeckt es freilich — worauf schon *Schwimann*, ZfRV 1974, 201 hingewiesen hat — die eigentliche Problematik, nämlich die Frage, ob die alleinige Anknüpfung an die Staatsangehörigkeit der Nupturienten tatsächlich in allen Fällen rechtspolitisch gerechtfertigt ist. Dies zu entscheiden und den schillernden Begriff „Inlandsbeziehung" justiziabel zu machen, wäre aber allein Aufgabe des Gesetzgebers, nicht des Rechtsanwendungsorgans. Was man im Fall des § 20 (Persönliche Rechtswirkungen der Ehe) an Ersatzanknüpfungen zu viel gegeben hat, hat man hier offenkundig zu wenig gegeben. Die Tatsache, daß „besondere praktische Bedeutung [...] solche Fälle in Österreich bisher nicht gehabt [haben]" (Erläuterungen 71), sollte jedenfalls nicht Vorwand für diesbezügliche inkonsistente Regelungen sein.

80 Siehe *Matscher*, Theorie 277 (284 f.); vgl. auch *K. Müller*, „Anerkennung" 223. Vgl. auch *Schwind*, Handbuch 145 (unter 5.3.2.4.2.).

X. Internationales Erbrecht: Erbfolge und Verfahren

1. Erbfolge: Mangelnde Abstimmung von Ehegüter-(Ehewirkungs-) und Erbstatut

„§ 30. (1) Die Rechtsnachfolge von Todes wegen ist nach dem Personalstatut des Erblassers im Zeitpunkt seines Todes zu beurteilen.“

Die Frage, „ob man dem Vorschlag des Deutschen Rates für IPR folgen und im Falle, daß der Erblasser zur Zeit seines Todes verheiratet war, das Ehewirkungsstatut zum Erbstatut machen sollte“[1], hat *Schwind* damit verneint, daß im österr. materiellen Recht Erb- und Güterrecht getrennt seien und bei Anwendung fremden Rechts (einschließlich des betreffenden fremden Kollisionsrechtes) ohnehin der gesamte Sachverhalt nach diesem Recht neu zu beurteilen sei; wenn daher im verwiesenen (Sach-)Recht „das Problem“ güterrechtlich gelöst sei, so kämen dann nach *Schwind* ohnehin die güterrechtlichen Bestimmungen zur Anwendung[2]. Die Erläuterungen beziehen zur Frage, wie „die schwierigen Angleichungsfragen bei Auseinanderfallen von Ehegüter- und Erbstatut zu bereinigen“[3] sind, nicht ausdrücklich Stellung[4]; es muß deshalb angenommen werden, daß sich der Entwurf der vorstehenden Argumentation *Schwinds* angeschlossen hat[5].

a) Hierzu wäre aber zunächst allgemein festzuhalten, daß die in § 5 des Entwurfes vorgesehene, zwei- oder mehrstufige Qualifikationsmethode zwar geeignet ist, bei der Ermittlung der „richtigen“ Rechtsordnung und deren möglichst unverfälschter Anwendung[6] zu helfen, jedoch keineswegs dazu führen sollte, inländische kollisionsrechtliche Wertungen, d. h. detaillierte inländische Kollisionsrechtsregelungen

---

[1] *Schwind*, Entwurf 235.

[2] *Schwind*, Entwurf 236.

[3] *Lauterbach*, Vorschläge (Erbrecht) 6.

[4] Die Erläuterungen halten lediglich fest (105), daß „ebenfalls nach dem Erbstatut (und nicht nach den §§ 26, 27 Abs. 2 und § 28) ... zu beurteilen [sei], ob, in welcher Reihenfolge und in welchem Ausmaß uneheliche und legitimierte Kinder sowie Wahlkinder als Erben berufen sind und ob umgekehrt Eltern und Wahleltern ihre unehelichen Kinder bzw. Wahlkinder beerben“.

[5] Zum entsprechenden § 28 des *Schwind*-Entwurfes siehe schon allgemein *Neuhaus*, Entwurf 88: „Dagegen bedaure ich, daß für die Erbfolge nach einem verheirateten Erblasser nicht das Ehewirkungsstatut maßgebend sein soll. Nicht zufällig bildet die Diskrepanz von Güter- und Erbrecht das bekannteste Beispiel für die Notwendigkeit einer ‚Anpassung‘ im IPR.“

[6] So zuletzt auch *H. Hoyer*, ZfRV 1975, 51 (Entscheidungsbesprechung).

überflüssig zu machen[7] und damit das jeweilige Rechtsanwendungsorgan unnötigerweise mit nach wie vor heiklen Qualifikations- und Auslegungsfragen zu belasten. Da aber die im § 5 des Entwurfes niedergelegten Rechtsanwendungsgrundsätze letztlich nur ein wertfreies — nach momentaner Ansicht[8] der österr. Lehre und Rechtsprechung allerdings optimales — hermeneutisches Handwerkszeug darstellen, sollte daher bereits bei der Erarbeitung von Kollisionsnormen im Besonderen Teil eines IPR-Gesetzes weitgehend nach Qualifikationsidentität zumindest mit einem Großteil der wahrscheinlich beteiligten Rechtsordnungen getrachtet werden. Wenn nun schon *Schwind* im speziellen Fall zu Recht[9] davon ausgeht, daß eine „oft starke Verfilzung erbrechtlicher und güterrechtlicher Regelungen in ausländischen Rechten“[10] festzustellen ist, vermag schwerlich eingesehen werden, warum diesem rechtsvergleichend gewonnenen Befund nicht von vorneherein durch eine zwischen verheirateten und nicht verheirateten Erblassern entsprechend differenzierende erbrechtliche Anknüpfungsregelung Rechnung getragen wurde.

b) Was indessen den Hinweis von *Schwind* auf die Trennung der erbrechtlichen und ehegüterrechtlichen Fragen im österr. Sachrecht anbelangt, so sollten — wie auch die generelle Tendenz des Entwurfes bestätigt — durch die vorgegebene lex codificationis sachrechtliche Lösungen nicht unbedingt und unbesehen zum Maßstab einer kollisionsrechtlichen Betrachtungsweise gemacht werden; schon gar nicht dann, wenn eine derartige Argumentation ohnehin nur mehr kurzzeitig zum Tragen käme: Die durch das geplante Gesetz über die Neuordnung des gesetzlichen Erbrechts und des gesetzlichen ehelichen Güterstandes[11] zum vorläufigen Abschluß gelangende österr. Familienrechtsreform

---

[7] Siehe hierzu auch treffend *Müller-Freienfels*, Abgrenzung (Gutachten) 44: „Das Qualifikationsproblem selbst hängt mit dem oft beklagten Nichtbedenken kollisionsrechtlicher Konsequenzen bei der Schaffung der Sachnorm oder der sachrechtlichen Regelungen bei der Schaffung der Kollisionsnormen zusammen. Die Qualifikation ist nun einmal auch Ausfüllung von Lücken de lege lata. Sie kann eine normative Entscheidung de lege ferenda nicht ausschließen, sofern ihr in diesem Zusammenhang überhaupt eine normative Bedeutung zukommen kann.“

[8] Siehe *H. Hoyer*, ZfRV 1975, 50 f. (Entscheidungsbesprechung); *Mänhardt*, IPFR 21 f.; *Schwimann*, Heimfallsrecht 57 (FN 2); *Schwind*, Entwurf 191 f.; *derselbe*, Handbuch 48 f. Aus der Judikatur siehe etwa LGZ Wien 29. 1. 1964, 187 = ÖStA 1970, 14; LGZ Wien 4. 2. 1970 EFSlg 14042 (voller Text in EFSlg VII/8, 479); LG Salzburg 1. 3. 1974 ZfRV 1975, 48; vgl. auch BG (226) 27. 7. 1966 ZfRV 1966, 249; siehe (mit weiteren Hinweisen) neuerdings auch *Zemen*, Vaterschaft 221 f.

[9] Siehe etwa *Müller-Freienfels*, Abgrenzung (Gutachten) 43 (mit weiteren Nachweisen).

[10] *Schwind*, Entwurf 235.

[11] RV 143 BlgNR 13. GP (modifiziert als nunmehr 4. RV eingebracht mit 136 BlgNR 14. GP).

läßt nämlich auch für den österr. Sachrechtsbereich eine intensivere „Verfilzung“ zwischen dem Ehegattenerbrecht und dem Ehegüterrecht erwarten[12].

c) Dazu kommt noch, daß der Entwurf in allen jenen Fällen, in denen eine Familie vorhanden ist, in Anlehnung an die Vorschläge des Deutschen Rates für IPR selbst danach getrachtet hat, eine möglichst einheitliche kollisionsrechtliche Beurteilung aller Rechtsbeziehungen innerhalb der Familie (einschließlich der ehelichen Eltern-Kind-Beziehung) zu erreichen[13]; womit auch von dieser Seite her kein zwingender Anlaß bestehen würde, gerade am Endpunkt der Auflösung der Ehe durch Tod, die Einheitlichkeit des „Familienstatuts“[14] zugunsten des Personalstatuts des Erblassers zu durchbrechen[15] und dadurch die einmal für richtig erkannte kollisionsrechtliche Wertung ohne nähere Begründung aufzugeben. Der einzig vorstellbare Grund dies zu tun, der hier freilich weder von *Schwind* noch vom Entwurf ins Treffen geführt wurde, nämlich die in § 21 des Entwurfes vorgesehene Möglichkeit, die Ehegatten ihr Ehegüterstatut durch ausdrückliche Rechtswahl selbst bestimmen zu lassen[16], vermag jedoch an der Notwendigkeit und Zweckmäßigkeit einer *korrespondierenden Anknüpfung von Ehegüter- und Erbstatut*[17] nichts zu ändern[18]. Im Gegenteil, wenn schon die Ehegatten bereit

---

[12] Siehe 136 BlgNR 14. GP (Erläuterungen 10 ff.). Vgl. auch *Broda*, Schwerpunkte 8.

[13] Siehe etwa die §§ 21, 23, 24 Abs. 1 und § 28 Abs. 2. Grundstatut ist hierbei das Ehewirkungsstatut des § 20. — Vgl. auch *Müller-Freienfels*, Abgrenzung 54.

[14] Der Ausdruck stammt von *Neuhaus*, Grundbegriffe (Vorauflage) 157.

[15] Siehe *Müller-Freienfels*, Abgrenzung 54. — Siehe ferner *Lauterbach*, Vorschläge (Erbrecht) 1: „§ A ... Ist der Erblasser zu dieser Zeit verheiratet gewesen, so gilt das nach § ... (Ehewirkungsstatut) für die Wirkungen dieser Ehe maßgebende Recht“; Begründung des Gesetzesvorschlages, ebenda 6 ff.; weitere Nachweise bei *Siehr*, Reform 257 f.

[16] Für das Erbrecht eine zumindest beschränkte Rechtswahlmöglichkeit zuzulassen, wurde von den Erläuterungen nicht einmal andeutungsweise erörtert. „Hiermit ist sicher noch nicht das letzte Wort gesprochen; denn nicht nur gibt es Stimmen — auch innerhalb des Deutschen Rates — zugunsten einer beschränkten Rechtswahl im Internationalen Erbrecht, sondern auch auf der letzten Sitzung der Haager Konferenz hat man sich im Rahmen des Übereinkommens über die internationale Verwaltung von Nachlässen — einer gewissen internationalen Tendenz folgend — für die Möglichkeit einer Rechtswahl zwischen Heimat- und Aufenthaltsrecht entschieden“ (*Siehr*, Reform 258, mit weiteren Nachweisen). Siehe dazu auch umfassend *Kühne*, Parteiautonomie 34 ff. (153 f.). — § 29 des *Schwind*-Entwurfes sieht lediglich für die Beurteilung der Wirksamkeit letztwilliger Verfügungen die Rechtswahl vor.

[17] Siehe *Vischer*, Kodifikation 57.

[18] Im Rahmen des Entwurfes müßte allerdings in jedem Fall die Frage der Wandelbarkeit oder Unwandelbarkeit des Ehegüterstatuts neu überdacht werden. Im Gegensatz etwa zu den Vorschlägen des Deutschen Rates für IPR (siehe *Lauterbach*, Vorschläge [Eherecht] 22; *Müller-Freienfels*, Ab-

waren, das anzuwendende Recht hinsichtlich ihres vertraglichen oder gesetzlichen Güterstandes ausdrücklich zu bestimmen, „damit also zu erkennen gaben, daß sie der Ordnung ihrer güterrechtlichen Verhältnisse spezielle Aufmerksamkeit schenkten, verbietet es sich, nun einfach auf das Erbstatut auch für die Frage der güterrechtlichen Abwicklung abzuheben“[19].

2. Überkommenes Dogma: Unanwendbarkeit fremder (erbrechtlicher) Verfahrensnormen

„(2) Wird die Verlassenschaftsabhandlung in Österreich durchgeführt, so sind die Erbserklärung, die Einantwortung und die Haftung für Nachlaßschulden nach österreichischem Recht zu beurteilen.“

Die kasuistische spezielle Vorbehaltsklausel des Abs. 2 von § 30 nimmt weitgehend das, was die allseitige Kollisionsnorm des Abs. 1 in Hinkunft geben könnte, nämlich ein erstmalig wirklich internationales Erbrecht in Österreich[20]. Demgegenüber haben das umfangreiche neuere einschlägige Schrifttum[21] und Ansätze sogar in der österr. Praxis[22] gezeigt, daß die These von der Unanwendbarkeit erbrechtsbezogenen fremden Verfahrensrechts nicht mehr durchgehend aufrecht erhalten werden kann. Auch geht es in diesem Bereich längst nicht mehr — wie noch bei *Walker*, der in den Erläuterungen als einzige Belegstelle zur Regelungsproblematik des Abs. 2 angeführt wird — um das Problem der „Loslösung des materiellen Rechts vom Abhandlungsverfahren“[23], sondern grob gesagt vielmehr darum, in welchem Ausmaß erbrechtliches Verfahrensrecht in Erbrechtsfällen mit Auslandsbeziehung „internationalisierungsfähig“ ist[24]. Hier kann auf Grund des neueren dies-

---

grenzung [Erbrecht] 43 [und FN 8]) ist das Ehegüterstatut des § 21 (unwandelbar) auf den Zeitpunkt der Eheschließung abgestellt.

19 *Müller-Freienfels*, Abgrenzung 53.

20 Zur gegenwärtigen Rechtslage im „internationalen“ Erbrecht Österreichs siehe *Schwind*, Handbuch 253 ff., der diese (ebenda 257) folgendermaßen charakterisiert: „*Fremdes Recht* findet nach diesem System sowohl auf das materielle Erbrecht wie auf die prozessuale Nachlaßbehandlung immer nur dann Anwendung, wenn kein österreichisches Gericht zur Verlassenschaftsabhandlung zuständig ist, und nur dann kann sich in diesem System die Frage nach dem Erbstatut stellen.“

21 Siehe etwa *v. Craushaar*, Anwendbarkeit; *Schlechtriem*, Erbrecht; *Siehr*, Reform 262; *Wiethölter*, Nachlaßverfahrensrecht (Gutachten). Vgl. auch *Kegel*, Kommentar 674 ff. (RZ 55 - 81 vor Art. 24 EGBGB).

22 OGH 11. 7. 1968 ZfRV 1969, 220 (mit Besprechung von *Schwind*, ebenda 223 ff.).

23 *Walker*, IPR 943.

24 Zur kodifikatorischen Ausgangsposition im int. Erbrecht siehe etwa *Wiethölter*, Nachlaßverfahrensrecht 172: „Die Funktion des Nachlaßverfahrensrechts als justizförmige Verwaltungsfürsorge zwischen ‚reinem‘ materiellen Recht und ‚reinem‘ Verfahrensrecht muß folglich die kollisions-

bezüglichen Erkenntnisstandes etwa mit *v. Craushaar*[25] davon ausgegangen werden[26], daß vom inländischen Richter jeweils das inländische Verfahrensrecht *abzüglich* des inländischen sachrechtsbezogenen Verfahrensrechtes, sowie das kollisionsrechtlich berufene ausländische materielle Erbrecht *zuzüglich* des ausländischen sachrechtsbezogenen Verfahrensrechtes anzuwenden sei, wobei dieses ausländische Verfahrensrecht gegebenenfalls im Inland anzupassen wäre.

Um eine dementsprechend funktionsorientierte[27] kollisionsrechtliche Rechtsfortbildung und auch die längst notwendig gewordene Reformierung des immerhin aus dem Jahre 1854 stammenden „Verlassenschaftspatentes“ (AußStrG) nicht von vornherein zu präjudizieren[28], wäre es jedenfalls alles in allem zweckmäßiger, auf eine ausdrückliche Normierung einzelner, gegenwärtig offenbar als noch nicht internationalisierbar erachteter erbrechtlicher Verfahrensakte zu verzichten. Die Entscheidung, inwieweit dem Verweisungsbefehl des Abs. 1 von § 30 ohne erhebliche Verletzung inländischer Rechtsschutz- und Rechtsanwendungsinteressen entsprochen werden kann, sollte daher bis auf weiteres der Rechtsprechung überlassen bleiben, keinesfalls jedoch in einem *IPR*-Gesetz getroffen werden; die Erbserklärung als ein dem Gericht gegenüber förmlich gestellter *Antrag* auf Einantwortung und die Einantwortung als der das Verlassenschaftsverfahren in der Regel beendender *Beschluß* wären vorderhand auch ohne ausdrückliche Erwähnung als „reine“ Verfahrensakte zu qualifizieren und damit zweifelsfrei dem Verfahrensrecht der lex fori zu unterstellen[29].

---

rechtliche Kodifizierungsdebatte beherrschen“ (Hervorhebung des Textes weggelassen).

25 Zusammengefaßt bei *Wiethölter*, Nachlaßverfahrensrecht 174.

26 Vgl. aber *Vischer*, Kodifikation 100, der einem eigenen „Eröffnungsstatut“ — dem letzten Wohnsitz des Erblassers — die gesamte formelle Nachlaßbehandlung, aber auch diejenigen materiellen Grundsätze unterstellen will, „die mit dem formellen Recht eng verbunden sind oder für die sich aus der Interessenlage eine Anwendung des Rechts des letzten Wohnsitzes des Erblassers aufdrängt“.

27 Vgl. hier auch *Neuhaus*, Grundbegriffe 396 (405; Abgrenzung von formellem und materiellem Recht nach dem „funktionellen Zusammenhang“ [ebenda 130]).

28 Insofern hätte es auch wenig Sinn, durch die Schlußbestimmungen eines modernen IPR-Gesetzes (§ 54 Abs. 2 Z 1 - 3 des Entwurfes) an den §§ 23 Abs. 3, 24 Abs. 1 und § 25 AußStrG lediglich Randkorrekturen vorzunehmen.

29 Eine Sonderanknüpfung an die lex fori hinsichtlich der *Haftung für Nachlaßverbindlichkeiten* und des *Angehörigenschutzes* ablehnend schon *Kühne*, Parteiautonomie 138 ff. — Vgl. aber *Ferid*, Erbgang 36 f.

XI. Internationales Deliktsrecht und unlauterer Wettbewerb

„§ 51. (1) Außervertragliche Schadenersatzansprüche sind, vorbehaltlich einer Rechtswahl (§ 37 Abs. 1), nach dem Recht des Staates zu beurteilen, in dem das den Schaden bewirkende Ereignis stattgefunden hat. Besteht jedoch für die Beteiligten eine engere Beziehung zum Recht ein und desselben anderen Staates, so ist dieses Recht maßgebend.

(2) Schadenersatz- und andere Ansprüche aus unlauterem Wettbewerb sind, vorbehaltlich einer Rechtswahl (§ 37 Abs. 1), nach dem Recht des Staates zu beurteilen, in dem die wettbewerblichen Interessen der Mitbewerber aufeinanderstoßen. Besteht der Wettbewerb jedoch ausschließlich zwischen Personen, die sowohl dasselbe Personalstatut als auch den gewöhnlichen Aufenthalt bzw. Sitz in dem durch das Personalstatut bezeichneten Staat haben, so ist das Recht dieses Staates maßgebend."

1. Positiva: Die objektiven Grundsatzanknüpfungen und die „Auflockerung" des Deliktsstatuts im Abs. 1

Als positiv hervorzuheben ist zunächst die Grundsatzanknüpfung im Absatz 1, die sich bei Distanzdelikten[1] für die Beurteilung nach dem Recht des Handlungsortes[2] entschieden hat und damit zwar Rechtsunsicherheit nicht gänzlich eliminieren kann, aber doch weitgehend zu vermeiden trachtet. Ebenso zu begrüßen ist die gestraffte Formel, mit der in Satz 2 von Absatz 1 den beharrlichen Forderungen des Schrifttums[3] nach (gesetzlicher)[4] „Auflockerung"[5] der althergebrachten lex loci

---

[1] Zur Problematik der Lokalisierung von Distanzdelikten siehe allgemein etwa *Schwind*, Handbuch 324 ff.; *derselbe*, Verkehrsunfall 290; ferner etwa *Kegel*, IPR 306 ff.; vgl. auch *Kropholler*, Kodifikation 265; *Siehr*, Vorentwurf 579. Vgl. aber neuerdings bei Pressedelikten die „Ubiquitätstheorie" vertretend der OGH 19. 3. 1975 JBl 1976, 102.

[2] Vgl. aber § 37 des *Schwind*-Entwurfes, worin an den Ort des schädigenden Erfolges abgestellt wird; vgl. auch *derselbe*, Handbuch 326.

[3] Siehe statt vieler, mit weiteren Nachweisen *Schwimann*, IPR 208; *derselbe*, Lage 546 ff.; *derselbe*, Wende (durchgehend); *derselbe*, ZfRV 1975, 229 f. (Entscheidungsbesprechung); *Schwind*, Handbuch 330 ff.; siehe auch (mit zahlreichen Hinweisen) *H. Hoyer*, ZfRV 1976, 58 ff. (Entscheidungsbesprechung); vgl. auch *H. Hoyer*, Wettbewerb 115. — Für das int. Skiunfallrecht vgl. auch *Dannegger*, Skirecht 110.

[4] Die Rechtsprechung vertritt schon seit geraumer Zeit die Ansicht, daß, falls eine Lockerung der Anwendung der lex loci delicti comissi unter bestimmten Voraussetzungen als unerläßlich angesehen werden sollte, der *nächste Schritt vom Gesetzgeber zu erwarten wäre*. Siehe etwa OGH 12. 2. 1974 ZVR 1974/243, 332; OGH 2. 4. 1974 ZVR 1974/244, 333 = ZfRV 1976, 57 (mit Kritik von *H. Hoyer*, ebenda 58 ff.). Zum diesbezüglich bedenklichen Rechtsquellenverständnis des OGH, der auf Änderung der „Rechtslage"

delicti commissi-Regel[6] unter dem Aspekt der „noch engeren Beziehung"[7] Rechnung getragen wurde. Was die objektive Anknüpfung in Satz 1 von Absatz 2 anbelangt, so bedeutet das Abstellen auf das Recht des Ortes, an dem die wettbewerblichen Interessen (der Mitbewerber) aufeinanderstoßen, im wesentlichen nichts anderes als die kodifikatorische Anpassung an den Entwicklungsstand der österr. (und deutschen) Judikatur zum int. Wettbewerbsrecht[8]. Neben dem Konsens der Rechtsprechung und der in Österreich allerdings erst in jüngerer Zeit intensiver einsetzenden literarischen Beschäftigung[9] mit dem int. Wettbewerbsrecht, hat diese Lokalisierung wettbewerblicher Verstöße das Argument adäquater Berücksichtigung wirtschaftlicher Interessen für sich, entspricht der gewandelten Auffassung vom Schutzzweck des Wettbewerbsrechts[10] und kann daher nach den Umständen auch als Ausdruck der in § 1 Abs. 1 geforderten „engsten Beziehung" aufgefaßt werden[11]; die Parallele zum Auswirkungsprinzip[12] des int. Kartellrechts wäre ein weiteres Argument für eine derartige Regelung. Freilich ist auch diese Anknüpfung nicht völlig problemfrei, namentlich dann nicht, wenn der (unlautere) Wettbewerb in verschiedenen Rechtsgebieten in Erscheinung tritt; in solchen Fällen wäre dann jeweils das örtliche

seitens des Gesetzgebers wartet, obwohl diese von Gesetzes wegen gar nicht existiert, daher bestenfalls erstmalig geschaffen werden könnte, siehe etwa *Schwimann*, ZfRV 1975, 230 f.; *Schwind*, Handbuch 331.

5 Der Ausdruck wurde offenbar erstmals von *Neuhaus* in seiner Besprechung von *Morris* (The Proper Law of a Tort, RabelsZ 16 [1951] 655) verwendet.

6 Siehe dazu auch *Schwind*, JBl 1975, 427 (Entscheidungsbesprechung): Statt die Lückenfüllungsregel des § 7 ABGB zu beachten, „hat der OGH wieder einmal dem von ihm selbst geschaffenen Götzen der lex loci delicti commissi im Deliktsrecht geopfert, ungerührt dadurch, daß die deutschsprachige Lehre des IPR ... in seltener Einstimmigkeit seit gut zwanzig Jahren die ausnahmslose Anwendung dieses Grundsatzes als unhaltbar erkannt hat".

7 Vgl. *Schwind*, Zwischenbilanz 128, der meint, hier sei „einmal ausnahmsweise der Grundsatz ausgesprochen, daß die engere Beziehung selbst gegen die gesatzte Kollisionsnorm sich durchsetzt".

8 Wendepunkt in der österr. Judikatur bedeutet OGH 8. 6. 1971 ÖBl 1971, 147 („National-Zeitung"); siehe weiters OGH 12. 9. 1972 ÖBl 1973, 19 = EvBl 1973/53; OGH 22. 10. 1974 ÖBl 1975, 38 („Prawda") = ZfRV 1975, 140 (Kritik zu dieser Entscheidung bei *H. Hoyer*, Wettbewerb 119 ff.). Hinweise zur deutschen Judikatur bei *Baumbach / Hefermehl*, UWG I Einl. 188 (RZ 157); vgl. auch *Joerges*, Konzeption 478 ff.

9 Siehe *H. Hoyer*, Wettbewerb; *Schwind*, Problem; *derselbe*, Handbuch 333 f. (mit weiteren Nachweisen zur deutschen Literatur).

10 Siehe etwa (mit zahlreichen weiteren Hinweisen) *E. A. Kramer*, Werbung 200 ff.; *Sack*, Individualschutz 309 ff. Vgl. auch unten unter 2. a) bb).

11 Siehe *Schwind*, Handbuch 334.

12 Gemäß § 4 und § 5 Abs. 1 Z 2 KartG müßte es in Österreich eigentlich „Betreffungsprinzip" heißen.

Recht anzuwenden[13], was die Praxis zweifellos vor erhebliche, wenngleich nicht[14] unübersteigbare Probleme stellt.

2. Negativa: Rechtswahl und „Auflockerung des Wettbewerbstatuts"

a) Rechtswahl

aa) Allgemeines Deliktsrecht

Erhebliche Bedenken erweckt indessen die Zulassung einer unbeschränkten Rechtswahl im Bereich außervertraglicher Schadenersatzansprüche, die sich insbesondere in der vom Entwurf vorgesehenen Erscheinungsform der nachträglichen (kollisionsrechtlichen) Rechtswahl sowohl rechtsdogmatisch wie rechtspolitisch äußerst schwer rechtfertigen läßt[15]. Untersucht man nämlich das einschlägige Schrifttum und die diesbezüglich spärliche Judikatur, kann bereits bei oberflächlicher Betrachtung unschwer festgestellt werden[16], daß es sich hierbei funktionell in den seltensten Fällen um eine parteiautonome Entscheidung für ein auf den Deliktsfall anzuwendendes Recht, als vielmehr regelmäßig um die nachträgliche Abänderung eines bestehenden in ein neues Schuldverhältnis, somit in Wahrheit — nach der Qualifikation im österr. Sachrecht — um einen Neuerungsvertrag (Vergleich) handelt[17].

Schwerer als diese hier nur angedeuteten rechtsdogmatischen Vorbehalte wiegen jedoch die rechtspolitischen Bedenken gegen die Zulassung einer (wie vorgesehen) schrankenlosen Rechtswahl im Bereich des Deliktsrechts. Mit einiger Berechtigung ist nämlich zu befürchten, daß hierbei die schwächere Partei zu Gunsten der stärkeren, d. h. der über die rechtlichen und wirtschaftlichen Implikationen einer solcherart vorgenommenen Verschiebung der materiellen Rechtslage schon ex professio besser informierten Partei, etwa der „Versicherungsindustrie" oder dem Produzenten, nicht nur unbillig, sondern auch unnötig benachteiligt wird. „Um den Parteien die Chance einer gerechten Lösung im Einzelfall zu geben"[18] und um der zunehmenden Sozialfunk-

---

[13] Siehe *Schwind*, Handbuch 334.

[14] Siehe etwa OGH 12. 9. 1972 ÖBl 1973, 20 (u. U. Anwendung schweizerischen und englischen Wettbewerbsrechts).

[15] Vgl. auch schon oben unter VII 2.

[16] Siehe die Analyse bei *Kropholler*, Anknüpfungssystem 634 - 639; vgl. *Müller-Gindullis*, Rechtsprechung 66, und dazu zu Recht kritisch *Schwimann*, IPR 207 f. Vgl. ablehnend auch *Schwind*, Handbuch 328 (vgl. aber *derselbe*, ebenda 288).

[17] Siehe auch *Schwind*, Handbuch 328. Diesbezüglich ambivalent BGH 26. 11. 1964 BGHZ 42, 385 (389); entsprechende österr. Judikatur konnte nicht nachgewiesen werden.

[18] So *Kropholler*, Anknüpfungssystem 641 (und FN 138: „Neben der Verwirklichung des idellen Wertes der persönlichen Freiheit dient die Anerken-

tion des Schadensausgleichs zu genügen, bedarf es gewiß nicht des kollisionsrechtlichen Instrumentariums einer, lediglich auf das problematische Erfordernis der „Internationalität“ des Rechtsfalles beschränkten Rechtswahl. Daß sich dieses Ziel aber auch ohne Rechtswahl genausogut, wenn nicht sogar besser gleich durch einen schuldrechtlichen Vergleich erreichen ließe, liegt auf der Hand.

Sollte aber im Bereich außervertraglicher Schadenersatzansprüche dennoch an der Rechtswahlmöglichkeit festgehalten werden, so wäre diese jedenfalls zur „Berücksichtigung gerechtfertigter Interessen von sozial Schutzbedürftigen auch auf dem Gebiet des IPR“[19] im Sinne der Bestimmungen der §§ 43 Abs. 2, 46 Abs. 3 des Entwurfes zu beschränken[20].

bb) Wettbewerbsrecht

Völlig verfehlt ist aber die Zulassung der Rechtswahl in Abs. 2 von § 51, worin „Schadenersatz- und andere Ansprüche aus unlauterem Wettbewerb“ kollisionsrechtlich geregelt werden. Hier wird nämlich vor allem der Bedeutungswandel[21], den das Wettbewerbsrecht im allgemeinen und dessen Schutzzweck im besonderen im Laufe der Zeit auch rechtsvergleichend durchgemacht hat, gänzlich übersehen. Denn obwohl sich der Wettbewerb zwar nach wie vor zwischen den einzelnen Wettbewerbern vollzieht, reicht er in seiner sozialen Wirkung weit über die Interessenssphäre der einzelnen rivalisierenden Mitbewerber hinaus und berührt damit nicht nur die Interessen aller am Markt Beteiligten, sondern darüberhinaus auch die Interessen der *Allgemeinheit*. Dieser allgemeinen Entwicklung zu einer „sozialrechtlichen“, das öffentliche, gesamtwirtschaftliche Interesse am lauteren Wettbewerb betonenden

---

nung der Parteiautonomie dem praktischen Zweck, eine möglichst vernunftgemäße Wahl der entscheidenden Rechtsordnung sicherzustellen“). Ob diese etwas idealistische Bewertung der Parteiinteressen auch noch im heutigen Schadenersatzrecht tragfähig genug ist, bleibe dahingestellt. Im Vertragsrecht, wo die Analogie zur Privatautonomie von vornherein zweifellos leichter zu ziehen ist, sieht es allerdings so aus, „als ob die Zeit der liberalen Wahlfreiheit vorüber ist“ (*Siehr*, Vorentwurf 573). — Zur Ablehnung der Rechtswahl im int. Deliktsrecht des sozialistischen Rechtskreises siehe etwa *Wiemann*, Regelung 599.

19 So die Erläuterungen (6) bei der Aufzählung der tragenden Grundgedanken des Entwurfes.

20 Siehe auch *Kropholler*, Anknüpfungssystem 642; vgl. ferner *Mummenhoff*, Ausnahmen 479; *Schwind*, Handbuch 328; *Siehr*, Vorentwurf 573 f. — Zur Beschränkung der Rechtswahl im Vertragsrecht siehe auch neuerdings § 10 Nr. 8 des (deutschen) Gesetzes „zur Regelung des Rechts der Allgemeinen Geschäftsbedingungen (AGB-Gesetz)“ vom 9. 12. 1976 (BGBl I 3317), und dazu *Brandner* in Ulmer / Brandner / Hensen 232 ff. (RZ 1 - 14 zu § 10 Nr. 8).

21 Siehe vor allem (neben den oben in FN 10 Genannten) *Baumbach / Hefermehl*, UWG I Einl. 121 ff. (RZ 36 ff.); ferner *Hefermehl*, Verbraucherschutz 185 - 188; *K. Simitis*, Verbraucherschutz 25 - 32; vgl. auch schon besonders *Wengler*, Gesetze 414 - 419; ferner *Joerges*, Konzeption 461 - 465.

Funktion des Wettbewerbsrechtes hatte auch die österr. UWG-Novelle des Jahres 1971 Rechnung getragen[22]. Leitgedanke dieser Novelle war es nämlich, nicht nur eine Verstärkung des Schutzes der Mitbewerber vor unlauterem Wettbewerb, sondern auch „eine bessere *Transparenz des Marktes* zu bewirken und damit auch dem *Konsumentenschutz* zu dienen“[23].

Schutzobjekt der Bestimmungen gegen den unlauteren Wettbewerb ist daher nicht mehr allein das private Interesse der einzelnen Konkurrenten, sondern auch zunehmend die Institution des (lauteren) Wettbewerbs als *selbständiges Ordnungsprinzip* des wirtschaftlichen und sozialen Lebens[24]. Die Zulassung einer wie immer nun ausgestalteten Rechtswahl würde aber gerade diesen essentiellen Teil des Schutzobjektes „Wettbewerb“ unterlaufen und schlechterdings in Frage stellen.

b) „Auflockerung des Wettbewerbstatuts“

Dieselben Argumente, die bereits gegen die Zulassung einer Rechtswahl im Wettbewerbsrecht sprechen, gelten aber auch gegenüber der in Satz 2 des Abs. 2 vorgesehenen Regelung, worin — wie *Schwind* bemerkt — „ein endlich erarbeitetes Prinzip wieder durch eine Ausnahme durchbrochen wird“[25]. Neben einer unhaltbaren Analogie aus § 64 Abs. 1 Z. 7 StGB, argumentieren die Erläuterungen hier im wesentlichen damit, daß die vorgeschlagene Lösung — die als Nebenfolge u. U. zu einer ungerechtfertigten Doppelbeurteilung ein und derselben Wettbewerbs-

---

[22] Siehe *E. A. Kramer,* Werbung 201 (mit weiteren Hinweisen).

[23] EB zur RV 243 BlgNR 12. GP 3 (im Text ohne Hervorhebung).

[24] *Baumbach / Hefermehl,* UWG I Einl. 126 (RZ 46).

[25] Die Analogie zum Strafrecht *ablehnend,* schon OGH 11. 6. 1930 SZ 12/ 142 = Rsp 1930/313, 145 (mit Kritik von *Wahle,* ebenda); darauf folgend *mit* Analogie zum Strafrecht, unter Berufung auf *Wahle,* OGH 7. 3. 1933 SZ 15/ 107 = Rsp 1933/160, 116 = ZBl 1933/265, 726 (mit berechtigter Kritik von *Petschek,* ebenda 729 ff.: „Bei reinen Zivildelikten des UWG fahndet man vergebens nach dem verbindenden Band, das die Subsumtion unter den ihrer Materie fernliegenden RSatz des 235 StG ermöglichen sollte“ [730]); die Analogie zum Strafrecht neuerlich und nunmehr endgültig ablehnend OGH 18. 1. 1972 ÖBl 1973, 12; ebenso OGH 12. 9. 1972 ÖBl 1973, 19 (20). Ablehnend zum Analogieschluß aus dem Strafrecht auch *Schwind,* Problem 484. Hierbei wäre allerdings zu beachten, daß der „öffentlichrechtliche Charakter der Wettbewerbsregelung“ (*Schwind* ebenda) diese noch nicht unbedingt in die Nähe der strafrechtlichen Wertung bringt. — Aus dem deutschen Schrifttum siehe zur verfehlten Strafrechtsanalogie auch besonders *Gloede,* Außenhandel 469. — *H. Hoyer,* Wettbewerb 118, steht jedenfalls mit seiner Argumentation, wonach „Wettbewerbsverstöße zwischen Inländern auf Auslandsmärkten ... wegen des mit dem Strafrecht zu wahrenden Gleichlaufes nach inländischem Recht zu beurteilen“ seien (allerdings überraschend mit *Schwind,* Handbuch 334), im einschlägigen neueren deutschsprachigen Schrifttum allein.

handlung führen kann[26] — „bereits durch die herrschende Lehre und Rechtsprechung vorgezeichnet" sei[27].

aa) Was die in den Erläuterungen angeführte, übrigens einzige und damit wohl „herrschende" Entscheidung des OGH[28] betrifft, hat schon dazu *Schwind* festgestellt, daß die Ausnahme zugunsten des gemeinsamen Heimatrechts der Konkurrenten darin „mehr als *obiter dictum* ausgeführt"[29] wurde. Die einschlägige Rechtsprechung des BGH wiederum ist auf Grund der schwerwiegenden praktischen Unzukömmlichkeiten, die aus einer derartigen Ausnahmeregelung entstehen können, ebenfalls heftig kritisiert worden[30]. Im übrigen handelte es sich in allen bekannt gewordenen Fällen der Praxis nicht — wie aber offensichtlich vom Entwurf beabsichtigt — darum, eine allseitige Regelung zur „Auflockerung des Wettbewerbstatuts" zu treffen; vielmehr wurde jeweils versucht, dem österr. oder dem deutschen Wettbewerbsrecht einen größeren Anwendungsbereich zu sichern[31]. Demgegenüber hat aber bereits das OLG Hamm treffend festgestellt, daß das „deutsche Wettbewerbsrecht [...] nur den Wettbewerb im territorialen Geltungsbereich des deutschen Rechtes"[32] regle.

bb) Aber auch die einschlägige, von den Erläuterungen zur Stütze herangezogene Lehre kann hier schwerlich herrschend und im vorgeblich „herrschenden" Bereich als eindeutig bezeichnet werden. So will etwa *Binder* den unlauteren Wettbewerb, der ausschließlich zwischen Unternehmen desselben Landes im Ausland stattfindet, zwar allenfalls nach dem Recht des Heimatstaates dieser Unternehmen beurteilt wissen, seiner Ansicht nach habe es aber bei der Anwendung des betreffenden ausländischen Rechts (des Wettbewerbstatuts) zu bleiben, sofern „einer der Konkurrenten im Ausland ein ihm angeblich dort zustehendes Recht geltend"[33] macht. Der in den Erläuterungen zur Stützung der vorge-

---

[26] Vgl. etwa *Beitzke*, Auslandswettbewerb 142; *Mummenhoff*, Ausnahmen 479 f.

[27] Erläuterungen 154.

[28] E vom 1. 2. 1972 ÖBl 1973, 17 (selbst diese Entscheidung vermeidet die Analogie bzw. den „Gleichlauf" mit dem Strafrecht).

[29] *Schwind*, Problem 484 (FN 11 a).

[30] Siehe zuletzt („Stahlexportfall") BGH 20. 12. 1963 = BGHZ 40, 391 = NJW 1964, 969 = JZ 1964, 369 (mit Kritik von *Wengler*, ebenda 372). Kritisch dazu etwa auch *Beitzke*, Auslandswettbewerb 143 ff.; ferner *Koppensteiner*, Unternehmen 61. — Vgl. auch schon *Burmann*, Werbung 1804 f.

[31] Vgl. dazu allgemein *Joerges*, Konzeption 446 ff.; auch *Beitzke*, Auslandswettbewerb 146; *Schwind*, Problem 484.

[32] OLG Hamm 11. 11. 1969 AWD 1970, 31 (Provisorialverfahren).

[33] *Binder*, Auflockerung 499; dieser auch beschränkten „Auflockerung" wurde von *Gloede* (Außenhandel 470) zu Recht entgegengehalten, „daß sie der Eigenart gerade der wettbewerbsrechtlichen Sachverhalte nicht genügend Rechnung" trage.

schlagenen Regelung weiters angeführte *Wengler* prüft zwar zunächst die Möglichkeit einer „Auflockerung des Wettbewerbstatuts“ zugunsten des gemeinsamen Heimatrechts der Konkurrenten, diese Ausnahmebeurteilung wird von ihm jedoch an die Bedingung geknüpft, daß „das Recht des unlauteren Wettbewerbs wirklich noch ein *Standes*recht der Kaufleute usw. ist[34]; was allerdings von *Wengler* in der Folge selbst verneint wird: „Vorschriften über unlauteren Wettbewerb tragen ... den Charakter einer *Marktordnung*, und sind nicht mehr eine Standesordnung der Verkäufer[35].“

cc) Zum selben Ergebnis, nämlich zur Nichtzulassung einer Ausnahme von der Anknüpfung an den Ort der wettbewerblichen Interessenkollision kommt auch *Schwind*, wenngleich seine Argumentation weniger am Schutzzweck des Wettbewerbsrechtes, als vornehmlich an rein kollisionsrechtlichen Maximen ausgerichtet ist[36].

Im Beurteilungsbereich der in der Regel bewußt gesetzten Wettbewerbshandlungen fehlt es eben schlechthin[37] am vielzitierten „milieu social“, an „dem Stück Heimat“ der am „normalen“ Delikt zufällig beteiligten Akteure; ein rechtliches und soziales Band, das insbesondere bei Straßenverkehrsunfällen zur bereits Gesetz[38] gewordenen Abweichung von der allzu starren, althergebrachten Grundregel der lex loci delicti commissi geführt hat. Dort war die „Auflockerung“ überfälliger Gesetzesfortschritt, in der wettbewerbsrechtlichen Anknüpfung wurde dieser Fortschritt mit dem Abstellen auf den Ort der wettbewerblichen Interessenkollision erreicht. Jede weitere, noch dazu unreflektierte Durchbrechung dieses Prinzips wäre aber ein *Rückschritt* zu längst aufgegebenen Positionen eines falsch — weil auch pönalisierend — verstandenen Personalitätsprinzips[39] in favorem legis Austriacae. Der

---

[34] *Wengler*, Gesetze 414.

[35] *Wengler*, Gesetze 415. *Wengler* hat sich übrigens in seiner Anmerkung zu BGHZ 40, 391 selbst gegen die oft unrichtige Wiedergabe seiner diesbezüglichen Ansichten zur Wehr gesetzt (JZ 1964, 372).

[36] *Schwind*, Problem 485 f.

[37] Vgl. schon *Gloede*, Außenhandel 470: „Im übrigen müßte, damit von einer Ausstrahlung eines im Inland verwurzelten Lebensverhältnisses die Rede sein könnte, wohl ein gewisses Gefühl der Zusammengehörigkeit zwischen den im Ausland tätigen inländischen Kaufleuten wirksam sein. Ob das aber in genügendem Maße der Fall ist, erscheint recht zweifelhaft; denn es muß wohl angenommen werden, daß dieses Gefühl, das an sich vorhanden sein mag, durch den Kampf um die Gunst des Abnehmerpublikums, die ein jeder zu gewinnen trachtet, weitgehend neutralisiert zu werden pflegt.“ Siehe auch *Wengler*, JZ 1964, 372.

[38] Siehe Art. 4 und 5 des Übereinkommens über das auf Straßenverkehrsunfälle anwendbare Recht, BGBl 1975/387; dazu etwa *Schwind*, Handbuch 333 (FN 164) und 389 ff.; vgl. auch *Kropholler*, Kodifikation 257; siehe neuerdings dazu auch *Reishofer*, Straßenverkehrsübereinkommen 35 ff.

[39] Treffend bemerkt *Beitzke*, Auslandswettbewerb 147: „Nationale Solidarität und heimatlicher Anstand auf Auslandsmärkten mögen zwar wün-

künftige IPR-Gesetzgeber wäre gut beraten, von der Normierung einer „Auflockerung des Wettbewerbstatuts“ Abstand zu nehmen und Satz 2 des Abs. 2 von § 51 ersatzlos zu streichen. Ein weiteres Eingehen auf die ganz offensichtlich tautologe Formulierung dieser vorgeschlagenen Regelung erübrigt sich daher.

schenswert sein, sollten aber nicht stets erzwungen werden, schon gar nicht so, daß die inländischen Mitbewerber gegenüber ausländischen von vornherein benachteiligt sind.“

Anhang I

Ministerialentwurf 1976 (BMfJ GZ. 20.150/23-I 12/75)

Bundesgesetz vom ....
über das internationale Privatrecht

Der Nationalrat hat beschlossen:

Abschnitt 1

Allgemeine Bestimmungen

Maßgebliche Rechtsordnung, Grundsatz der engsten Beziehung

§ 1. (1) Ein Recht oder Rechtsverhältnis, dem ein Sachverhalt mit einem auf eine fremde Rechtsordnung hinweisenden Merkmal zugrunde liegt, ist nach der Rechtsordnung zu beurteilen, zu der es die engste Beziehung hat.

(2) Soweit dieses Bundesgesetz oder eine andere Rechtsvorschrift eine besondere Regelung über die anzuwendende Rechtsordnung trifft (Verweisungsnorm), sind die darin angeführten Anknüpfungspunkte Ausdruck dieser engsten Beziehung.

Ermittlung der für die Anknüpfung erforderlichen Tatsachen

§ 2. Die Tatsachen, aus denen sich die Anknüpfung an eine bestimmte Rechtsordnung ergibt, sind von Amts wegen festzustellen.

Anwendung fremden Rechtes von Amts wegen

§ 3. Liegen die Voraussetzungen für die Anwendung fremden Rechtes vor, so ist dieses Recht von Amts wegen anzuwenden.

Ermittlung fremden Rechtes

§ 4. (1) Das Gericht hat sich die Kenntnis des anzuwendenden fremden Rechtes von Amts wegen zu verschaffen. Es kann sich dabei auch der Mitwirkung der Beteiligten bedienen, das Bundesministerium für Justiz um Mitteilung des Inhalts, erforderlichenfalls Beschaffung der in Betracht kommenden Rechtsquellen ersuchen und Gutachten, besonders von Rechtsgelehrten, einholen.

(2) Solange das anzuwendende fremde Recht innerhalb angemessener Frist, besonders bei dringenden Maßnahmen, nicht festgestellt werden kann, ist das österreichische Recht anzuwenden.

Qualifikation

§ 5. (1) Die Frage, welche inländische Verweisungsnorm anzuwenden ist, ist nach der Einordnung des Sachverhaltes in der inländischen Rechtsordnung zu beurteilen.

(2) Handelt es sich um einen Sachverhalt, der in den inländischen Rechtsvorschriften nicht geregelt ist, so ist die Verweisungsnorm für den in der inländischen Rechtsordnung geregelten nächstverwandten Sachverhalt maßgebend.

(3) Führt eine Verweisungsnorm zur Anwendung fremden Rechtes, so ist dieses wie in seinem ursprünglichen Geltungsbereich, auch bezüglich der Einordnung des Sachverhaltes dortselbst, anzuwenden.

Gesamt-, Rück-, Weiter- und Innenverweisung

§ 6. (1) Die Verweisung auf fremdes Recht umfaßt auch dessen Verweisungsnormen (Gesamtverweisung).

(2) Verweist dieses erstverwiesene Recht auf das österreichische Recht (Rückverweisung), so sind dessen Sachnormen maßgebend, sonst unter Beachtung aller weiteren Verweisungen (Weiterverweisung) die Sachnormen des Rechtes, das nicht mehr weiterverweist bzw. auf das erstmals zurückverwiesen wird.

(3) Besteht eine fremde Rechtsordnung aus mehreren Teilrechtsordnungen, so ist die Teilrechtsordnung anzuwenden, auf die die in der fremden Rechtsordnung bestehenden Regeln verweisen (Innenverweisung). Mangels einer solchen Regelung ist die Teilrechtsordnung maßgebend, zu der der Sachverhalt die engste Beziehung hat.

Vorbehaltsklausel

§ 7. (1) Eine Bestimmung des fremden Rechtes ist nicht anzuwenden, wenn ihre Anwendung zu einem Ergebnis führen würde, das mit den Grundsätzen der österreichischen Rechtsordnung ganz unvereinbar ist.

(2) Anstelle der durch den Abs. 1 ausgeschlossenen Bestimmung des fremden Rechtes ist erforderlichenfalls entweder die nächstverwandte Bestimmung dieses Rechtes oder die einschlägige Bestimmung derjenigen Rechtsordnung, zu der der Sachverhalt sonst die engste Beziehung hat, oder die des österreichischen Rechtes anzuwenden, je nachdem, welche dieser Bestimmungen der durch den Abs. 1 ausgeschlossenen fremden Bestimmung im Ergebnis am nächsten kommt.

Statutenwechsel

§ 8. Ändern sich in der Folge die für die Anknüpfung an eine bestimmte Rechtsordnung maßgebenden Tatsachen (Statutenwechsel), so hat dies auf bereits abgeschlossene Tatbestände keinen Einfluß.

Form

§ 9. Die Form einer Rechtshandlung ist nach demselben Recht zu beurteilen wie die Rechtshandlung selbst; es genügt jedoch die Einhaltung der Formvorschriften des Staates, in dem die Rechtshandlung vorgenommen wird.

Personalstatut einer natürlichen Person

§ 10. (1) Das Personalstatut einer natürlichen Person ist das Recht des Staates, dem die Person angehört, bzw. das nach dessen Recht im Sinn des § 6 anzuwenden ist; gehört eine Person mehreren Staaten an, so ist das Recht desjenigen dieser Staaten maßgebend, zu dem die Person die engste Beziehung hat.

(2) Das Personalstatut eines Staatenlosen ist das Recht des Staates, in dem er seinen gewöhnlichen Aufenthalt hat, bzw. das nach dem Recht dieses Staates im Sinn des § 6 anzuwenden ist; gleiches gilt, wenn die Staatsangehörigkeit einer Person innerhalb angemessener Frist nicht festgestellt werden kann.

(3) Das Personalstatut einer Person, die Flüchtling im Sinn der für Österreich geltenden internationalen Übereinkommen ist oder deren Beziehungen zu ihrem Heimatstaat aus vergleichbar schwerwiegenden Gründen abgebrochen sind, ist das innerstaatliche Recht des Staates, in dem sie ihren Wohnsitz, mangels eines solchen ihren gewöhnlichen Aufenthalt hat.

Personalstatut einer juristischen Person

§ 11. Das Personalstatut einer juristischen Person oder sonstigen Personen- oder Vermögensverbindung, die Rechte und Pflichten erwerben kann, ist das Recht des Staates, in dem die juristische Person oder sonstige Personen- oder Vermögensverbindung den Sitz ihrer Hauptverwaltung hat, bzw. das nach dem Recht dieses Staates im Sinn des § 6 anzuwenden ist.

Rechtswahl

§ 12. (1) Soweit die Parteien nach diesem Bundesgesetz oder einer anderen Rechtsvorschrift das anzuwendende Recht ausdrücklich bestimmen oder aus den Umständen schlüssig als anwendbar voraussetzen können, ist eine solche Rechtswahl nur rechtswirksam, wenn der Sachverhalt Beziehungen zu mehr als einer Rechtsordnung hat; die schlüssige Rechtswahl kann in einem anhängigen Verfahren jedoch nicht mehr getroffen werden.

(2) Die Rechtswahl betrifft im Zweifel nicht die Verweisungsnormen der gewählten Rechtsordnung.

Vorbehalt besonderer Bestimmungen

§ 13. Die Bestimmungen dieses Abschnittes gelten nur, soweit im folgenden nicht anderes bestimmt ist.

Abschnitt 2

Personenrecht

Rechts- und Handlungsfähigkeit

§ 14. Die Rechts- und Handlungsfähigkeit einer Person sind nach ihrem Personalstatut zu beurteilen.

Name

§ 15. Die Führung und der Schutz des Namens einer Person sind nach ihrem jeweiligen Personalstatut zu beurteilen, auf welchem Grund auch immer der Namenserwerb beruht.

Todeserklärung und Beweisführung des Todes

§ 16. (1) Die Voraussetzungen und Wirkungen einer Todeserklärung sind nach dem letzten bekannten Personalstatut des Verschollenen zu beurteilen.

(2) Die Voraussetzungen und Wirkungen der Aufhebung oder Berichtigung einer Todeserklärung sind nach dem letzten bekannten Personalstatut des für tot Erklärten zu beurteilen.

(3) Die Abs. 1 und 2 gelten für die Beweisführung des Todes und die sie betreffende Aufhebung oder Berichtigung sinngemäß.

Entmündigung

§ 17. Die Voraussetzungen und Wirkungen einer Entmündigung oder der Aufhebung oder Umwandlung einer Entmündigung sind nach dem Personalstatut des Betroffenen zu beurteilen; kennt das danach in Betracht kommende fremde Recht den Entmündigungsgrund nicht, so ist österreichisches Recht maßgebend.

Abschnitt 3

Familienrecht

A. Eherecht

Form der Eheschließung

§ 18. (1) Die Form einer Eheschließung im Inland ist nach den inländischen Formvorschriften zu beurteilen; sieht das Recht eines fremden Staates eine Eheschließung vor seinem diplomatischen oder konsularischen Vertreter vor, so genügt die Einhaltung der Formvorschriften für eine solche Eheschließung, wenn beide Verlobte Angehörige dieses Staates sind.

(2) Die Form einer Eheschließung im Ausland ist nach dem Personalstatut jedes der Verlobten zu beurteilen; es genügt jedoch die Einhaltung der Formvorschriften des Ortes der Eheschließung.

Voraussetzungen der Eheschließung

§ 19. (1) Die Voraussetzungen der Eheschließung sind für jeden der Verlobten nach seinem Personalstatut, die der Ehenichtigkeit nach demjenigen dieser Personalstatute zu beurteilen, das den Nichtigkeitsgrund vorgesehen hat.

(2) Ist von einem österreichischen Gericht eine Ehe für nichtig erklärt, aufgehoben oder geschieden oder ist ihr Nichtbestehen festgestellt worden, so darf nicht allein deshalb eine neue Eheschließung untersagt oder die neue Ehe für nichtig erklärt werden, weil das Personalstatut bloß eines der Verlobten bzw. Ehegatten diese Entscheidung nicht anerkennt; dies gilt sinngemäß im Fall der Todeserklärung oder der Herstellung des Todesbeweises.

Persönliche Rechtswirkungen der Ehe

§ 20. (1) Die persönlichen Rechtswirkungen einer Ehe sind zu beurteilen

1. nach dem gemeinsamen, mangels eines solchen nach dem letzten gemeinsamen Personalstatut der Ehegatten, sofern es einer von ihnen beibehalten hat,

2. sonst nach dem Recht des Staates, in dem beide Ehegatten ihren gewöhnlichen Aufenthalt haben, mangels eines solchen nach dem Recht des Staates, in dem sie ihren letzten gewöhnlichen Aufenthalt gehabt haben, sofern ihn einer von ihnen beibehalten hat.

(2) Ist eine Ehe zwar nicht nach dem im Abs. 1 bezeichneten, wohl aber nach inländischem Recht zustande gekommen, so sind die persönlichen Rechtswirkungen nach diesem Recht zu beurteilen, sofern nicht die Eheleute eine engere Beziehung zu einem dritten Staat haben, nach dessen Recht die Ehe ebenfalls Wirkungen entfaltet; in diesem Fall ist statt des inländischen Rechtes das Recht dieses Staates maßgebend.

Ehegüterrecht

§ 21. (1) Das gesetzliche Ehegüterrecht ist nach dem Recht des Staates zu beurteilen, das die Parteien vor oder bei der Eheschließung ausdrücklich bestimmen, mangels einer Rechtswahl nach dem im Zeitpunkt der Eheschließung für die persönlichen Rechtswirkungen der Ehe maßgebenden Recht.

(2) Das vertragliche Ehegüterrecht ist nach dem Recht des Staates zu beurteilen, das die Ehegatten im Zeitpunkt der jeweiligen Vertragschließung ausdrücklich bestimmen, mangels einer Rechtswahl nach dem in diesem Zeitpunkt für die persönlichen Rechtswirkungen der Ehe maßgebenden Recht.

Ehescheidung

§ 22. (1) Die Voraussetzungen und Wirkungen der Scheidung einer Ehe sind nach dem für die persönlichen Rechtswirkungen der Ehe maßgebenden Recht im Zeitpunkt der Ehescheidung zu beurteilen.

(2) Ist der Grund für die Scheidung der Ehe diesem Recht nicht bekannt, so ist die Scheidung für beide Ehegatten nach dem Personalstatut des beklagten Ehegatten im Zeitpunkt der Ehescheidung, wenn der Scheidungsgrund diesem Recht bekannt ist, sonst nach dem Personalstatut des klagenden Ehegatten im Zeitpunkt der Ehescheidung zu beurteilen.

(3) Der Abs. 2 gilt sinngemäß, wenn keiner der Anknüpfungspunkte des § 20 vorliegt.

B. Kindschaftsrecht

Eheliche Abstammung

§ 23. (1) Die Voraussetzungen der Ehelichkeit eines Kindes, deren Feststellung und Bestreitung sind nach dem Recht zu beurteilen, das für die persönlichen Rechtswirkungen der Ehe im Zeitpunkt der Geburt des Kindes maßgebend ist oder, wenn das Kind nach der Auflösung der Ehe geboren worden ist, zur Zeit der Auflösung maßgebend gewesen ist.

(2) Ist das Kind nicht nach dem im Abs. 1 bezeichneten Recht ehelich, so ist es gleichwohl ehelich, wenn es nach dem Personalstatut beider Elternteile oder nach einem später für die persönlichen Rechtswirkungen der Ehe maßgebenden Recht ehelich ist.

Legitimation

§ 24. (1) Die Voraussetzungen der Legitimation eines unehelichen Kindes durch nachfolgende Eheschließung der Eltern sind nach dem im Zeitpunkt der Eheschließung für die persönlichen Rechtswirkungen der Ehe maßgebenden Recht zu beurteilen.

(2) Ist das Kind nicht nach dem im Abs. 1 bezeichneten Recht legitimiert, so ist es gleichwohl legitimiert, wenn es nach dem Personalstatut beider Elternteile oder nach einem später für die persönlichen Rechtswirkungen der Ehe maßgebenden Recht legitimiert ist.

§ 25. Die Voraussetzungen der Legitimation eines unhelichen Kindes durch Ehelicherklärung sind nach dem Personalstatut des Vaters zu beurteilen; wird die Ehelicherklärung erst nach dem Tod des Vaters beantragt, so nach dem Personalstatut des Vaters im Zeitpunkt seines Todes. Für die Zustimmung des Kindes und eines Dritten, zu dem das Kind in einem familienrechtlichen Verhältnis steht, gilt außerdem das Personalstatut des Kindes.

Wirkungen der Ehelichkeit und der Legitimation

§ 26. (1) Die Wirkungen der Ehelichkeit wie der Legitimation eines Kindes sind nach dessen Personalstatut zu beurteilen.

(2) Ist ein Kind nach den §§ 23 bis 25 ehelich, nicht aber nach seinem Personalstatut, so sind die Wirkungen (Abs. 1) nach dem Recht zu beurteilen, das nach den §§ 23 bis 25 maßgebend ist.

Uneheliche Abstammung und deren Wirkungen

§ 27. (1) Die Voraussetzungen der Feststellung, Anerkennung und Bestreitung der Vaterschaft zu einem unehelichen Kind sind nach dem Personalstatut der Mutter im Zeitpunkt der Geburt des Kindes zu beurteilen. Sie sind jedoch nach einem späteren Personalstatut der Mutter zu beurteilen, wenn die Feststellung, Anerkennung bzw. Bestreitung nach diesem, nicht aber nach dem Personalstatut der Mutter im Zeitpunkt der Geburt des Kindes zulässig ist.

(2) Die Wirkungen der Unehelichkeit eines Kindes sind nach dessen Personalstatut zu beurteilen.

(3) Die Ansprüche der Mutter gegen den Erzeuger des unehelichen Kindes auf Ersatz der Kosten der Schwangerschaft, der Entbindung und des Unterhalts sind nach dem Personalstatut der Mutter im Zeitpunkt der Geburt des Kindes zu beurteilen.

Annahme an Kindesstatt

§ 28. (1) Die Voraussetzungen der Annahme eines minderjährigen Kindes an Kindesstatt und der Widerruf einer solchen sind nach dem Personalstatut des Annehmenden zu beurteilen. Für eine allfällige Zustimmung des Kindes oder eines Dritten, zu dem das Kind in einem familienrechtlichen Verhältnis steht, ist außerdem das Personalstatut des Kindes maßgebend.

(2) Die Voraussetzungen der Annahme eines Volljährigen an Kindesstatt und der Widerruf einer solchen sind sowohl nach dem Personalstatut des Annehmenden als auch nach dem des Wahlkindes zu beurteilen.

(3) Die Wirkungen der Annahme an Kindesstatt und die Aufhebung einer solchen sind nach dem Personalstatut des Annehmenden, bei Annahme durch Ehegatten nach dem für die persönlichen Rechtswirkungen der Ehe maßgebenden Recht, nach dem Tod eines der Ehegatten nach dem Personalstatut des anderen Ehegatten zu beurteilen.

C. Vormundschafts- und Pflegschaftsrecht

§ 29. (1) Die Voraussetzungen für die Anordnung und Beendigung einer Vormundschaft oder Pflegschaft sowie die Wirkungen derselben sind nach dem Personalstatut des Pflegebefohlenen zu beurteilen.

(2) Die sonstigen mit der Vormundschaft oder Pflegschaft verbundenen Fragen, soweit sie die Führung an sich betreffen, sind nach dem Recht des Staates zu beurteilen, dessen Behörden die Vormundschaft oder Pflegschaft führen.

Abschnitt 4

Erbrecht

Erbfolge

§ 30. (1) Die Rechtsnachfolge von Todes wegen ist nach dem Personalstatut des Erblassers im Zeitpunkt seines Todes zu beurteilen.

(2) Wird die Verlassenschaftsabhandlung in Österreich durchgeführt, so sind die Erbserklärung, die Einantwortung und die Haftung für Nachlaßschulden nach österreichischem Recht zu beurteilen.

Gesetzliches Nachfolgerecht einer Gebietskörperschaft

§ 31. Ist der Nachlaß nach dem im § 30 Abs. 1 bezeichneten Recht erblos oder würde er einer Gebietskörperschaft als gesetzlichem Erben zukommen, so tritt anstelle dieses Rechtes das Recht jeweils des Staates, in dem sich das Vermögen im Zeitpunkt des Todes des Erblassers befindet.

Zulässigkeit einer Verfügung von Todes wegen

§ 32. (1) Die Zulässigkeit einer letztwilligen Verfügung, eines Erbvertrags und eines Verzichtes auf das Erbrecht vor dem Tod des Erblassers ist nach dem Personalstatut des Erblassers im Zeitpunkt der Rechtshandlung zu beurteilen; würde danach die Zulässigkeit nicht gegeben sein, wohl aber nach dem Personalstatut des Erblassers im Zeitpunkt seines Todes, so gilt dieses.

(2) Die Zulässigkeit des Widerrufs bzw. der Aufhebung der im Abs. 1 genannten Rechtshandlungen ist nach dem Personalstatut des Erblassers im Zeitpunkt des Widerrufs oder der Aufhebung zu beurteilen; würde danach die Zulässigkeit nicht gegeben sein, wohl aber nach dem Personalstatut des Erblassers im Zeitpunkt seines Todes, so gilt dieses, sonst das Personalstatut des Erblassers im Zeitpunkt der widerrufenen oder aufgehobenen Rechtshandlung.

Abschnitt 5

Sachenrecht

Allgemeine Regel

§ 33. (1) Der Erwerb und Verlust von dinglichen Rechten an körperlichen Sachen einschließlich des Besitzes sind nach dem Recht des Staates zu beurteilen, in dem sich die Sachen im Zeitpunkt des Abschlusses des zum Erwerb oder Verlust führenden Tatbestandes befinden.

(2) Die rechtlichen Eigenschaften der Sachen und der Inhalt der im Abs. 1 genannten Rechte einschließlich des Besitzes sind nach dem Recht des Staates zu beurteilen, in dem sich die Sachen befinden.

Verhältnis zu anderen Verweisungsnormen

§ 34. Für dingliche Rechte an einer unbeweglichen Sache einschließlich des Besitzes ist die allgemeine Regel des § 33 auch dann maßgebend, wenn nach einer anderen Verweisungsnorm eine andere Rechtsordnung anzuwenden wäre.

Verkehrsmittel

§ 35. (1) In einem Register eingetragene Wasser- oder Luftfahrzeuge gelten als im Registerstaat befindlich. Eisenbahnfahrzeuge gelten als am Sitz der Betriebsleitung der Eisenbahn, von Dritten eingestellte Privatwagen als am Sitz der Betriebsleitung des Dritten befindlich.

(2) Gesetzliche oder zwangsweise begründete Pfandrechte oder gesetzliche Zurückbehaltungsrechte zur Sicherung von Ansprüchen auf Ersatz der durch das Fahrzeug verursachten Schäden oder der für dieses erbrachten Aufwendungen folgen der allgemeinen Regel des § 33.

Abschnitt 6

Immaterialgüterrecht

§ 36. (1) Immaterialgüterrechte sind nach dem Recht des Staates zu beurteilen, in dem eine Benützungs- oder Verletzungshandlung gesetzt wird.

(2) Für Immaterialgüterrechte, die mit der Tätigkeit eines Arbeitnehmers im Rahmen seines Arbeitsverhältnisses im Zusammenhang stehen, sind für das Verhältnis zwischen dem Arbeitgeber und dem Arbeitnehmer oder zwischen Arbeitnehmern untereinander die Verweisungsnormen maßgebend, die für das Arbeitsverhältnis bzw. das arbeitsrechtliche Verhältnis der betreffenden Arbeitnehmer untereinander gelten.

Abschnitt 7

Schuldrecht

Allgemeine Regeln für Schuldverträge

§ 37. (1) Schuldverträge sind nach dem Recht des Staates zu beurteilen, das die Parteien ausdrücklich bestimmen oder aus den Umständen schlüssig als anwendbar voraussetzen.

(2) Soweit eine Rechtswahl nicht getroffen oder nicht zulässig ist, sind die §§ 38 bis 48 maßgebend.

§ 38. (1) Schuldverträge, auf Grund deren die eine Partei für die Leistung der anderen Partei eine Zahlung, besonders in Geld, schuldet, sind nach dem Recht des Staates zu beurteilen, in dem die Partei, die die Leistung schuldet, ihren gewöhnlichen Aufenthalt hat.

(2) Hat die Partei, die die Leistung schuldet, den Vertrag in Ausübung einer gewerblichen oder sonstigen geschäftlichen Tätigkeit geschlossen, so ist das Recht des Staates maßgebend, in dem sie ihren Sitz hat. Ist der Vertrag von einer Zweigniederlassung geschlossen worden, so ist deren Sitz maßgebend.

§ 39. Einseitig verbindliche Schuldverträge und einseitige Rechtsgeschäfte sind nach dem Recht des Staates zu beurteilen, in dem der Verpflichtete seinen gewöhnlichen Aufenthalt (Sitz, § 38 Abs. 2) hat.

Bankgeschäfte und Versicherungsverträge

§ 40. (1) Bankgeschäfte sind nach dem Recht des Staates zu beurteilen, in dem die kontoführende Bank (Zweigstelle) ihren Sitz hat.

(2) Versicherungsverträge sind nach dem Recht des Staates zu beurteilen, in dem der Versicherer seinen Sitz (den Sitz seiner Zweigniederlassung) hat.

Börsegeschäfte und ähnliche Verträge

§ 41. Börsegeschäfte und Verträge, die auf Märkten und Messen geschlossen werden, sind nach dem Recht des Staates zu beurteilen, in dem sich die Börse befindet bzw. der Markt oder die Messe stattfindet.

Verkäufe im Weg von Versteigerungen

§ 42. Verkäufe im Weg von Versteigerungen sind nach dem Recht des Staates zu beurteilen, in dem die Versteigerung stattfindet.

Verbraucherverträge

§ 43. (1) Verträge, die nach dem Recht des Staates, in dem der Käufer oder Besteller seinen gewöhnlichen Aufenthalt hat, Rechtsvorschriften unterliegen, die einen besonderen privatrechtlichen Schutz des Verbrauchers gewährleisten, wie z. B. Abzahlungsgeschäfte, sind nach dem Recht dieses Staates zu beurteilen, sofern sie auf Grund einer in diesem Staat durch den Verkäufer bzw. Unternehmer oder dessen Vertreter persönlich entfalteten geschäftlichen Tätigkeit zustande gekommen sind.

(2) Soweit es sich um die zwingenden Bestimmungen dieses Rechtes zum Schutz des Verbrauchers handelt, ist eine Rechtswahl zum Nachteil des Verbrauchers unzulässig.

Verträge über unbewegliche Sachen

§ 44. Verträge, die unbewegliche Sachen oder Überbauten zum Gegenstand haben, einschließlich von Verträgen über die Errichtung und Bearbeitung solcher Sachen, sind nach dem Recht des Staates zu beurteilen, in dem sich die Sache befindet.

Verträge über Immaterialgüterrechte

§ 45. (1) Verträge über Immaterialgüterrechte sind nach dem Recht des Staates zu beurteilen, für den das Immaterialgüterrecht übertragen oder eingeräumt wird. Bezieht sich der Vertrag auf mehrere Staaten, so ist das Recht des Staates maßgebend, in dem der Erwerber (Lizenznehmer) seinen gewöhnlichen Aufenthalt (Sitz, § 38 Abs. 2) hat.

(2) Für Verträge über die im § 36 Abs. 2 genannten Immaterialgüterrechte sind die dort bezogenen Verweisungsnormen maßgebend.

Arbeitsverträge

§ 46. (1) Arbeitsverträge sind nach dem Recht des Staates zu beurteilen, in dem der Arbeitnehmer seine Arbeit gewöhnlich verrichtet. Dieses Recht bleibt auch maßgebend, wenn der Arbeitnehmer vorübergehend an einen Arbeitsort in einem anderen Staat entsandt wird.

(2) Verrichtet der Arbeitnehmer seine Arbeit gewöhnlich in mehr als einem Staat oder hat er keinen gewöhnlichen Arbeitsort, so ist das Recht des Staates maßgebend, in dem der Arbeitgeber seinen gewöhnlichen Aufenthalt (Sitz, § 38 Abs. 2) hat.

(3) Soweit es sich um die zwingenden Bestimmungen der in den Abs. 1 und 2 genannten Rechte zum Schutz des Arbeitnehmers handelt, ist eine Rechtswahl zum Nachteil des Arbeitnehmers unzulässig.

§ 47. Die arbeitsrechtlichen Verhältnisse der Arbeitnehmer untereinander sind nach den im § 46 Abs. 1 und 2 genannten Rechten zu beurteilen. Würde diese Anknüpfung zur Anwendung mehrerer Rechtsordnungen führen, so ist das Recht des Staates maßgebend, in dem der Arbeitgeber seinen gewöhnlichen Aufenthalt (Sitz, § 38 Abs. 2) hat.

Abhängige Rechtsgeschäfte

§ 48. Eine rechtsgeschäftliche Verbindlichkeit, die von einer anderen Verbindlichkeit begrifflich abhängt, ist, vorbehaltlich einer Rechtswahl (§ 37 Abs. 1), nach dem Recht des Staates zu beurteilen, das für diese Verbindlichkeit maßgebend ist. Dies gilt besonders für Rechtsgeschäfte, die zur Sicherung einer anderen Verbindlichkeit dienen, wie den Bürgschaftsvertrag und den Pfandvertrag, und für Rechtsgeschäfte, die die Umänderung einer anderen Verbindlichkeit zum Gegenstand haben, wie den Neuerungsvertrag, die rechtsgeschäftliche Abtretung, die Schuldübernahme, die Erfüllungsübernahme und den Schuldbeitritt.

Bereicherung

§ 49. Bereicherungsansprüche sind, vorbehaltlich einer Rechtswahl (§ 37 Abs. 1), nach dem Recht des Staates zu beurteilen, in dem die Bereicherung eingetreten ist; beruht die Bereicherung jedoch auf einer Leistung, die auf der Grundlage eines Rechtsverhältnisses erbracht worden ist, so ist das Recht des Staates maßgebend, das auf das Rechtsverhältnis anzuwenden ist.

Geschäftsführung ohne Auftrag

§ 50. Eine Geschäftsführung ohne Auftrag ist, vorbehaltlich einer Rechtswahl (§ 37 Abs. 1), nach dem Recht des Staates zu beurteilen, in dem sie besorgt worden ist; steht sie jedoch mit einem Vertrag in innerem Zusammenhang, so gilt der § 48 sinngemäß.

Außervertragliche Schadenersatzansprüche

§ 51. (1) Außervertragliche Schadenersatzansprüche sind, vorbehaltlich einer Rechtswahl (§ 37 Abs. 1), nach dem Recht des Staates zu beurteilen, in dem das den Schaden bewirkende Ereignis stattgefunden hat. Besteht jedoch für die Beteiligten eine engere Beziehung zum Recht ein und desselben anderen Staates, so ist dieses Recht maßgebend.

(2) Schadenersatz- und andere Ansprüche aus unlauterem Wettbewerb sind, vorbehaltlich einer Rechtswahl (§ 37 Abs. 1), nach dem Recht des Staates zu beurteilen, in dem die wettbewerblichen Interessen der Mitbewerber aufeinanderstoßen. Besteht der Wettbewerb jedoch ausschließlich zwischen Personen, die sowohl dasselbe Personalstatut als auch den gewöhnlichen Aufenthalt bzw. Sitz in dem durch das Personalstatut bezeichneten Staat haben, so ist das Recht dieses Staates maßgebend.

Gewillkürte Stellvertretung

§ 52. (1) Die Voraussetzungen und Wirkungen der gewillkürten Stellvertretung im Verhältnis des Geschäftsherrn und des Stellvertreters zum Dritten sind nach dem Recht des Staates zu beurteilen, das der Geschäftsherr in einer für den Dritten erkennbaren Weise bestimmt hat.

(2) Ist das anzuwendende Recht nicht bestimmt worden, so ist das Recht des Staates maßgebend, in dem der Stellvertreter nach dem dem Dritten erkennbaren Willen des Geschäftsherrn tätig werden soll; ist der Stellvertreter für eine Mehrzahl von Geschäften bestellt worden, so nach dem Recht des Staates, in dem er nach dem dem Dritten erkennbaren Willen des Geschäftsherrn regelmäßig tätig werden soll.

(3) Versagt auch die im Abs. 2 vorgesehene Anknüpfung, so ist das Recht des Staates maßgebend, in dem der Stellvertreter tätig wird.

Abschnitt 8

Schlußbestimmungen

§ 53. Dieses Bundesgesetz tritt mit 1. Jänner 1977 in Kraft.

§ 54. (1) Mit dem Inkrafttreten dieses Bundesgesetzes verlieren alle Bestimmungen, die in diesem Bundesgesetz geregelte Gegenstände betreffen, vorbehaltlich des § 55, ihre Wirksamkeit. Dazu gehören besonders

1. der Buchst. a des Patentes vom 16. September 1785, JGS 468,

2. die §§ 4, 34 bis 37 und 300 ABGB,

3. der § 22 zweiter Satz des Gesetzes über das gerichtliche Verfahren in Rechtsangelegenheiten außer Streitsachen (AußStrG),

4. der § 271 Abs. 2 ZPO,

5. der § 14 der Entmündigungsordnung,

6. der § 49 des Schauspielergesetzes,

7. der § 1 Abs. 2 des Gesetzes vom 15. November 1940 über Rechte an eingetragenen Schiffen und Schiffsbauwerken,

8. die §§ 6 bis 13 und 15 bis 18 der 4. Durchführungsverordnung zum Ehegesetz,

9. der § 12 des Todeserklärungsgesetzes 1950.

(2) Gleichzeitig entfallen

1. im § 23 Abs. 3 erster Satz Außerstreitgesetz die Worte „nach inländischen Gesetzen“,

2. im § 24 Abs. 1 Außerstreitgesetz die Worte „nach den österreichischen Gesetzen“,

3. im § 25 Außerstreitgesetz die Worte „und nach österreichischen Gesetzen“,

4. im § 140 Abs. 1 zweiter Satz Außerstreitgesetz die Worte „nach den hierländigen Gesetzen“.

(3) Soweit in einer anderen Rechtsvorschrift auf Verweisungsnormen Bezug genommen wird, die mit dem Inkrafttreten dieses Bundesgesetzes ihre Wirksamkeit verlieren, treten an deren Stelle die entsprechenden Bestimmungen dieses Bundesgesetzes.

§ 55. Durch dieses Bundesgesetz bleiben folgende Rechtsvorschriften unberührt:

1. die §§ 94 bis 100 des Urheberrechtsgesetzes,

2. die §§ 91 bis 98 des Wechselgesetzes 1955,

3. die §§ 60 bis 66 des Scheckgesetzes 1955,

4. das Bundesgesetz vom 30. Oktober 1958 über die Anwendung des österreichischen Rechtes im Sinn des Art. 2 des Übereinkommens vom 24. Oktober 1956 über das auf Unterhaltsverpflichtungen gegenüber Kindern anwendbare Recht,

5. der § 4 und der § 5 Abs. 1 Z. 2 und Abs. 2 des Kartellgesetzes,

6. der § 34 des Schiffahrtsanlagengesetzes.

§ 56. Durch dieses Bundesgesetz werden diejenigen Bestimmungen der zwischenstaatlichen Vereinbarungen, die in diesem Bundesgesetz geregelte Gegenstände betreffen, nicht berührt.

§ 57. Mit der Vollziehung dieses Bundesgesetzes ist der Bundesminister für Justiz betraut.

Anhang II

Entwurf eines Bundesgesetzes über das internationale Privat- und Prozeßrecht „Schwind-Entwurf“

(ZfRV 1971, 164 - 174)

I. Allgemeiner Teil

§ 1. Grundsatz der engsten Beziehung

(1) Alle Rechtsträger, Rechtsobjekte, Rechte und Rechtsverhältnisse, die Beziehungen zu mehr als einer Rechtsordnung aufweisen, sind nach der Rechtsordnung zu beurteilen, zu der sie die engste Beziehung haben.

(2) Soweit dieses Bundesgesetz oder eine andere Rechtsvorschrift eine Regelung trifft, sind die darin angeführten Anknüpfungspunkte Ausdruck dieser engsten Beziehung.

§ 2. Ermittlung der für die Anknüpfungspunkte erforderlichen Tatsachen

Tatsächliche Feststellungen, die für die Ermittlung der Anknüpfungspunkte erforderlich sind, sind von Amts wegen vorzunehmen.

§ 3. Ermittlung fremden Rechts

(1) Das Gericht hat sich die Kenntnis fremden Rechts von Amts wegen zu verschaffen.

(2) Bei dessen Ermittlung ist das Gericht auf die von den Parteien angebotenen Beweise nicht beschränkt; es hat alle ihm nötig scheinenden Erhebungen von Amts wegen einzuleiten und kann sich der Mitwirkung der Parteien bedienen, Sachverständige zuziehen und, soweit erforderlich, die Hilfe der inländischen Verwaltungsbehörden in Anspruch nehmen.

(3) Sind die anzuwendenden Rechtsnormen überhaupt nicht feststellbar, so sind die einschlägigen nächstverwandten anzuwenden; sind solche nicht zu ermitteln, das inländische Recht.

§ 4. Anwendung fremden Rechts

(1) Ist nach diesem Bundesgesetz oder einer anderen Rechtsvorschrift auf einen Sachverhalt fremdes Recht anwendbar, so ist es so wie in seinem ursprünglichen Geltungsbereich anzuwenden. Im Falle der Rück- und Weiterverweisung ist nur eine zu berücksichtigen.

(2) Besteht das fremde Recht aus mehreren Teilrechtsordnungen, so findet in Ermangelung einer Regelung jene Teilrechtsordnung Anwendung, zu der der Sachverhalt die engste Beziehung aufweist.

§ 5. Ordre public

(1) Bestimmungen des fremden Rechts, die nach diesem Bundesgesetz oder einer anderen Rechtsvorschrift zur Anwendung kämen, sind insoweit nicht anzuwenden, als sie zu einem Ergebnis führen, das mit wesentlichen Grundsätzen der inländischen Rechtsordnung offenbar in Widerspruch steht.

(2) An Stelle der nach Abs. 1 nicht anwendbaren tritt die Norm, die zum Sachverhalt nunmehr die engste Beziehung hat.

§ 6. Statutenwechsel

(1) Soweit in diesem Bundesgesetz oder anderen Rechtsvorschriften nicht anders bestimmt ist, werden Rechte und Rechtsverhältnisse, die nach der zur Zeit ihres Entstehens maßgebenden Rechtsordnung wirksam geworden sind, dadurch, daß später eine andere Rechtsordnung für sie maßgebend wird (Statutenwechsel), in ihrer Wirksamkeit nicht berührt.

(2) Eine solche Änderung wirkt nur für rechtserhebliche Vorgänge, die sich nach dem Statutenwechsel ereignen, kann aber nie die nach der ursprünglich maßgebenden Rechtsordnung begründeten Rechte der Beteiligten oder Dritter wesentlich verschlechtern, es sei denn, der Statutenwechsel wäre mit Zustimmung der Betroffenen herbeigeführt worden.

§ 7. Form von Rechtsakten

Eine Rechtshandlung ist, soweit in diesem Bundesgesetz oder in einer anderen Rechtsvorschrift nicht anders bestimmt ist, formwirksam, wenn entweder die Formvorschriften des Rechts, dem die Rechtshandlung unterliegt, oder des am Ort ihrer Vornahme geltenden Rechts erfüllt sind.

§ 8. Personalstatut

(1) Rechts- und Handlungsfähigkeit einer natürlichen Person sind nach dem Recht des Staates zu beurteilen, dem die Person angehört, oder das dieser für anwendbar erklärt (Personalstatut). Das Personalstatut einer Person, die mehreren Staaten angehört, ist nach der Rechtsordnung jenes Staates zu beurteilen, zu dem die engste Beziehung besteht. Das Personalstatut von Staatenlosen und Flüchtlingen, bei denen aus den in der Genfer Flüchtlingskonvention (BGBl 1955/55) angeführten oder vergleichbar schwerwiegenden Gründen die Beziehungen zu ihrem Heimatstaat abgebrochen sind, ist nach dem Recht des gewöhnlichen Aufenthaltes, in Ermangelung eines solchen nach dem Recht jenes Staates zu beurteilen, zu dem sonst die engste Beziehung besteht.

(2) Die Rechts- und Handlungsfähigkeit einer juristischen Person und der Personengesellschaften, die Rechte und Pflichten erwerben können, sind nach der am tatsächlichen Verwaltungssitz geltenden Rechtsordnung zu beurteilen.

§ 9. Parteiautonomie

Schuldrechtliche Rechtsgeschäfte, Ehepakte und letztwillige Verfügungen sind, soweit im folgenden nicht anders bestimmt ist, nach der Rechtsordnung zu beurteilen, die die Parteien ausdrücklich oder stillschweigend (§ 863 ABGB) vereinbart oder bestimmt haben. Im Zweifel bezieht sich die Rechtswahl nicht auf das internationale Privatrecht.

II. Personenrecht

§ 10. Name

Der Name und der Schutz des Namens einer Person sind nach deren Personalstatut zu beurteilen.

§ 11. Todeserklärung

(1) Voraussetzungen, Wirkungen und Aufhebung einer Todeserklärung sind nach dem letzten bekannten Personalstatut des Verschollenen zu beurteilen; bei einer Todeserklärung gemäß Abs. 2 lit. b nach österreichischem Recht.

(2) Die inländische Gerichtsbarkeit für eine Todeserklärung ist gegeben,

a) wenn der Verschollene zuletzt das österreichische Personalstatut oder zwar ein fremdes Personalstatut, aber seinen letzten gewöhnlichen Aufenthalt im Inland hatte,

b) wenn der Antragsteller Ehegatte oder Verwandter bis zum zweiten Grad des Verschollenen ist, das österreichische Personalstatut hat und ein rechtliches Interesse an der Todeserklärung glaubhaft macht. In diesem Falle wirkt die Todeserklärung nur hinsichtlich von Rechten und Rechtsverhältnissen, die nach österreichischem Recht zu beurteilen sind, oder für deren Beurteilung eine österreichische Behörde zuständig ist.

(3) Ausländische Entscheidungen über eine Todeserklärung werden in Österreich anerkannt, wenn

a) die ausländische Behörde die Verfahrensgrundsätze der §§ 15, 17 und 18 des Todeserklärungsgesetzes 1950 beachtet;

b) das nach Abs. 1 anwendbare Recht angewendet hat oder doch das gleiche Ergebnis erzielt wurde, das bei Anwendung des nach Abs. 1 anwendbaren Rechtes erzielt worden wäre, und

c) nicht bereits eine rechtskräftige Entscheidung eines österreichischen Gerichts über die Todeserklärung ergangen ist.

§ 12. Entmündigung

(1) Voraussetzungen, Wirkungen und Aufhebung einer Entmündigung sind nach dem Personalstatut des Betroffenen zu beurteilen.

(2) Die inländische Gerichtsbarkeit zur Entmündigung ist gegeben

a) bei Personen mit inländischem Personalstatut,

b) bei Personen mit fremdem Personalstatut, die ihren gewöhnlichen Aufenthalt im Inland haben, wenn die Behörden des Staates, der durch ihr Personalstatut bezeichnet ist, nach Verständigung vom Sachverhalt innerhalb angemessener Frist kein entsprechendes Verfahren durchführen. Für dringliche Maßnahmen gilt § 27.

(3) Eine ausländische Entscheidung über eine Entmündigung wird anerkannt, wenn

a) die Verfahrensgrundsätze der Entmündigungsordnung beachtet wurden,

b) die Gründe der Entmündigung auch in Österreich zu einer solchen geführt hätten, und

c) nicht bereits eine Entscheidung eines österreichischen Gerichtes rechtskräftig getroffen wurde.

III. Familienrecht

A. Eherecht

§ 13. Formelle Voraussetzungen der Eheschließung (Formstatut)

(1) Die Form der Eheschließung ist nach dem Personalstatut beider Verlobter oder nach den Formvorschriften des Ortes, an dem die Ehe geschlossen wird, zu beurteilen.

(2) Die von Personen mit fremdem Personalstatut in der Form ihres Personalstatutes im Inland geschlossenen Ehen sind jedoch nur dann wirksam, wenn sie in das österreichische Familienbuch eingetragen worden sind.

§ 14. Materielle Voraussetzungen der Eheschließung (Eheschließungs- und Nichtigkeitsstatut)

Die materiellen Voraussetzungen der Eheschließung sind nach dem Personalstatut eines jeden der Verlobten zu beurteilen.

§ 15. Persönliche Wirkungen der Ehe (Ehewirkungsstatut)

(1) Die persönlichen Wirkungen der Ehe sind zu beurteilen:

a) nach dem letzten gemeinsamen Personalstatut der Ehegatten;

b) in Ermangelung eines gemeinsamen Personalstatuts nach dem Recht des letzten gemeinsamen gewöhnlichen Aufenthalts der Ehegatten;

c) in Ermangelung eines solchen nach dem Recht des Staates, zu dem die Ehegatten die engste Beziehung haben.

(2) Ist eine Ehe zwar nicht nach dem Ehewirkungsstatut, wohl aber nach inländischem Recht wirksam, dann sind die persönlichen Rechtswirkungen nach inländischem Recht zu beurteilen.

§ 16. Eheliches Güterrecht (Güterrechtsstatut)

Das vertragliche und gesetzliche Güterrecht ist nach dem Ehewirkungsstatut (§ 15) im Zeitpunkt der Eheschließung zu beurteilen, soferne nicht ein anderes Recht vereinbart wird.

§ 17. Scheidung und Aufhebung (Scheidungs- und Aufhebungsstatut)

(1) Die Scheidung und Aufhebung der Ehe und deren Rechtsfolgen sind nach dem Ehewirkungsstatut (§ 15) zu beurteilen.

(2) Ist eine Scheidung oder Aufhebung nach dem Ehewirkungsstatut nicht zulässig, dagegen nach dem Personalstatut eines der Ehegatten im Zeitpunkt der Ehescheidung (Aufhebung) oder der Eheschließung gestattet, dann ist das Personalstatut des Mannes im Zeitpunkt der Ehescheidung (Aufhebung) oder Eheschließung, wenn diese die Scheidung (Aufhebung) nicht zulassen, das Personalstatut der Frau in diesen Zeitpunkten anzuwenden.

(3) Eine Ehe, die nach dem Ehewirkungsstatut nicht wirksam ist, wohl aber nach dem inländischen Recht, kann nach diesem Rechte geschieden oder aufgehoben werden.

§ 18. Inländische Gerichtsbarkeit in Ehesachen

Die inländische Gerichtsbarkeit für Klagen auf Scheidung, Aufhebung oder Nichtigerklärung einer Ehe, auf Feststellung des Bestehens oder Nichtbestehens einer Ehe zwischen den Parteien (Ehesachen) ist gegeben, wenn

a) einer der Ehegatten das inländische Personalstatut besitzt,

b) oder die Ehegatten mit fremdem Personalstatut im Inland ihren gemeinsamen gewöhnlichen Aufenthalt in der Dauer von mindestens fünf Jahren haben oder gehabt haben, soferne ihn einer der Ehegatten im Zeitpunkt der Klage noch beibehalten hat.

§ 19. Anerkennung ausländischer Entscheidungen in Ehesachen und nicht auf Entscheidung beruhender Ehelösungen

(1) Ausländische Entscheidungen in Ehesachen werden in Österreich anerkannt, wenn im Zeitpunkt der Entscheidung:

a) die Rechtsordnung des Entscheidungsstaates das Personalstatut beider Ehegatten war. In diesem Falle kann von einer Prüfung der Voraussetzungen der lit. d abgesehen werden;

b) beide Teile ein fremdes Personalstatut und im Entscheidungsstaat ihren letzten gemeinsamen gewöhnlichen Aufenthalt hatten, oder

c) wenigstens ein Teil das österreichische Personalstatut hatte und beide Ehegatten im Entscheidungsstaat ihren letzten gemeinsamen gewöhnlichen Aufenthalt hatten, und das nach diesem Bundesgesetz anzuwendende Recht angewendet wurde, oder doch bei Anwendung eines anderen Rechtes das gleiche Ergebnis erzielt wurde, wie es bei Anwendung des nach diesem Bundesgesetz vorgesehenen Rechtes erzielt worden wäre, und

d) der Beklagte (Antragsgegner) im Verfahren die Möglichkeit hatte, die zur Verfolgung seines Rechtsstandpunktes erforderlichen tatsächlichen und rechtlichen Ausführungen selbst oder durch einen frei gewählten, seinen gesetzlichen oder im Falle der Prozeßunfähigkeit oder Abwesenheit vom Gericht bestellten Vertreter vorzubringen, Anträge und Gegenanträge zu stellen und Rechtsmittel zu ergreifen, und

e) die Ehe nicht durch ein österreichisches Gericht rechtskräftig geschieden, aufgehoben oder für nichtig erklärt wurde.

(2) Eine im Ausland anders als durch Entscheidung bewirkte Lösung der Ehe ist in Österreich anzuerkennen, wenn die Lösung der Ehe nach dem durch das Personalstatut eines der Ehegatten bestimmten Recht wirksam geworden ist.

§ 20. Verfahren zur Anerkennung ausländischer Entscheidungen in Ehesachen und nicht auf Entscheidung beruhender Ehelösungen

(1) Ausländische Entscheidungen in Ehesachen und Ehelösungen ohne Entscheidung sind in Österreich nur wirksam, wenn das Oberlandesgericht das

Vorliegen der rechtlichen Voraussetzungen auch schon im Zeitpunkt der Entscheidung oder der Ehelösung ohne Entscheidung festgestellt und die Anerkennung durch Beschluß ausgesprochen hat.

(2) Zuständig ist das Oberlandesgericht, in dessen Sprengel ein Ehegatte im Zeitpunkt der Antragstellung seinen gewöhnlichen Aufenthalt hat. Soweit eine Zuständigkeit danach nicht gegeben ist, das Oberlandesgericht Wien. Die Entscheidung ergeht auf Antrag im Verfahren außer Streitsachen durch einen Senat von drei Richtern. Gegen den Beschluß des Oberlandesgerichtes ist Rekurs an den Obersten Gerichtshof zulässig. Die rechtskräftige Entscheidung über die Anerkennung oder Nichtanerkennung ist für alle Gerichte und Verwaltungsbehörden bindend.

(3) Antragsberechtigt sind:

a) Im Falle des § 19 Abs. 1 beide Ehegatten und alle Personen, die ein rechtliches Interesse an der Anerkennung oder Nichtanerkennung haben, sowie Gerichte und Verwaltungsbehörden, wenn eine von ihnen zu treffende Entscheidung von der Anerkennung einer im Ausland erfolgten Ehelösung abhängig ist. Das Vorliegen der Voraussetzungen des § 19 Abs. 1 lit. d ist nicht zu prüfen, wenn der beklagte Ehegatte (Antragsgegner) den Antrag auf Anerkennung stellt oder dem von einem anderen Antragsberechtigten gestellten Antrag im Anerkennungsverfahren zustimmt.

b) Im Falle des § 19 Abs.2 jeder Ehegatte, der im Zeitpunkt der Eingehung oder Lösung der Ehe das inländische Personalstatut besaß und die Ehelösung nicht veranlaßt hat.

B. Rechte zwischen Eltern und Kindern

§ 21. Rechtsbeziehungen zwischen ehelichen Eltern und Kindern (Ehelichenstatut)

(1) Die Ehelichkeit eines Kindes, deren Feststellung und Bestreitung sowie die sich aus der Ehelichkeit für das Kind und die Eltern ergebenden Rechte und Pflichten sind zu beurteilen:

a) solange beide Elternteile leben nach dem Ehewirkungsstatut (§ 15);

b) nach dem Tode eines der Elternteile nach dem Personalstatut des überlebenden Elternteiles.

(2) Ist die Ehe der Eltern eines Kindes nach dem gemäß Abs. 1 maßgebenden Recht unwirksam, nach dem inländischen Recht aber wirksam, so sind die Ehelichkeit sowie die sich daraus für das Kind und die Eltern ergebenden Rechte und Pflichten nach inländischem Recht zu beurteilen.

§ 22. Rechte und Pflichten der Eltern gegenüber ihrem unehelichen Kinde und untereinander (Unehelichenstatut)

Nach dem Personalstatut der Mutter sind zu beurteilen:

a) alle die Feststellung und die Bestreitung der Vaterschaft zu einem unehelichen Kinde betreffenden Rechtsfragen;

b) die Rechte und Pflichten des unehelichen Kindes gegenüber seinen Eltern;

c) die Ansprüche der Mutter gegen den Erzeuger des unehelichen Kindes.

§ 23. Annahme an Kindes Statt (Kindesannahmestatut)

Die Annahme an Kindes Statt ist hinsichtlich der Voraussetzungen in der Person des (der) Annehmenden und des Angenommenen nach dem jeweiligen Personalstatut; die Wirkung nach dem Personalstatut des Annehmenden, bei Annahme durch ein Ehepaar nach dem Ehewirkungsstatut dieser Ehe, und nach dem Tode eines der Ehegatten nach dem Personalstatut des überlebenden Gatten zu beurteilen.

§ 24. Legitimation (Legitimationsstatut)

(1) Die Legitimation eines unehelichen Kindes durch nachfolgende Eheschließung der Eltern ist nach dem Ehewirkungsstatut dieser Ehe zu beurteilen. Ist eine Ehe zwar nicht nach dem Ehewirkungsstatut, wohl aber nach inländischem Recht wirksam, ist die Legitimation nach inländischem Recht zu beurteilen.

(2) Die Legitimation durch Gnadenakt ist nach dem Personalstatut des unehelichen Vaters, nach dessen Tod nach dem Personalstatut der unehelichen Mutter zu beurteilen. Das anwendbare Recht bestimmt auch die Zuständigkeit der zur Erlassung des Gnadenaktes berufenen Behörden, das anzuwendende Verfahren und die Form, in der der Gnadenakt ergeht.

§ 25. Gerichtsbarkeit und Anerkennung

(1) Für die gemäß §§ 21 bis 24 zu treffenden gerichtlichen Entscheidungen ist die inländische Gerichtsbarkeit gegeben, wenn wenigstens

a) ein Eltern-(Wahleltern-)teil oder das Kind das österreichische Personalstatut besitzen, oder

b) ein Eltern-(Wahleltern-)teil und das Kind ihren gewöhnlichen Aufenthalt in Österreich haben.

(2) Ausländische Entscheidungen über die in §§ 21 - 24 bezeichneten Rechtsfragen werden in Österreich anerkannt, wenn die Eltern (Wahleltern) und das Kind im Verfahren die Möglichkeit hatten, die zur Verfolgung ihres Rechtsstandpunktes erforderlichen tatsächlichen und rechtlichen Ausführungen selbst, durch ihren gesetzlichen, einen frei gewählten oder im Falle der Prozeßunfähigkeit oder Abwesenheit vom Gericht bestellten Vertreter vorzubringen, Anträge und Gegenanträge zu stellen und Rechtsmittel zu ergreifen; wenn keine rechtskräftige Entscheidung eines österreichischen Gerichts in derselben Sache vorliegt und im Zeitpunkt der Entscheidung

a) die Rechtsordnung des Entscheidungsstaates das Personalstatut der Eltern (Wahleltern) und des Kindes war; in diesem Fall kann eine Überprüfung der rechtlichen Voraussetzung unterbleiben;

b) die Eltern (Wahleltern) und das Kind ein fremdes Personalstatut und wenigstens ein Eltern-(Wahleltern-)teil und das Kind im Entscheidungsstaat ihren gewöhnlichen Aufenthalt hatten und das nach diesem Bundesgesetz oder nach dem internationalen Privatrecht des Entscheidungsstaates anzuwendende Recht angewendet wurde;

c) wenigstens ein Eltern-(Wahleltern-)teil oder das Kind das österreichische Personalstatut haben und bei Zutreffen der sonstigen Voraussetzungen des Abs. 2 lit. b der Entscheidung das nach diesem Bundesgesetz anzuwendende Recht zugrunde gelegt oder doch das gleiche Ergebnis erzielt wurde, wie es bei Anwendung des nach diesem Bundesgesetz vorgesehenen Rechtes erzielt worden wäre.

(3) Die Anerkennung von Statusentscheidungen ist in den Fällen des Abs. 2 lit. b und c nur wirksam, wenn das Oberlandesgericht, in dessen Sprengel der Antragsteller seinen gewöhnlichen Aufenthalt oder das antragstellende Gericht oder die antragstellende Verwaltungsbehörde ihren Sitz haben, bei Fehlen dieser Voraussetzungen das Oberlandesgericht Wien, auf Antrag eines Eltern-(Wahleltern-)teiles, des Kindes (Wahlkindes), eines Gerichtes oder einer Verwaltungsbehörde, wenn eine von diesen zu treffenden Entscheidung von der Anerkennung einer im Ausland erfolgten Statusentscheidung abhängig ist, das Vorliegen der gesetzlichen Voraussetzungen für die Anerkennung der Statusentscheidung sowohl im Zeitpunkt ihres Eintritts als auch im Zeitpunkt der Anerkennung oder des Todes einer der hier genannten Personen ausgesprochen hat. § 20 Abs. 2 Satz 3, 4 und 5 findet Anwendung.

(4) Soweit in diesem Bundesgesetz nicht anders bestimmt ist, findet Abs. 3 auf Statusänderungen, die im Ausland oder durch Anwendung fremden Rechts anders als durch Entscheidung bewirkt wurden, sinngemäß Anwendung.

C. *Vormundschaft und Kuratel*

§ 26. Sonstige Vormundschafts- und Pflegschaftssachen (Vormundschafts- und Pflegschaftsstatut)

(1) Vormundschafts- und Pflegschaftssachen sind, soweit sie nicht unter die Bestimmungen der §§ 21 bis 24 und 27 fallen, nach dem Personalstatut des Pflegebefohlenen (Betroffenen) zu beurteilen.

(2) Die inländische Gerichtsbarkeit ist gegeben, wenn

a) die pflegebefohlene oder betroffene Person das inländische Personalstatut hat; hat sie ihren gewöhnlichen Aufenthalt im Ausland, kann von der Einleitung oder Fortsetzung eines Verfahrens abgesehen werden, wenn die dort getroffenen Maßnahmen zum Schutz der Rechte und Interessen dieser Person ausreichen;

b) die pflegebefohlene oder betroffene Person ein fremdes Personalstatut und ihren gewöhnlichen Aufenthalt im Inland hat; ein Verfahren ist jedoch nur durchzuführen oder eine Maßnahme ist nur zu ergreifen, wenn diese nach dem Personalstatut des Pflegebefohlenen (Betroffenen) erforderlich sind und wenn die Behörden des durch das Personalstatut bestimmten Staates nach Verständigung durch das inländische Gericht die Führung dieser Geschäfte nicht in angemessener Frist übernehmen.

(3) Ausländische Entscheidungen in Vormundschafts- und Pflegschaftssachen gemäß Abs. 1 werden in Österreich anerkannt, wenn der Pflegebefohlene (Betroffene) im Verfahren die Möglichkeit hatte, die zur Verfolgung seines Rechtsstandpunktes erforderlichen tatsächlichen und rechtlichen Ausführungen selbst, durch seinen gesetzlichen, einen frei gewählten oder im Falle der Prozeßunfähigkeit oder Abwesenheit vom Gericht bestellten Vertreter vorzubringen, Anträge und Gegenanträge zu stellen und Rechtsmittel zu ergreifen und außerdem im Zeitpunkt der Entscheidung in derselben Sache keine rechtskräftige Entscheidung eines österreichischen Gerichtes vorlag und entweder die Rechtsordnung des Entscheidungsstaates das Personalstatut des Pflegebefohlenen (Betroffenen) war oder dieser im Entscheidungs-

staat seinen gewöhnlichen Aufenthalt hatte und im Falle eines österreichischen Personalstatutes des Pflegebefohlenen (Betroffenen) das nach diesem Bundesgesetz oder nach dem internationalen Privatrecht des Entscheidungsstaates anzuwendende Recht angewendet wurde. Ohne Rücksicht auf die Voraussetzungen von Satz 1 werden die Entscheidungen jener ausländischen Gerichte anerkannt, denen die Führung von Vormundschaften oder Pflegschaften über Inländer überlassen wurde.

§ 27. Dringliche Maßnahmen

(1) Voraussetzungen und Wirkungen der im Inland getroffenen dringlichen Maßnahmen sind nach inländischem Recht zu beurteilen.

(2) Die inländische Gerichtsbarkeit zur Ergreifung von dringlichen Maßnahmen zu Sicherung von Personen und Vermögen ist gegeben, wenn eine Person, in deren Interesse die Maßnahme geboten ist, ihren Aufenthalt im Inland hat, oder sich das zu schützende Vermögen im Inland befindet. Die zuständige ausländische Behörde ist von der getroffenen Maßnahme unverzüglich zu verständigen.

IV. Erbrecht

§ 28. Erbstatut

Nach dem letzten Personalstatut des Erblassers ist zu beurteilen, welche Personen in welchem Ausmaß gesetzliche Erben oder Noterben sind; ob, mit wem und in welchem Ausmaß vom Erblasser geschlossene Erbverträge und sonstige Rechtsgeschäfte auf den Todesfall wirksam sind oder welcher Staat das Heimfallsrecht geltend machen kann.

§ 29. Wirksamkeit letztwilliger Verfügungen

Hat der Erblasser nicht gemäß § 9 ein anderes Recht als anwendbar bestimmt, so wird die Wirksamkeit letztwilliger Verfügungen nach dem letzten Personalstatut des Erblassers beurteilt.

V. Sachenrecht

§ 30. Allgemeines Sachstatut

Nach dem Recht des Lageortes einer Sache ist zu beurteilen:

a) welcher Art von Sachen eine Sache zuzuordnen ist,

b) Erwerb, Verlust, Inhalt und Änderung von dinglichen Rechten.

§ 31. Verkehrsmittel

Dingliche Rechte an Fahrzeugen, die zum gewerbsmäßigen Transport von Personen oder Waren über die Grenzen bestimmt sind, werden nach den Rechten jenes Staates beurteilt, in dem die Fahrzeuge registriert oder zum Verkehr zugelassen sind. Gesetzliche und exekutive Pfandrechte sowie Rückbehaltungsrechte an solchen Fahrzeugen werden nach dem Recht des jeweiligen Lageortes beurteilt.

§ 32. Immaterialgüterrechte

Urheberrechte sind nach dem Recht der ersten Veröffentlichung des Werkes zu beurteilen; Patentrechte nach dem Recht der ersten Patenterteilung; Marken- und Musterschutzrechte nach dem Recht der ersten Hinterlegung oder Eintragung.

§ 33. Gesamt- und Einzelstatut

Die Rechtsordnung, in deren Geltungsbereich sich eine Liegenschaft befindet, ist auf alle Rechte, die diese Liegenschaft betreffen, auch dann anzuwenden, wenn nach diesem Bundesgesetz oder einer anderen Rechtsvorschrift auch eine andere Rechtsordnung anwendbar ist.

VI. Schuldrecht

§ 34. Gesetzliche Anknüpfung im allgemeinen

In Ermangelung einer Vereinbarung oder Bestimmung gemäß § 9 ist, soweit im folgenden nicht anders bestimmt ist, für Rechtsgeschäfte die Rechtsordnung maßgebend, die zu dem Rechtsgeschäft die engste Beziehung aufweist.

§ 35. Gesetzliche Anknüpfung in Einzelfällen

Haben die Parteien keine Vereinbarung gemäß § 9 getroffen, so sind zu beurteilen:

a) Internationale Warenkäufe nach dem am gewöhnlichen Aufenthalt (Betriebssitz) des Verkäufers geltenden Recht; wurde der Kauf am gewöhnlichen Aufenthalt (Betriebssitz) des Käufers abgeschlossen, so nach diesem Recht.

b) Muster- und Schablonenverträge, Handelsvertreter- und Mäklerverträge, Bank- und Versicherungsverträge, Transport-, Spediteur- und Lagerverträge nach der Rechtsordnung, die zur Zeit des Vertragsabschlusses am Sitz des Unternehmers (Filiale) gilt, mit dem (der) der Vertrag abgeschlossen wurde.

c) Urheber- und Patentverträge nach dem Recht des Ortes, in dem der Erwerber des Urheber- oder Patentrechtes im Zeitpunkt des Vertragsabschlusses seinen Sitz oder gewöhnlichen Aufenthalt hatte.

d) Schuldverbindlichkeiten aus Börseverträgen nach dem am Börsesitz im Zeitpunkt des Vertragsabschlusses maßgebenden Recht sowie Schuldverbindlichkeiten aus den auf öffentlichen Märkten und bei Messen geschlossenen Verträgen nach dem dort bei Vertragsabschluß geltenden Recht.

e) Arbeitsverhältnisse nach dem Recht des gewöhnlichen Arbeitsortes des Beschäftigten.

§ 36. Abhängige Rechtsverhältnisse

Soweit in diesem Bundesgesetz oder anderen Rechtsvorschriften nicht anders bestimmt ist, unterstehen abhängige Rechte und Rechtsverhältnisse, abgesehen von der Form, derselben Rechtsordnung wie das Recht oder Rechtsverhältnis, von dem sie abhängen.

§ 37. Schadenersatz

(1) Ansprüche aus erlittener Beschädigung einschließlich der Haftung für fremdes Verschulden und für Schäden aus erhöhter Betriebsgefahr sind nach der Rechtsordnung zu beurteilen, die am Ort des Eintrittes des schädigenden Erfolges gilt. Soferne jedoch die den Schaden verursachenden und von ihm betroffenen Personen ein gemeinsames Personalstatut besitzen, wird der Schadenersatz nach dem dadurch bezeichneten Recht beurteilt.

(2) Ansprüche aus Arbeitsunfällen werden nach dem Recht des gewöhnlichen Arbeitsortes beurteilt.

VII. Übergangs- und Schlußbestimmungen

§ 38. Inkrafttreten

Dieses Bundesgesetz tritt am .... in Kraft. Mit dem gleichen Tag treten alle ihm entgegenstehenden Vorschriften außer Kraft.

§ 39. Außerkrafttreten abweichender Bestimmungen

Außer Kraft treten insbesondere:

1. §§ 4, 34 - 37, 300 ABGB;

2. § 22 letzter Satz AußStrG RGBl 1854/208, i. d. F. BG 21. 12. 1923, BGBl 636 betr. die Vereinfachung des Verfahrens außer Streitsachen;

3. a) § 76 Abs. 2 und 3 JN 1. 8. 1895, RGBl 111 i. d. F. des § 19 Abs. 1 der 4. DVEheG 25. 11. 1941 DRGBl I 654;

b) §§ 113 b und 113 c JN 1. 8. 1895 RGBl 111 i. d. F. des BG vom 17. 2. 1960 BGBl 1960/58;

4. § 271 Abs. 2 ZPO 1. 8. 1895, RGBl 113;

5. § 81 Z 3 EO 8. 8. 1895 RGBl 1896/79;

6. § 1 Abs. 2 des Gesetzes 15. 11. 1940, DRGBl I 1499, über Rechte an eingetragenen Schiffen und Schiffsbauwerken;

7. 4. DVEheG 25. 10. 1941 DRGBl I 654 mit Ausnahme der §§ 19, 21 und 22;

8. § 12 TEG 1950 BGBl 1951/23;

9. GJGebG 1962 BGBl 289 TP 18 a) 3.

§ 40. Internationale Abkommen

Internationale Abkommen, die für Österreich verbindlich sind oder werden, sowie österreichische Rechtsvorschriften, die auf Grund solcher Abkommen erlassen wurden, werden durch die Bestimmungen dieses Gesetzes nicht berührt.

§ 41. Vollziehung

Mit der Vollziehung dieses Bundesgesetzes ist der Bundesminister für Justiz, hinsichtlich des § 13 Abs. 2 und des § 38 im Einvernehmen mit dem Bundesminister für Inneres, hinsichtlich der §§ 38, 39 Z 9 im Einvernehmen mit dem Bundesminister für Finanzen, betraut.

Allgemeine prozessuale Grundsätze

§ A. Inländische Gerichtsbarkeit

Soweit in diesem Bundesgesetz und in anderen Rechtsvorschriften nicht anderes bestimmt ist, ist die inländische Gerichtsbarkeit gegeben,

1. wenn im Inland eine örtliche Zuständigkeit besteht oder vereinbart werden kann;
2. wenn über Statusfragen eine Inländers zu entscheiden ist.

§ B. Anerkennung ausländischer Entscheidungen

Unbeschadet zusätzlicher oder abweichender Bestimmungen in diesem Bundesgesetz oder in anderen Rechtsvorschriften können ausländische Entscheidungen im Inland nur anerkannt werden, wenn

a) die Rechtssache nach Maßgabe der im Inland über die internationale Zuständigkeit geltenden Bestimmungen im fremden Staaten anhängig gemacht werden konnte;

b) die Parteien oder die von der Entscheidung betroffenen Personen die Möglichkeit gehabt haben, die zur Verfolgung ihres Rechtsstandpunktes erforderlichen tatsächlichen und rechtlichen Ausführungen selbst oder durch einen frei gewählten, ihren gesetzlichen oder im Falle der Prozeßunfähigkeit oder Abwesenheit vom Gericht bestellten Vertreter vorzubringen, Anträge und Gegenanträge zu stellen und Rechtsmittel zu ergreifen;

c) zwischen den gleichen Parteien über denselben Anspruch im Inland keine rechtskräftige Entscheidung ergangen oder eine ausländische Entscheidung rechtskräftig anerkannt ist;

d) die Anerkennung nicht offenbar gegen wesentliche Grundsätze der inländischen Rechtsordnung verstößt.

§ C. Streitanhängigkeit

Ein im Ausland anhängiges Verfahren begründet in Österreich die Einrede der Streitanhängigkeit, wenn die im Ausland ergehende Entscheidung gemäß § B anzuerkennen sein wird. Findet das ausländische Verfahren nicht binnen angemessener Frist seinen Abschluß, hindert die Streitanhängigkeit nicht die Entscheidung oder Fortsetzung eines Verfahrens in Österreich.

§ D. Vollstreckbarkeit ausländischer Entscheidungen

Eine ausländische Entscheidung, die gemäß § B im Inland anzuerkennen ist, ist hier auch vollstreckbar, wenn der entschiedene Anspruch auch im Inland Gegenstand eines gerichtlichen Verfahrens und gerichtlicher Vollstreckung hätte sein können.

Anhang III

Entwurf eines Gesetzes über Internationales Privatrecht (1914) „Wiener“ oder „Walker'scher“ Entwurf

(nach *Makarov*, Quellen des Internationalen Privatrechts I [1953] Österreich 30 - 46)

I. Abschnitt

Allgemeine Bestimmungen

Handlungsfähigkeit

§ 1. (1) Die Fähigkeit einer Person, Rechtsgeschäfte vorzunehmen, wird nach den Gesetzen des Staates beurteilt, dem sie angehört.

(2) Infolge des Eintrittes in den österreichischen Staatsverband geht die einmal erlangte Volljährigkeit nicht verloren.

§ 2. Nimmt ein Ausländer im Inlande ein Rechtsgeschäft vor, für das er handlungsunfähig oder in der Handlungsfähigkeit beschränkt ist, so gilt er für dieses Rechtsgeschäft insoweit als handlungsfähig, als er nach den inländischen Gesetzen handlungsfähig sein würde. Auf familienrechtliche und erbrechtliche Rechtsgeschäfte sowie auf Rechtsgeschäfte, durch die über eine ausländische Liegenschaft verfügt wird, findet diese Vorschrift keine Anwendung.

Todeserklärung

§ 3. (1) Die Todeserklärung eines Inländers ist durch die österreichischen Gerichte und nach den österreichischen Gesetzen auszusprechen.

(2) Für die nach ausländischen Gesetzen bestimmten Rechtsverhältnisse ist diese Todeserklärung nur wirksam, sofern sie in dem Staate, nach dessen Gesetzen das Rechtsverhältnis zu beurteilen ist, anerkannt wird.

§ 4. (1) Die Todeserklärung eines Ausländers ist durch die österreichischen Gerichte und nach den österreichischen Gesetzen mit Wirkung für die Rechtsverhältnisse, die sich nach den österreichischen Gesetzen bestimmen, und, wenn eine im Heimatstaate wirksame Todeserklärung im Auslande noch nicht angesucht oder nicht bewilligt wurde, mit Wirkung für den im Inlande befindlichen Nachlaß auszusprechen.

(2) Hatte ein verschollener ausländischer Ehemann seinen letzten Wohnsitz im Inlande und ist die im Inlande zurückgebliebene oder dahin zurückgekehrte Ehefrau Inländerin oder bis zu ihrer Verheiratung mit dem Verschollenen Inländerin gewesen, so ist auf ihren Antrag, wenn eine im Heimatstaate des Verschollenen wirksame Todeserklärung im Auslande noch nicht angesucht oder nicht bewilligt wurde, die Todeserklärung im Inlande nach den inländischen Gesetzen auch mit Wirkung für die Ehe auszusprechen.

§ 5. (1) Im übrigen wird die Todeserklärung durch eine ausländische Behörde mit der Wirkung für Rechtsverhältnisse, die sich nicht nach den österreichischen Gesetzen bestimmen, anerkannt, wenn sie in dem Staate, nach dessen Gesetzen das betreffende Rechtsverhältnis zu beurteilen ist, ergangen ist oder anerkannt wird.

(2) Ob Todeserklärungen durch ausländische Behörden mit Wirkung für die nach österreichischen Gesetzen bestimmten Rechtsverhältnissen anerkannt werden, kann durch Verordnung des Justizministers festgesetzt werden.

Form der Rechtsgeschäfte

§ 6. (1) Die Form eines Rechtsgeschäftes bestimmt sich, soweit im folgenden nichts anderes angeordnet wird, nach den Gesetzen, die für das Rechtsgeschäft selbst maßgebend sind. Es genügt jedoch die Beobachtung der Gesetze der Orte, wo die rechtsgeschäftlichen Erklärungen abgegeben wurden.

(2) Auf Rechtsgeschäfte, durch die ein dingliches Recht oder eine Last an einer Sache begründet, geändert oder aufgehoben wird, findet die letzte Vorschrift keine Anwendung.

Freiwillige Unterwerfung

§ 7. Die Parteien können ein Rechtsverhältnis ausdrücklich oder stillschweigend einem bestimmten Rechte unterwerfen, insoweit nicht zwingende Vorschriften derjenigen Gesetze entgegenstehen, die nach den sonst entscheidenden Grundsätzen auf das Rechtsverhältnis anzuwenden sind.

II. Abschnitt

Rechtsverhältnisse an Sachen

§ 8. Besitz und Rechte an unbeweglichen und beweglichen körperlichen Sachen werden nach den Gesetzen des Ortes beurteilt, wo sie sich befinden.

§ 9. Der Erwerb oder Verlust von Rechten an beweglichen körperlichen Sachen wird nach den Gesetzen des Ortes beurteilt, wo sich die Sache zur Zeit der Verwirklichung des Tatbestandes befunden hat, der den Erwerb oder Verlust begründet haben soll.

§ 10. Inwieweit die Eigentumsklage gegen den Besitzer stattfindet, wird nach den Gesetzen des Ortes bestimmt, wo sich die Sache beim Erwerbe des Besitzes befunden hat.

§ 11. Die Ersitzung wird nach den Gesetzen des Staates beurteilt, wo sich die Sache zu der Zeit befunden hat, zu welcher die Ersitzung begonnen haben soll. Der Ersitzende kann sich aber auch auf die Gesetze des Staates, wo die Ersitzung vollendet wird, berufen; doch ist in diesem Falle der Lauf der Ersitzung erst von dem Zeitpunkte an zu berechnen, in welchem die Sache in diesen Staat gelangt ist.

§ 12. Die inländischen Vorschriften über Eintragungen in die öffentlichen Bücher sind anzuwenden, wenngleich der Rechtsgrund für die Erwerbung, Übertragung, Beschränkung oder Aufhebung der bürgerlichen Rechte nach ausländischen Gesetzen zu beurteilen ist.

III. Abschnitt

Schuldverhältnisse

§ 13. (1) Schuldverhältnisse aus Rechtsgeschäften unter Lebenden sind nach den in den §§ 14 bis 16 bezeichneten Gesetzen zu beurteilen, sofern sich nicht die Parteien in den Grenzen dieser Gesetze anderen Gesetzen unterworfen haben (§ 7).

(2) Eine stillschweigende Unterwerfung beider Parteien ist im Zweifel anzunehmen:

1. bei Verkäufen im Handels- oder Gewerbebetriebe, außer den in Z. 2 und im § 14, Absatz 1, vorgesehenen Fällen, unter die Gesetze des Ortes, wo sich die Handels- oder Gewerbeniederlassung des Verkäufers befindet;

2. bei Verträgen auf Übernahme von öffentlichen Arbeiten, Bauten oder Lieferungen, sowie bei Dienst- und Werkverträgen mit dem Staate, einem Lande, einem Bezirke, einer Gemeinde oder einer öffentlichen Anstalt unter die in diesem Staate oder im örtlichen Bereiche des Landes, Bezirkes, der Gemeinde oder öffentlichen Anstalt geltenden Gesetze;

3. bei Versicherungsverträgen unter die am Sitze der Versicherungsgesellschaft geltenden Gesetze; bei Versicherungsverträgen, die mit einer außerhalb des Sitzes der Versicherungsgesellschaft befindlichen Vertretung dieser Gesellschaft abgeschlossen werden, unter die am Sitze der Vertretung geltenden Gesetze;

4. bei Verträgen, die mit Advokaten, Notaren, Ärzten und anderen zur Ausübung eines Berufes öffentlich bestellten Personen geschlossen werden und eine Ausübung des Berufes zum Gegenstande haben, unter die Gesetze des Ortes, wo diese Personen ihren Amts- oder Wohnsitz haben;

5. bei Dienstverträgen, die von Arbeitern oder Beamten mit einer Handels-, Industrie- oder Bergbaugesellschaft, mit einem Kaufmanne oder gewerblichen Unternehmer geschlossen werden, unter die Gesetze des Ortes der Niederlassung.

§ 14. (1) Bei Verträgen, die an der Börse, auf Messen oder öffentlichen Märkten geschlossen werden, sind die Gesetze dieses Ortes anzuwenden.

(2) Bei Verträgen, die Liegenschaften zum Gegenstande haben, sind die Gesetze des Ortes anzuwenden, wo sich die Liegenschaft befindet.

§ 15. (1) Bei anderen Verträgen sind die Gesetze des Staates anzuwenden, in dem die Parteien gemeinsam ihren Wohnsitz haben, wenn sie aber nicht in demselben Staate ihren Wohnsitz haben und der Vertrag unter Anwesenden geschlossen wurde, die Gesetze des Ortes, an dem er geschlossen wurde, und wenn der Vertrag unter Abwesenden geschlossen wurde, das Gesetz des Wohnsitzes des Schuldners.

(2) Bei einseitigen Rechtsgeschäften sind die Gesetze des Wohnsitzes des Schuldners anzuwenden.

(3) Bei Rechtsgeschäften im Handels- oder Gewerbebetriebe kommt es an Stelle des Wohnsitzes auf den Ort der Handels- oder Gewerbeniederlassung an.

§ 16. Ist es nach den Umständen des Falles offenbar, daß nicht die Geltung dieser Gesetze, sondern die Geltung anderer Gesetze der vernünftigen Ord-

nung des rechtsgeschäftlichen Verkehrs entspricht, so sind diese anderen Gesetze anzuwenden.

§ 17. Schuldverhältnisse aus einer unerlaubten oder aus einer eine Haftpflicht begründenden Handlung sind nach den Gesetzen des Ortes zu beurteilen, wo die Handlung vorgenommen wurde.

IV. Abschnitt

Familienrechtliche Verhältnisse

Eingehung der Ehe

§ 18. Das Recht zur Eheschließung regelt sich in Ansehung eines jeden der Eheschließenden, vorbehaltlich der Bestimmung des § 55, nach den Gesetzen des Staates, dem er angehört.

§ 19. (1) Die Form der Eheschließung wird nach den Gesetzen des Ortes beurteilt, wo die Ehe geschlossen wurde.

(2) Es genügt aber, wenn die vom heimatlichen Gesetze eines jeden der Ehegatten vorgeschriebene Form beobachtet wurde.

(3) Diplomatische und konsularische Vertreter ausländischer Staaten können Eheschließungen zwischen Angehörigen dieser Staaten im Inlande nur dann gültig vornehmen, wenn durch ein Zeugnis der zuständigen politischen Behörde bescheinigt ist, daß die beabsichtigte Eheschließung wegen eines Hindernisses der in § 55, Z. 4 bis 7, bezeichneten Art vor inländischen Trauungsorganen nicht stattfinden kann.

(4) Zuständig zur Ausstellung des erwähnten Zeugnisses ist die politische Behörde erster Instanz des Aufenthaltsortes eines der beiden Ausländer.

Persönliche Rechtsbeziehungen der Ehegatten

§ 20. (1) Die persönlichen Rechtsbeziehungen der Ehegatten zueinander, einschließlich des Unterhaltsanspruches, werden nach den Gesetzen des Staates beurteilt, dem die Ehegatten angehören.

(2) Sind diese Gesetze für den einen oder den anderen Ehegatten verschieden, so werden die Rechtsbeziehungen der Ehegatten zueinander nach den Gesetzen des Staates beurteilt, dem beide Ehegatten zuletzt gemeinsam angehört haben.

Eheliches Güterrecht

§ 21. (1) Das eheliche Güterrecht im Verhältnis zwischen den Ehegatten wird nach den Gesetzen des Staates beurteilt, dem der Ehemann zur Zeit der Eheschließung angehört. Diese Gesetze bleiben auch nach einem Wechsel der Staatsangehörigkeit maßgebend.

(2) Die vertragsmäßige Änderung des ehelichen Güterrechtes ist nach den Gesetzen des Staates zu beurteilen, dem der Ehemann zur Zeit des Vertragsabschlusses angehört.

§ 22. Wenn nach dem Rechte eines auswärtigen Staates, in dessen Gebiete sich Liegenschaften der Ehegatten befinden, die Anwendung der Gesetze der gelegenen Sache vorgeschrieben ist, so finden diese Gesetze Anwendung.

Trennung und Scheidung einer Ehe

§ 23. (1) Die Trennung der Ehe und die Scheidung der Ehegatten von Tisch und Bett wird nach den Gesetzen des Staates beurteilt, dem die Ehegatten zur Zeit ihrer einverständlichen Trennung oder Scheidung oder zur Zeit der Erhebung der Klage angehören. Sind diese Gesetze für den einen und den anderen Ehegatten verschieden, so wird die Trennung und die Scheidung nach den Gesetzen des Staates beurteilt, dem zuletzt beide Ehegatten angehört haben.

(2) Bei einem Wechsel der Staatsbürgerschaft kann eine Tatsache, die sich vorher ereignete, als Trennungs- oder Scheidungsgrund nur geltend gemacht werden, wenn sie auch nach den früher maßgebend gewesenen Gesetzen ein Trennungs- oder Scheidungsgrund war.

(3) Liegen nach Absatz 1 die Voraussetzungen für die Trennung oder Scheidung vor, so kann hierauf im Inlande gleichwohl nur dann erkannt werden, wenn das Begehren auch nach den inländischen Gesetzen begründet ist.

(4) Ausländischen Ehegatten, die im Inlande ihren Wohnsitz haben, kann der abgesonderte Wohnort und der einstweilige Unterhalt auch dann bewilligt werden, wenn die Klage auf Scheidung oder Trennung der Ehe vor einem ausländischen Gerichte erhoben werden soll.

Eheliche Abstammung

§ 24. Ob ein Kind als ehelich geboren anzusehen sei, wird nach den Gesetzen des Staates beurteilt, dem der Ehemann zur Zeit der Geburt des Kindes oder, falls er vorher gestorben ist, zur Zeit seines Todes angehört hat.

Eltern und eheliche Kinder

§ 25. (1) Für das Rechtsverhältnis zwischen Eltern und ehelichen Kindern sind die Gesetze des Staates maßgebend, dem alle Beteiligten angehören.

(2) Sind diese Gesetze für den einen und für den anderen der Beteiligten verschieden, so sind die Gesetze des Staates maßgebend, dem sie zuletzt gemeinsam angehört haben.

(3) Wenn nach dem Rechte eines auswärtigen Staates, in dessen Gebiete sich Liegenschaften des Kindes befinden, die Rechte des ehelichen Vaters an diesen Liegenschaften nach den Gesetzen der gelegenen Sache zu beurteilen sind, so finden diese Gesetze Anwendung.

(4) Durch die Verheiratung einer Tochter erlöschen die Rechte der Eltern, soweit sie mit den in den heimatlichen Gesetzen des Ehemannes begründeten Rechten desselben in Widerspruch stehen.

Uneheliches Kind und Mutter

§ 26. (1) Das Rechtsverhältnis zwischen einem unehelichen Kinde und seiner Mutter wird nach den Gesetzen des Staates beurteilt, dem sie angehören.

(2) Sind diese Gesetze für den einen und den anderen Teil verschieden, so sind die Gesetze des Staates maßgebend, dem sie zuletzt gemeinsam angehört haben.

Verpflichtungen des unehelichen Vaters

§ 27. (1) Auf die Feststellung der Vaterschaft zu einem unehelichen Kinde und die Bestimmung der Unterhaltsansprüche des Kindes und der Ansprüche der außerehelichen Mutter gegen den Vater sind die Gesetze des Staates anzuwenden, dem die Mutter des Kindes zur Zeit der Geburt des Kindes angehört.

(2) Haben der Vater und die Mutter zur Zeit der Geburt des Kindes im Inlande den Wohnsitz, so sind die inländischen Gesetze anzuwenden, sofern sie für die Mutter oder das Kind günstiger sind.

Legitimation und Annahme an Kindes Statt

§ 28. (1) Die Legitimation eines unehelichen Kindes wird nach den Gesetzen des Staates beurteilt, dem der Vater des Kindes zur Zeit der Legitimation angehört oder dem er zur Zeit seines Todes angehört hat.

(2) Die Annahme an Kindes Statt wird nach den Gesetzen des Staates beurteilt, dem der annehmende Teil angehört. Die Notwendigkeit der Zustimmung des Kindes und seiner Angehörigen wird nach den Gesetzen des Staates beurteilt, dem das Kind angehört.

Vormundschaft und Kuratel

§ 29. Die Voraussetzungen für die Anordnung und die Beendigung der Vormundschaft werden nach den Gesetzen des Staates beurteilt, dem der Minderjährige angehört.

§ 30. Für einen Inländer ist die Vormundschaft in der Regel im Inlande anzuordnen und zu führen. Hat der inländische Pflegebefohlene seinen Wohnsitz oder ständigen Aufenthalt im Auslande, so kann das Gericht mit Zustimmung des Oberlandesgerichtes von der Anordnung oder Fortführung der Vormundschaft absehen, wenn die im Auslande angeordnete Vormundschaft zum Schutze der Rechte und Interessen des Inländers ausreicht.

§ 31. (1) Die vormundschaftliche Fürsorge über einen Inländer erstreckt sich auf die Person des Minderjährigen und auf die Gesamtheit seines Vermögens, wo immer es sich befindet.

(2) Von der vormundschaftlichen Fürsorge für ein im Auslande befindliches Vermögen kann das Gericht absehen, wenn im Auslande eine besondere Vormundschaft angeordnet ist, welche zum Schutz der Rechte und Interessen des inländischen Minderjährigen ausreicht.

§ 32. (1) Für einen minderjährigen Ausländer sind bis zur Entscheidung der zuständigen Behörde des Heimatstaates über die Vormundschaft alle zum Schutze seiner Person und seines Vermögens erforderlichen Maßnahmen zu treffen.

(2) Das österreichische Gericht, in dessen Sprengel sich ein ausländischer, der vormundschaftsbehördlichen Fürsorge bedürftiger Minderjähriger befindet, hat von dieser Sachlage alsbald nach erlangter Kenntnis die Behörden des Staates zu benachrichtigen, dem der Minderjährige angehört.

§ 33. (1) Wenn die Vormundschaft vom Heimatstaate innerhalb einer angemessenen Frist nicht angeordnet wird, so ist für einen minderjährigen Ausländer, der im Inlande seinen ständigen Aufenthalt hat, die Vormundschaft nach den inländischen Gesetzen anzuordnen und fortzuführen.

(2) Wird nachträglich im Heimatstaate die Vormundschaft angeordnet, so ist die Vormundschaft im Inlande unverweilt einzustellen.

§ 34. (1) Die Rechtsbeziehung zwischen Vormund und Mündel werden nach den Gesetzen des Staates beurteilt, dem die Vormundchaftsbehörde angehört.

(2) Die Pflicht zur Übernahme der Vormundschaft richtet sich nach den Gesetzen des Staates, dem der Vormund angehört.

§ 35. (1) Die Bestimmungen der §§ 29 bis 34 finden auf Kurateln über Handlungsunfähige sinngemäße Anwendung.

(2) Eine Kuratel kann für einen Ausländer, der im Inlande seinen ständigen Aufenthalt hat, im Inlande angeordnet werden, wenn die Voraussetzungen hierfür nicht nur nach dem heimatlichen, sondern auch nach dem inländischen Recht vorliegen.

V. Abschnitt

Erbrechtliche Verhältnisse

§ 36. Für erbrechtliche Verhältnisse sind die Gesetze des Staates maßgebend, dem der Erblasser zur Zeit seines Todes angehört.

§ 37. Die Fähigkeit zur Errichtung oder Aufhebung einer letztwilligen Verfügung wird nach den Gesetzen des Staates beurteilt, dem der Erblasser zur Zeit der Erklärung angehört hat.

§ 38. Die Form der Errichtung oder Aufhebung einer letztwilligen Verfügung bestimmt sich nach den Gesetzen des Staates, dem der Erblasser zur Zeit der Erklärung angehört hat. Es genügt jedoch die Beobachtung der Gesetze des Ortes, wo die Erklärung abgegeben wurde.

§ 39. (1) Die Fähigkeit zur Errichtung oder Aufhebung von Erbverträgen und die Zulässigkeit dieser Verträge bestimmen sich nach den Gesetzen des Staates, dem die Verfügenden zur Zeit der Errichtung oder Aufhebung des Vertrages angehören.

(2) Bei Erbverzichten sind die Gesetze des Staates maßgebend, dem der Erblasser zur Zeit seines Todes angehört hat.

§ 40. Auf das im Inlande befindliche Vermögen eines Ausländers, das den Gegenstand eines Lehens oder Fideikommisses bildet, finden die inländischen Gesetze Anwendung.

§ 41. Auf ein im Auslande befindliches Fideikommiß sowie auf Liegenschaften, die sich in einem anderen Staate befinden und auf die nach dem Rechte dieses Staates die Gesetze der gelegenen Sache Anwendung finden, sind diese Gesetze anzuwenden.

Verlassenschaftsabhandlung nach Inländern

§ 42. (1) In Ansehung des wo immer befindlichen Nachlasses eines Inländers ist die Verlassenschaftsabhandlung nach den im Inlande bestehenden Vorschriften vorzunehmen.

(2) In Ansehung des im Auslande befindlichen Nachlaßvermögens eines Inländers ist aber eine Verlassenschaftsabhandlung nicht einzuleiten, wenn das im Auslande befindliche Vermögen den inländischen Gerichten weder zur Verfügung gestellt noch Verfügungen der inländischen Gerichte in Nachlaßsachen im Auslande Wirksamkeit zuerkannt wird.

Verlassenschaften von Ausländern

§ 43. Hinsichtlich des im Inlande befindlichen unbeweglichen und beweglichen Vermögens eines Ausländers, auf das nicht gemäß § 40 die inländischen Gesetze Anwendung finden, hat sich das ausländische Gericht, insoweit nicht in den § 44 bis 48 etwas anderes bestimmt ist, auf die Vornahme der zur Sicherung des Nachlasses erforderlichen Maßnahmen zu beschränken.

§ 44. Wenn ein Ausländer im Inlande seinen ordentlichen Wohnsitz hatte, so ist auf Antrag eines im Inlande sich aufhaltenden, nach inländischem Rechte berufenen Erben oder Pflichtteilsberechtigten die Verlassenschaftsabhandlung von dem zuständigen inländischen Gerichte unter Anwendung des inländischen Rechtes vorzunehmen, es sei denn, daß dagegen von einem der nach heimatlichem Rechte berufenen Erben oder Pflichtteilsberechtigten oder der zuständigen Behörde des Heimatstaates des Erblassers Einsprache erhoben wird. Die Beteiligten sind mittels Ediktes aufzufordern, innerhalb der in der Regel auf einen Monat zu bestimmenden Frist ihre Erklärung abzugeben. Das Edikt ist in in- und ausländische Zeitungen einzuschalten. Dem Gerichte bekannte Beteiligte sind durch Zustellung einer Ausfertigung des Ediktes zur Erklärung aufzufordern.

§ 45. Insoweit der Staat, dem der Erblasser angehört, weder den dort befindlichen Nachlaß von Inländern den inländischen Gerichten zur Verfügung stellt noch Verfügungen der inländischen Gerichte über diesen Nachlaß Wirksamkeit zuerkennt, ist in gleicher Weise der im Inlande befindliche Nachlaß seiner Angehörigen unter Anwendung inländischer Gesetze abzuhandeln.

§ 46. Wenn nicht ermittelt werden kann, nach welchen Grundsätzen der ausländische Staat, dem der Erblasser angehört, hinsichtlich der Nachlässe von Inländern vorgeht oder wenn dieser Staat es ablehnt, über den Nachlaß seiner Staatsangehörigen zu verfügen, so ist mit dem im Inlande befindlichen und dem vom Auslande überlassenen Nachlasse eines solchen Ausländers unter Anwendung inländischen Rechtes die Abhandlung vorzunehmen.

§ 47. Die Erklärung des Justizministers über das Verhalten des auswärtigen Staates in den Fällen der §§ 42, Absatz 2, 45 und 46 ist für die Gerichte bindend.

§ 48. Im Inlande befindliches bewegliches Vermögen eines Ausländers darf an das Ausland erst ausgefolgt werden, wenn die aus diesem Vermögen zu zahlenden Steuern und Gebühren sowie die Ansprüche der im Inlande sich ständig aufhaltenden Erben, Vermächtnisnehmer, Pflichtteilsberechtigten und Nachlaßgläubiger, die infolge Aufforderung durch Edikt beim inländischen Gerichte angemeldet wurden, sichergestellt sind. Dem Gerichte bekannte Beteiligte sind durch Zustellung einer Ausfertigung des Ediktes zur Anmeldung aufzufordern.

§ 49. (1) Hat eine österreichische oder österreichisch-ungarische Behörde die Ausfolgung eines Vermögens an die von einer ausländischen Nachlaßbehörde als berechtigt erklärten Erben, Pflichtteilsberechtigten oder Vermächtnisteilnehmer zu vermitteln, so kann ein anderer der Ausfolgung nicht aus dem Grunde widersprechen, weil er als Erbe oder Vermächtnisteilnehmer einen Anspruch auf das Vermögen habe.

(2) Eine Verlassenschaftsabhandlung über dieses Vermögen findet nicht statt.

§ 50. Ungeachtet der Vornahme der Verlassenschaftsabhandlung nach inländischem Rechte bleiben für die Geltendmachung von erbrechtlichen An-

sprüchen im ordentlichen Rechtswege die sonst geltenden Rechtsgrundsätze (§§ 36 bis 39 und 41) aufrecht.

VI. Abschnitt

Schluß- und Übergangsbestimmungen

Mehrfache oder unbestimmte Staatsangehörigkeit

§ 51. (1) Wenn eine Person die österreichische und außerdem nach dem Rechte eines anderen Staates auch dessen Staatsangehörigkeit besitzt, so ist im Sinne der Bestimmungen dieses Gesetzes nur die österreichische Staatsbürgerschaft maßgebend.

(2) Gehört eine Person mehreren ausländischen Staaten an, so ist die zuletzt erworbene Staatsangehörigkeit maßgebend.

§ 52. Personen, die keinem Staate angehören oder deren Staatsangehörigkeit nicht ermittelt werden kann, sind bei Anwendung dieses Gesetzes so zu behandeln, als ob sie Angehörige desjenigen Staates wären, in dessen Gebiete sie in dem maßgebenden Zeitpunkt ihren Wohnsitz oder in dessen Ermanglung ihren letzten ständigen Aufenthalt gehabt haben. Ist auch ein solcher nicht begründet, so ist österreichisches Recht anzuwenden.

Rückverweisung

§ 53. Sind nach dem Rechte eines fremden Staates, dessen Gesetze in den §§ 1, 18, 20, 21, 23 bis 29, 36, 37 und 39 für maßgebend erklärt sind, die österreichischen Gesetze anzuwenden, so finden diese Gesetze Anwendung.

Schranken der Anwendung ausländischen Rechtes

§ 54. Die Anwendung ausländischen Rechtes ist ausgeschlossen, wenn die Anwendung gegen die guten Sitten oder dagegen verstößt, daß ein inländisches zwingendes Gesetz nach seinem Zwecke auch in Fällen dieser Art Anwendung zu finden hat.

§ 55. (1) Die Ehe eines Ausländers, die gemäß § 18 dieses Gesetzes zulässig wäre, jedoch im Widerspruch stünde mit den Bestimmungen des allgemeinen bürgerlichen Gesetzbuches und anderer Vorschriften über die im folgenden bezeichneten Ehehindernisse, darf vor inländischen Trauungsorganen nicht geschlossen werden:

1. Verwandtschaft und Schwägerschaft;
2. Ehebruch;
3. Gattenmord;
4. Eheband;
5. höhere Weihen und feierliche Ordensgelübde;
6. Religionsverschiedenheit;
7. das in den Hofdekreten vom 26. August 1814, JGS Nr. 1099 und vom 17. Juli 1835, JGS Nr. 61, bezeichnete Ehehindernis.

(2) Die Verletzung dieses Verbotes hat, soweit eines der in Z. 4 bis 7 erwähnten Ehehindernisse in Frage kommt, die Ungültigkeit der geschlossenen Ehe zur Folge.

§ 56. Die Vorschriften dieses Gesetzes kommen nicht zur Anwendung, sofern in Staatsverträgen oder in Verordnungen, die zur Herstellung der Gegenseitigkeit erlassen sind, andere Anordnungen enthalten sind.

§ 57. Soweit in einem Rechtsstreite der Inhalt des anzuwendenden ausländischen Rechtes nicht festgestellt werden kann (§ 271 ZPO), hat das Gericht anzunehmen, daß das ausländische Recht mit dem inländischen übereinstimme.

§ 58. (1) Die Bestimmungen dieses Gesetzes treten mit Beginn des dritten Kalendermonates nach dem Tage der Kundmachung in Wirksamkeit.

(2) Mit diesem Tage treten alle mit den Vorschriften dieses Gesetzes in Widerspruch stehenden Bestimmungen außer Kraft. Insbesondere treten die §§ 4, 34 bis 37 und 300 ABGB außer Kraft.

(3) Desgleichen verlieren die §§ 21 bis 25, 137 bis 143 und 183 des kaiserlichen Patentes vom 9. August 1854, RGBl Nr. 208, ihre Wirksamkeit.

(4) Die Bestimmungen des § 51 ABGB, der Art. 84 bis 86 der mit dem kaiserlichen Patente vom 25. Jänner 1850, RGBl Nr. 51, erlassenen Wechselordnung, des § 3 des Gesetzes vom 1. August 1895, RGBl Nr. 113 (Zivilprozeßordnung), und die Vorschriften der §§ 12 bis 15 des Gesetzes vom .... über die Entmündigung bleiben unberührt.

§ 59. Mit dem Vollzuge dieses Gesetzes ist Mein Justizminister beauftragt.

Verzeichnis der abgekürzt zitierten Literatur

Adamovich, Handbuch	Ludwig K. Adamovich, Handbuch des österreichischen Verfassungsrechts[6] (1971).
Aicher, Eigentum	Josef Aicher, Das Eigentum als subjektives Recht (1975).
Ansay / Martiny, Gastarbeiterfamilie	Túgrul Ansay / Dieter Martiny, Die Gastarbeiterfamilie im Recht, in Gastarbeiter in Gesellschaft und Recht (1974) 171 - 207.
Antoniolli, Probleme	Walter Antoniolli, Probleme um das Legalitätsprinzip (1974, Schriftenreihe der nö. jur. Gesellschaft).
Antoniolli, Verwaltungsrecht	Walter Antoniolli, Allgemeines Verwaltungsrecht (1954).
Arató, Kodifikationstechnik	István Arató, Zur Kodifikationstechnik des internationalen Privatrechts (besonders im ungarischen Entwurf von 1948), RabelsZ 17 (1952) 1 - 19.
Arndt (u. a.), Verbesserung	Arndt / Ferid / Kegel / Lauterbach / Neuhaus / Zweigert, Zur Verbesserung der deutschen Zivilrechtsprechung in internationalen Sachen, Denkschrift v. 26. 8. 1970, RabelsZ 35 (1971) 323 ff.
Baeck, Anwendung	Paul L. Baeck, Die praktische Anwendung fremden Rechtes in den USA und Österreich, ZfRV 1961, 85 - 103.
Ballon, Rechtsfortbildung	Oskar Ballon, Einige Probleme der richterlichen Rechtsfortbildung, JBl 1972, 598 - 603.
v. Bar, IPR	Ludwig von Bar, Theorie und Praxis des internationalen Privatrechts[2] I/1 (1889).
Batiffol, Entwurf	Henri Batiffol, Das IPR im Entwurf eines neuen Code Civil, ZfRV 1965, 11 - 18.
Baumbach / Hefermehl, UWG I	Adolf Baumbach / Wolfgang Hefermehl, Wettbewerbs- und Warenzeichenrecht, Bd. 1 (1974).
Behrens in Hachenburg	Peter Behrens, in Hachenburg, Gesetz betreffend die Gesellschaften mit beschränkter Haftung (GmbHG), Großkommentar[7], Bd. I (1975).
Beitzke, Auslandswettbewerb	Günther Beitzke, Auslandswettbewerb unter Inländern — BGHZ 40, 391, JuS 1966, 139 - 147.
Beitzke, Betrachtungen	Günther Beitzke, Betrachtungen zur Methodik im Internationalprivatrecht, in FS Smend (1952) 1 - 22.

Beitzke, Eheschließungsfreiheit	Günther Beitzke, Eheschließungsfreiheit und Eheschließungsform, in FS Hakulinen (1972) 60 - 74.
Beitzke, Grundgesetz	Günther Beitzke, Grundgesetz und Internationalprivatrecht (1961).
Beitzke in Staudinger	Günther Beitzke, in Staudingers Kommentar zum BGB, EGBGB Teil 2, 10./11. Auflage (1970 ff.).
Beitzke, Kollisionsrecht	Günther Beitzke, Kollisionsrecht von Gesellschaften und juristischen Personen (einschließlich Zusatzbericht zum Kollisionsrecht von Gesellschaften und juristischen Personen), in Lauterbach, Vorschläge und Gutachten zur Reform des deutschen Internationalen Personen- und Sachenrechts (1972) 94 - 126 (126 bis 136).
Beitzke, Staatenlose	Günther Beitzke, Staatenlose, Flüchtlinge und Mehrstaater, in Lauterbach, Vorschläge und Gutachten zur Reform des deutschen internationalen Personen- und Sachenrechts (1972) 143 - 184.
Bergmann / Ferid	Bergmann / Ferid, Internationales Ehe- und Kindschaftsrecht[4] ab 1969 (in sieben Loseblattbänden).
Bernstein, Kollisionsrecht	Herbert Bernstein, Ein Kollisionsrecht für die Verfassung, NJW 1965, 2273 - 2276.
Binder, Auflockerung	Heinz Binder, Zur Auflockerung des Deliktsstatuts, RabelsZ 20 (1955) 401 - 499.
Bleckmann, Verträge	Albert Bleckmann, Probleme der Anwendung multilateraler Verträge (1974).
Böhmer, Eheschließungen	Christof Böhmer, Die konsularischen Eheschließungen in Deutschland, StAZ 1969, 229 bis 235.
Böhmer, Eheschließungsabkommen	Christof Böhmer, Ein neues Haager Eheschließungsabkommen — Bericht über die erste vorbereitende Sitzung der Spezialkommission —, StAZ 1975, 247 - 249.
Böhmer, Neuregelung	Christof Böhmer, Die Neuregelung des Eheschließungsrechts, StAZ 1975, 5 - 10.
Bolka, Parteieneinfluß	Gerhard Bolka, Zum Parteieneinfluß auf die richterliche Anwendung des IPR, ZfRV 1972, 241 - 256.
Boschan, Familienrecht	Siegfried Boschan, Europäisches Familienrecht[5] (1972).
Braga, Kodifikationsgrundsätze	Sevold Braga, Kodifikationsgrundsätze des internationalen Privatrechts, RabelsZ 23 (1958) 421 - 448.

Braga, Reform — Sevold Braga, Zur Reform des internationalen Eheschließungs- und Ehescheidungsrechts (Gegenentwurf), in Lauterbach, Vorschläge und Gutachten zur Reform des deutschen internationalen Eherechts (1962) 154 - 170.

Brandner in Ulmer / Brandner /Hansen — Erich Brandner, in Ulmer / Brandner / Hansen, AGB-Gesetz (Kommentar zum Gesetz zur Regelung des Rechts der Allgemeinen Geschäftsbedingungen) 1977.

Broda, Schwerpunkte — Christian Broda, Schwerpunkte der Familienrechtsreform in der 14. Gesetzgebungsperiode des Nationalrates, RiZ 1976, 7 - 10.

Broggini, codification — Gerardo Broggini, La codification du droit international privé en Suisse, ZSR 90 II (1971) 241 - 323.

A. Bucher, Grundfragen — Andreas Bucher, Grundfragen der Anknüpfungsgerechtigkeit im internationalen Privatrecht (aus kontinentaleuropäischer Sicht) 1975.

Bullinger, Recht — Martin Bullinger, Öffentliches Recht und Privatrecht (1968).

Bumeder, Zweigniederlassung — Gerhard Bumeder, Die inländische Zweigniederlassung ausländischer Unternehmen im deutschen Register- und Kollisionsrecht (Diss. 1971).

Burckhardt, Allgemeingültigkeit — Walther Burckhardt, Über die Allgemeingültigkeit des internationalen Privatrechts, in FG für E. Huber (1919) 263 - 300.

Burmann, Werbung — Hans Fr. Burmann, Werbung und Wettbewerb deutscher Unternehmen im Ausland (Anwendung deutschen oder ausländischen Rechts?), DB 1964, 1801 - 1805.

Bydlinski, Gleichheitsgrundsatz (Gutachten) — Franz Bydlinski, Der Gleichheitsgrundsatz im österreichischen Privatrecht, Verhandlungen des ersten österr. Juristentages Bd. I/1 (Gutachten) (1961).

Coing, Rechtsverhältnis — Helmut Coing, Rechtsverhältnis und Rechtsinstitution im allgemeinen und internationalen Privatrecht bei Savigny, in Eranion Maridakis (1964) Bd. III 19 - 28.

Coing und *Weick* in Staudinger — Helmut Coing und Günter Weick, in Staudingers Kommentar zum BGB, EGBGB Teil 2, 10./11. Auflage (1970 ff.).

v. Craushaar, Anwendbarkeit — Götz von Craushaar, Die internationalrechtliche Anwendbarkeit deutscher Prozeßnormen — Österreichisches Erbrecht im deutschen Verfahren (1961).

Cremades / Maceda, IPR — Bernardo M. Cremades / Antonio Maceda, Das neue spanische Internationale Privatrecht, AWD 1975, 375 - 379.

Czyhlarz, Ehekonventionen — Karl Ritter von Czyhlarz, Die Haager Ehekonventionen und das österreichische Recht (1907).

Dannegger, Skirecht — Karl Dannegger, Internationales Privatrecht im Skirecht, Zeitschr. des Bernischen Juristenvereins 107 (1971) 104 - 116.

Dietzi, Ausweichklausel — Hanspeter Dietzi, Zur Einführung einer generellen Ausweichklausel im schweizerischen IPR, in Festgabe zum Schweizerischen Juristentag 1973 (1973) 49 - 74.

Dölle, Anwendung — Hans Dölle, Über die Anwendung fremden Rechts, GRUR 1957, 56 - 63.

Dölle, IPR — Hans Dölle, Internationales Privatrecht — Eine Einführung in seine Grundlagen² (1972).

Doralt, Anerkennung — Peter Doralt, Anerkennung ausländischer Gesellschaften, JBl 1969, 181 - 200.

Dorenberg, Rechtsverhältnisse — Kristian Dorenberg, Hinkende Rechtsverhältnisse im internationalen Familienrecht (1968).

Drobnig, Anerkennung — Ulrich Drobnig, Das EWG-Übereinkommen über die Anerkennung von Gesellschaften und juristischen Personen, Die Aktiengesellschaft 1973, 90 - 98 und 125 - 131.

Drobnig, Kollisionsnormen — Ulrich Drobnig, Die Kollisionsnormen in den Rechtshilfeverträgen der Staaten des Ostblocks, Osteuropa-Recht (1960) 155 - 183.

Edlbacher, Rechtsbeziehungen — Oskar Edlbacher, Die persönlichen Rechtsbeziehungen der Ehegatten zueinander, NotZ 1972, 177 - 182.

Edlbacher, Übereinkommen — Oskar Edlbacher, Das Übereinkommen über die Legitimation durch nachfolgende Ehe, ZfRV 1976, 161 - 172.

Ember, Probleme — Laszlo Ember, Aktuelle theoretische Probleme des ungarischen internationalen Privatrechts, Jahrbuch für Ostrecht IX (1968) 199 - 218.

Ermacora / Klecatsky / Ringhofer, Rechtsprechung 1954 — Felix Ermacora / Hans Klecatsky / Kurt Ringhofer, Die Rechtsprechung des Verfassungsgerichtshofes im Jahre 1954, ÖJZ 1956, 617 - 630.

Ermacora / Klecatsky / Ringhofer, Rechtsprechung 1956 — Felix Ermacora / Hans Klecatsky / Kurt Ringhofer, Die Rechtsprechung des Verfassungsgerichtshofes im Jahre 1956, ÖJZ 1959, 1 - 10.

Espig, Kollisionsrecht — Ekkehard Espig, Das sozialistische Kollisionsrecht der DDR, Neue Justiz 1976, 360 - 366.

Fasching, Kommentar — Hans W. Fasching, Kommentar zu den Zivilprozeßgesetzen, Bd. III (1966).

Ferid, Erbgang — Murad Ferid, Der Erbgang als autonome Größe im Kollisionsrecht, in FS Cohn (1975) 31 - 41.

Ferid, IPR — Murad Ferid, Internationales Privatrecht — Ein Leitfaden für Studium und Praxis (1975, JA Sonderheft 13).

Ferid, Misere — Murad Ferid, Überlegungen, wie der Misere bei der Behandlung von Auslandsrechtsfällen in der deutschen Rechtspraxis abgeholfen werden kann, in FS O. Möhring (1973) 1 - 25.

Ferid, Privatrechtsvereinheitlichung — Murad Ferid, Methoden, Möglichkeiten und Grenzen der Privatrechtsvereinheitlichung, ZfRV 1962, 193 - 213.

Ferid, Wechselbeziehungen — Murad Ferid, Wechselbeziehungen zwischen Verfassungsrecht und Kollisionsnormen, in FS Dölle, Bd. II (1963) 119 - 148.

Firsching, Entwicklungstendenzen — Karl Firsching, Entwicklungstendenzen im deutschen IPR, ZfRV 1975, 99 - 113.

Firsching in Staudinger — Karl Firsching, in Staudingers Kommentar zum BGB, EGBGB Teil 2, 10./11. Auflage (1970 ff.).

Firsching, IPR — Karl Firsching, Einführung in das internationale Privatrecht (1974).

Fleischer, Situation — Henning Fleischer, Die demographische Situation der Ausländer in der Bundesrepublik Deutschland, StAZ 1976, 93 - 99.

Flessner, Kollisionsrecht — Axel Flessner, Fakultatives Kollisionsrecht, RabelsZ 34 (1970) 547 - 584.

Füllemann-Kuhn, Vorfrage — Verena Füllemann-Kuhn, Die Vorfrage im Internationalen Privatrecht (unter besonderer Berücksichtigung der bundesgerichtlichen Rechtsprechung) 1977.

Funk, Ordnungsprobleme — Bernd-Christian Funk, Die grundlegenden Ordnungsprobleme im System der bundesstaatlichen Kompetenzverteilung, JBl 1976, 449 - 464.

Gamillscheg, Arbeitsrecht — Franz Gamillscheg, Intereuropäisches Arbeitsrecht (zu zwei Vorschlägen der EWG zum Internationalen Arbeitsrecht) RabelsZ 37 (1973) 284 - 316.

Gamillscheg in Staudinger — Franz Gamillscheg, in Staudingers Kommentar zum BGB, EGBGB Teil 3, 10./11. Auflage (1973).

Gamillscheg, Rechtswahl — Franz Gamillscheg, Rechtswahl, Schwerpunkt und mutmaßlicher Parteiwille im internationalen Vertragsrecht, AcP 157 (1958/1959) 303 bis 341.

Gamillscheg, Vorschlag — Franz Gamillscheg, Ein Vorschlag zum internationalen Scheidungsrecht, RabelsZ 38 (1974) 507 - 522.

Gloede, Außenhandel	Wilhelm Gloede, Der deutsche Außenhandel und seine wettbewerbsrechtliche Beurteilung nach deutschem internationalem Privatrecht, GRUR 1960, 464 - 473.
Goldemund / Ringhofer / Theuer, Staatsbürgerschaftsrecht	Ingobert Goldemund / Kurt Ringhofer / Karl Theuer, Das österreichische Staatsbürgerschaftsrecht (1969, Nachtrag 1975).
Goldschmidt, Erfassung	Werner Goldschmidt, Zur ontologisch-logischen Erfassung des Internationalen Privatrechts, öZöffR IV NF (1952) 121 - 133.
Grasmann, System	Günther Grasmann, System des internationalen Gesellschaftsrechts — Außen- und Innenstatut der Gesellschaften im internationalen Privatrecht (1970).
Grossfeld, Anerkennung	Bernhard Grossfeld, Die Anerkennung der Rechtsfähigkeit juristischer Personen, RabelsZ 31 (1967) 1 - 50.
Grossfeld, Basisgesellschaften	Bernhard Grossfeld, Basisgesellschaften im Internationalen Steuerrecht (1974).
Grossfeld, Entwicklung	Bernhard Grossfeld, Die Entwicklung der Anerkennungstheorien im Internationalen Gesellschaftsrecht, in FS H. Westermann (1974) 199 bis 222.
Grossfeld, Praxis	Bernhard Grossfeld, Praxis des Internationalen Privat- und Wirtschaftsrechts — Rechtsprobleme multinationaler Unternehmen (1975).
Gschnitzer, Eherecht	Franz Gschnitzer, Liechtensteinisches Eherecht, FamRZ 1955, 278 - 279.
Gschnitzer, Lehrbuch (Allgemeiner Teil)	Franz Gschnitzer, Lehrbuch des österreichischen bürgerlichen Rechts, Allgemeiner Teil des bürgerlichen Rechts (1966).
Guradze, Menschenrechtskonvention	Heinz Guradze, Die Europäische Menschenrechtskonvention — Kommentar (1968).
M. Gutzwiller, Einfluß	Max Gutzwiller, Der Einfluß Savignys auf die Entwicklung des Internationalprivatrechts (1923).
P. M. Gutzwiller, Ziel	Peter Max Gutzwiller, Von Ziel und Methode des IPR, SJIR 25 (1968) 161 - 196.
Habscheid, Grenzen	Walther J. Habscheid, Territoriale Grenzen der staatlichen Rechtssetzung, Ber.D.Ges.Völk. R. 11 (1973) 47 - 76.
Hainzl, Eheschließungsformen	Adalbert Hainzl, Über europäische Eheschließungsformen im zwischenstaatlichen Recht, ÖStA 1972, 12 - 14.
Hanreich, Abtretung	Hanspeter Hanreich, Die sicherungsweise Abtretung von Lohnforderungen als international privatrechtliches Problem, ZAS 1975, 11 - 15.

Hartwieg / Korkisch, Materialien — Oskar Hartwieg / Friedrich Korkisch, Die geheimen Materialien zur Kodifikation des deutschen Internationalen Privatrechts 1881 bis 1896 (1973).

Hefermehl, Verbraucherschutz — Wolfgang Hefermehl, Verbraucherschutz im Wettbewerbsrecht, in FS Kastner (1972) 183 bis 200.

Heini, Interessen — Anton Heini, Privat- oder „Gemein"-Interessen im internationalen Privatrecht?, ZSR 1973, 381 - 392.

K. Heller, Entwurf — Kurt Heller, Zum Entwurf eines Übereinkommens der EWG über das auf vertragliche und außervertragliche Schuldverhältnisse anwendbare Recht, in Probleme des Europäischen Gemeinschaftsrechts (1976) 101 - 134.

K. Heller, „Wirkungsstatut" — Kurt Heller, „Wirkungsstatut" als Anknüpfungsbegriff?, ZfRV 1969, 1 - 21.

Henrich, Bedeutung — Dieter Henrich, Die Bedeutung der Grundrechte bei der Anwendung fremden Rechts, RabelsZ 36 (1972) 2 - 18.

Henrich, Gleichberechtigung — Dieter Henrich, Gleichberechtigung im internationalen Privatrecht und im Staatsangehörigkeitsrecht, FamRZ 1974, 105 - 111.

Henrich, Nichtehe — Dieter Henrich, Nichtehe und nichtige Ehe (Rechtsvergleichende Betrachtungen zu einer fragwürdigen Unterscheidung), RabelsZ 37 (1973) 230 - 244.

Henrich, Rechtschaos — Dieter Henrich, Verfassungswidrige Kollisionsnormen — Ein Rechtschaos?, RabelsZ 38 (1974) 490 - 506.

Henrich, Rechtsverhältnisse — Dieter Henrich, Die Rechtsverhältnisse zwischen Eltern und Kindern aus hinkenden Ehen, StAZ 1969, 141 - 150.

Hilbig, Rechtsstellung — Harald Hilbig, Rechtsstellung und Rechtsnatur der Zweigniederlassungen ausländischer Gesellschaften unter besonderer Berücksichtigung kollisionsrechtlicher Probleme (Diss. 1968).

v. Hoffmann, Schutz — Bernd von Hoffmann, Über den Schutz des Schwächeren bei internationalen Schuldverträgen, RabelsZ 38 (1974) 396 - 420.

v. Hoffmann / Ortiz-Arce, IPR — Bernd von Hoffmann / Antonio Ortiz-Arce, Das neue spanische Internationale Privatrecht, RabelsZ 39 (1975) 647 - 691.

H. Hoyer, Anerkennung — Hans Hoyer, Die Anerkennung ausländischer Eheentscheidungen in Österreich (1972).

H. Hoyer, Mischehe — Hans Hoyer, Erb- und Güterrechtsstatut in einer deutsch-österreichischen Mischehe, StAZ 1972, 329 - 331.

H. Hoyer, Probleme — Hans Hoyer, Probleme des Bereicherungsstatuts im österreichischen IPR, ZfRV 1971, 1 - 11.

H. Hoyer, Wege — Hans Hoyer, Neue Wege des Arbeitskollisionsrechts, ZAS 1977, 171 - 174.

H. Hoyer, Wettbewerb — Hans Hoyer, Unlauterer Wettbewerb österreichischer Unternehmen auf Auslandsmärkten (Anstelle einer Glosse zu OGH 22. 10. 1974, 4 Ob 345/74), ZfRV 1975, 115 - 121.

V. Hoyer, Rezeption — Viktor Hoyer, Die Rezeption fremden, insbesondere deutschen Rechts in die österreichische Rechtsordnung und die Prüfung dieser Rechtsnormen, ÖJZ 1946, 89 - 106.

V. Hoyer, Scheidung — Viktor Hoyer, Scheidung eines Ausländers durch inländische Gerichte und Frage der Ehefähigkeit des Ausländers. Ein Lösungsvorschlag, ÖStA 1973, 19 - 22.

V. Hoyer, Wiederverehelichung — Viktor Hoyer, Zur Frage der Wiederverehelichung im Inland geschiedener Ausländer, ÖJZ 1965, 617 - 621.

Hubernagel, Privatrecht — Gerhard Hubernagel, Das interlokale und interpersonale Privatrecht im großdeutschen Raum (1942).

Hunziker, Eheschließung — Arthur Hunziker, Die konsularische Eheschließung — Ihre Grundlagen und ihre Stellung im schweizerischen Recht (Diss. 1945).

Jäggi, Rechtswahl — Peter Jäggi, Zur Rechtswahl im Internationalen Vertragsrecht, SJZ 70 (1974) 295.

Jayme, Entscheidungsfindung — Erik Jayme, Nochmals: Über die Entscheidungsfindung im internationalen Privatrecht, StAZ 1976, 358 - 360.

Jayme, Entwicklungen — Erik Jayme, Neuere Entwicklungen im internationalen Kindschaftsrecht, StAZ 1971, 65 bis 73.

Jayme, Familie — Erik Jayme, Die Familie im Recht der unerlaubten Handlungen (1971).

Jayme, Staatsverträge — Erik Jayme, Staatsverträge zum Internationalen Privatrecht, Ber.D.Ges.Völk.R. 16 (1975) 7 - 48.

Jayme / Kneip, Familienrechtsreform — Erik Jayme / Andreas Kneip, Zur spanischen Familienrechtsreform vom 2. 5. 1975 und ihren Auswirkungen auf den deutsch-spanischen Rechtsverkehr, FamRZ 1976, 185 - 189.

Jochem, Erbrecht — Reiner Jochem, Das Erbrecht des nichtehelichen Kindes nach deutschem Recht bei Sachverhalten mit Auslandsberührung (1972).

Jochem, Sonderproblem — Reiner Jochem, Die persönlichen Rechtsbeziehungen der Ehegatten in einer „hinkenden" Ehe — ein Sonderproblem?, FamRZ 1964, 392 bis 397.

Jodlowski, Abkommen — Jerzy A. Jodlowski, Zwischenstaatliche Abkommen über den Rechtshilfeverkehr zwischen sozialistischen und bürgerlichen Staaten; Beispiele und Möglichkeiten, Zeitgenössische Fragen des internationalen Zivilverfahrensrechts, Referat zur III. Münchener Ost-West-Rechtstagung 1972 (Studien des Instituts für Ostrecht, München) Bd. 24 (1972) 315 - 353.

Joerges, Funktionswandel — Christian Joerges, Zum Funktionswandel des Kollisionsrechts — Die „Governmental Interest Analysis" und die „Krise des Internationalen Privatrechts" (1971).

Joerges, Konzeption — Christian Joerges, Die klassische Konzeption des internationalen Privatrechts und das Recht des unlauteren Wettbewerbs, RabelsZ 36 (1972) 421 - 491.

Juenger, Wandel — Friedrich K. Juenger, Zum Wandel des internationalen Privatrechts (1974).

Junker / Fuchs, (Nr., Seite) — Richard Junker / Gustav Fuchs (Herausgeber), Rechtsprechung des kk. Obersten Gerichtshofes in Eheungültigkeitssachen (1916).

Kahn, Abhandlungen — Franz Kahn, Abhandlungen zum internationalen Privatrecht, Bd. I (1928).

Kastner, Grundriß — Walther Kastner, Grundriß des österreichischen Gesellschaftsrechts[2] (1976).

Kegel, Embarras — Gerhard Kegel, Embarras de richesse, RabelsZ 36 (1972) 27 - 34.

Kegel, Ermittlung — Gerhard Kegel, Die Ermittlung ausländischen Rechts, in: Die Anwendung ausländischen Rechts im internationalen Privatrecht (1968) 157 - 184.

Kegel, Gegenstand — Gerhard Kegel, Der Gegenstand des internationalen Privatrechts, in FS für Leo Raape (1948) 13 - 33.

Kegel, Interessenjurisprudenz — Gerhard Kegel, Begriffs- und Interessenjurisprudenz im Internationalen Privatrecht, in FS Lewald (1953) 259 - 288.

Kegel, IPR — Gerhard Kegel, Internationales Privatrecht[4] (1977).

Kegel, Kommentar — Gerhard Kegel, Kegel in Soergel-Siebert, Kommentar zum Bürgerlichen Gesetzbuch[10] Bd. 7 (Einführungsgesetz) 1970.

Kegel, Organisation — Gerhard Kegel, Zur Organisation der Ermittlung ausländischen Privatrechts, in FS H. C. Nipperdey, Bd. I (1965) 453 - 470.

Kegel, Sachnorm — Gerhard Kegel, Die selbstgerechte Sachnorm, in GS A. A. Ehrenzweig (1976) 53 - 87.

Keller, Verhältnis — Max Keller, Verhältnis zwischen materiellem Privatrecht und Internationalem Privatrecht, SJZ 68 (1972) 65 - 74 und 85 - 91.

Kelsen, RR — Hans Kelsen, Reine Rechtslehre[2] (1960, Nachdruck 1967).

Kelsen, Souveränität — Hans Kelsen, Das Problem der Souveränität[2] (1928, unv. Nachdruck 1960).

Kelsen, Theory — Hans Kelsen, General Theory of Law and State (1945).

Kittke, Neuordnung — Horst-Dieter Kittke, Die Neuordnung des Kollisionsrechts in der DDR, Jahrbuch für Ostrecht XVII/2 (1976) 7 - 25.

Klecatsky, Bundesverfassungsrecht — Hans R. Klecatsky, Das österreichische Bundesverfassungsrecht[2] (1973).

Klecatsky, Rechtsstaat — Hans R. Klecatsky, Der Rechtsstaat zwischen heute und morgen (1967).

Knittel, Auslandsrecht — Wilhelm Knittel, Geltendes und nicht geltendes Auslandsrecht im Internationalen Privatrecht (1963).

Köhler, DDR — Hans Köhler, Neues internationales Familienrecht der DDR, ÖStA 1976, 12 - 15.

Köhler, IPR — Hans Köhler, Internationales Privatrecht (1966).

König, Konformität — Bernhard König, Konformität, Aktenwidrigkeit und offenbare Gesetzwidrigkeit im zivilgerichtlichen Verfahren (1975).

Kopp, Fiskalgeltung — Ferdinand O. Kopp, Fiskalgeltung und Drittwirkung der Grund- und Freiheitsrechte im Bereich des Privatrechts, in FS W. Wilburg zum 70. Geb. (1975) 141 - 161.

Koppensteiner, Aspekte — Hans-Georg Koppensteiner, Enteignungs- oder Nationalisierungsmaßnahmen gegen ausländische Kapitalgesellschaften. Kollisions- und Gesellschaftsrechtliche Aspekte unter besonderer Berücksichtigung der Entziehung von Mitgliedschaftsrechten, in Ber.D.Ges.Völk.R. 13 (1974) 65 - 99.

Koppensteiner, Umwandlungen — Hans-Georg Koppensteiner, Umwandlungen über die deutsch-österreichische Grenze, in FS für W. Hefermehl (1976) 305 - 326.

Koppensteiner, Unternehmen — Hans-Georg Koppensteiner, Internationale Unternehmen im deutschen Gesellschaftsrecht (1971).

Korkisch, Außenprivatrecht — Friedrich Korkisch, Zum Außenprivatrecht der Tschechoslowakei, WGO 12 (1970) 133 - 153 (Text nachher).

Korkisch, Entwurf — Friedrich Korkisch, Der Entwurf eines neuen polnischen Gesetzes über das Internationale Privatrecht, in Eranion für Maridakis (1964) Bd. III 69 - 90.

Korkisch in Staudinger — Friedrich Korkisch, in Staudingers Kommentar zum BGB, EGBGB Teil 2, 10./11. Auflage (1970 ff.).

Korkisch, Ostmitteleuropa — Friedrich Korkisch, Neues Internationales Privatrecht in Ostmitteleuropa, RabelsZ 32 (1968) 601 - 650.

Kostner, GmbH — Alfred Kostner, Die Gesellschaft mit beschränkter Haftung[2] (1973).

Koziol / Welser, Grundriß — Helmut Koziol / Rudolf Welser, Grundriß des bürgerlichen Rechts[4], Bd. I (Allgemeiner Teil und Schuldrecht) 1976.

Kralik, Beurkundung — Winfried Kralik, Locus regit actum und die ausländische Beurkundung, in FS H. Schima (1969) 229 - 245.

Kralik, Iura — Winfried Kralik, Iura novit curia und das ausländische Recht, ZfRV 1962, 75 - 100.

E. A. Kramer, Werbung — Ernst A. Kramer, Die vergleichende Werbung im österreichischen Wettbewerbsrecht, GRUR Int 1974, 195 - 204.

Krenn, Anknüpfung — Peter Krenn, Anknüpfung von Exportkartellen im deutschen und österreichischen Internationalen Privatrecht, AWD 1976, 487 - 500.

Krispi, Eheschließung — Elli Krispi, Die Eheschließung griechischer Staatsangehöriger, StAZ 1967, 117 - 120.

Kropholler, Anknüpfungssystem — Jan Kropholler, Ein Anknüpfungssystem für das Deliktsstatut, RabelsZ 33 (1969) 601 - 653.

Kropholler, Aufenthaltsprinzip I — Jan Kropholler, Vom Staatsangehörigkeits- zum Aufenthaltsprinzip, JZ 1972, 16 - 17.

Kropholler, Aufenthaltsprinzip II — Jan Kropholler, Gleichberechtigung und Aufenthaltsprinzip im deutschen IPR, FamRZ 1976, 316 - 320.

Kropholler, Einheitsrecht — Jan Kropholler, Internationales Einheitsrecht (1975).

Kropholler, Gleichberechtigung — Jan Kropholler, Gleichberechtigung durch Richterrecht (1975).

Kropholler, Kodifikation — Jan Kropholler, Zur Kodifikation des Internationalen Deliktsrechts, ZfRV 1975, 256 - 267.

H. Krüger, Kollision — Hilmar Krüger, Kollision von Staatsverträgen, FamRZ 1973, 6 - 11.

Kühne, Parteiautonomie — Günther Kühne, Die Parteiautonomie im internationalen Erbrecht (1973).

Külper, Gesetzgebung — Rudolf Ulrich Külper, Die Gesetzgebung zum deutschen Internationalen Privatrecht im „Dritten Reich" (1976).

Lando, Convention — Ole Lando, The EC Draft Convention on the Law Applicable to Contractual and Non-Contractual Obligations, Introduction and Contractual Obligations, RabelsZ 38 (1974) 6 - 55.

Laurer, Beitritt — Hans R. Laurer, Der Beitritt Österreichs zu internationalen Organisationen als Problem der innerstaatlichen Normerzeugung, öZöffR 20 (1970) 341 - 372.

Lauterbach, Vorschläge — Vorschläge und Gutachten zur Reform des deutschen internationalen Eherechts, vorgelegt im Auftrag der Eherechtskommission des deutschen Rates für internationales Privatrecht von *Wolfgang Lauterbach* (1962); Vorschläge und Gutachten zur Reform des deutschen internationalen Erbechts, vorgelegt im Auftrag der Erbrechtskommission des Deutschen Rates für internationales Privatrecht von *Wolfgang Lauterbach* (1969); Vorschläge und Gutachten zur Reform des deutschen internationalen Personen- und Sachenrechts, vorgelegt im Auftrag der 2. Kommission des Deutschen Rates für internationales Privatrecht von *Wolfgang Lauterbach* (1972). — Die Gutachter werden einzeln ausgewiesen. Die entsprechenden Gesetzesvorschläge und die Erläuterungen dazu werden unter dem Kurztitel mit in Klammer beigesetzter Angabe des Sachgebietes zitiert.

Lenhoff in Klang — Arthur Lenhoff, in Klang, Kommentar zum Allgemeinen bürgerlichen Gesetzbuch, Bd. I/1 (1933).

Lockemann, Kollisionsnormen — Ulrich Lockemann, Grundrechtswidrige Kollisionsnormen und Rechtsprechung, NJW 1976, 1004 - 1008.

Loewe, Empfehlungen — Roland Loewe, Die Empfehlungen des Europarats zur Vereinheitlichung der Rechtsbegriffe „Wohnsitz" und „Aufenthalt", ÖJZ 1974, 144 bis 151.

E. Lorenz, Struktur — Egon Lorenz, Zur Struktur des internationalen Privatrechts (Ein Beitrag zur Reformdiskussion) 1977.

Losert / Schiemer / Stadler, Aktiengesetz 1965 — Walter Losert / Karl Schiemer / Max Stadler, Aktiengesetz 1965 (mit Gesetzesmaterialien und ausführlichen Erläuterungen) 1966.

Lüderitz, Rechtsfähigkeit — Alexander Lüderitz, Rechtsfähigkeit, Geschäftsfähigkeit und Entmündigung natürlicher Personen, in Lauterbach, Vorschläge und Gutachten zur Reform des deutschen internationalen Personen- und Sachenrechts (1972) 32 - 76.

Luther, Gerichtspraxis — Gerhard Luther, Kollisions- und Fremdrechtsanwendung in der Gerichtspraxis, RabelsZ 37 (1973) 660 - 681.

Majoros, „Bilateralisation" — Ferenc Majoros, Systeme der „Bilateralisation" von multilateralen Konventionen, ZfRV 1973, 4 - 38.

Majoros, Krise — Ferenc Majoros, Zur Krise der internationalen Kodifikationspolitik, ZRP 1973, 65 - 73.

Mänhardt, Gesetz — Franz Mänhardt, Gesetz und Richter im internationalen Privatrecht Österreichs, ZfRV 1972 257 - 276.

Mänhardt, IPFR — Franz Mänhardt, Das internationale Personen- und Familienrecht Österreichs (1971).

Mänhardt, Kollisionsrechtsprobleme — Franz Mänhardt, Kollisionsrechtsprobleme bei der Zustimmung zum österreichischen Staatsangehörigkeitserwerb, StAZ 1976, 293 - 303.

Makarov, Grundriß — Alexander N. Makarov, Grundriß des internationalen Privatrechts (1970).

Makarov, Kodifikationsentwurf — Alexander N. Makarov, Der allgemeine Teil des internationalen Privatrechts im neuen französischen Kodifikationsentwurf, in FS Wengler, Bd. II (1973) 505 - 518.

Makarov, Kollisionsnormen — Alexander N. Makarov, Kollisionsnormen in den „Grundlagen für die Zivilgesetzgebung der Sowjetunion und der Unionsrepubliken", Osteuropa-Recht 15 (1969).

Makarov, Quellen — Alexander N. Makarov, Quellen des Internationalen Privatrechts, Bd. II (Texte der Staatsverträge, 1960).

Mampel, Rechtsanwendungsgesetz — Siegfried Mampel, Das Rechtsanwendungsgesetz der DDR, NJW 1976, 1521 - 1526.

Mann, Eingriffsgesetze — Frederick Alexander Mann, Eingriffsgesetze und Internationales Privatrecht, in FS E. Wahl (1973) 139 - 160.

Maridakis, Lehre — Georges S. Maridakis, Die internationalprivatrechtliche Lehre Savignys im Lichte seiner Rechtsentstehungstheorie, in FS Lewald (1953) 309 - 315.

Marschall, Privatautonomie — Karl Marschall, Privatautonomie, Verbandsautonomie und Familienautonomie — Ihre verfassungsrechtlichen Grundlagen in Österreich (1972).

Maßfeller, Durchführungsverordnung — Franz Maßfeller, Die Vierte Durchführungsverordnung zum Ehegesetz, Deutsches Recht 1941, 2531 - 2542.

Matscher, Abkommen — Franz Matscher, Zwischenstaatliche Abkommen über den Rechtshilfeverkehr zwischen bürgerlichen und sozialistischen Staaten; Beispiele und Möglichkeiten, Referat zur III. Münchener Ost-West-Rechtstagung 1972 (Studien des Instituts für Ostrecht, München) Bd. 24 (1972) 355 - 396.

Matscher, Anwendung — Franz Matscher, Zur Anwendung des HPÜ auf das Verfahren vor der Nichtigkeitsabteilung, ÖBl 1976, 145 - 146.

Matscher, Diskussionsbeitrag — Franz Matscher, Diskussionsbeitrag an der 14. Tagung der Deutschen Gesellschaft für Völkerrecht — Staatsverträge zum Internationalen Privatrecht, Ber.D.Ges.Völk.R. 16 (1975).

Matscher, Geschichte — Franz Matscher, Die Geschichte des österreichischen internationalen Privatrechts seit der Kodifikation des ABGB, JBl 1961, 53 - 64.

Matscher, Grenzen — Franz Matscher, Über die Grenzen der territorialen Souveränität, deren Verletzung und deren befugte Überschreitung, öZöffR 28 (1977) 131 - 141.

Matscher, Lehre — Franz Matscher, Die Lehre des Internationalen Privatrechts auf neuer Grundlage, JBl 1952, 556 - 558.

Matscher, Theorie — Franz Matscher, Zur Theorie der Anerkennung ausländischer Entscheidungen nach österreichischem Recht, in FS Schima (1969) 265 - 286.

Matscher, Zuständigkeitsvereinbarungen — Franz Matscher, Zuständigkeitsvereinbarungen im österreichischen und im internationalen Zivilprozeßrecht (1967).

Mayer-Maly, Rechtskenntnis — Theo Mayer-Maly, Rechtskenntnis und Gesetzesflut (1969).

Mayer-Maly, Sitztheorie — Theo Mayer-Maly, Sitztheorie und Wirkungsstatut bei der internationalprivatrechtlichen Beurteilung der Vertretung von Handelsgesellschaften, NotZ 1968, 18 - 22.

Mayer-Maly, Zweigniederlassung — Theo Mayer-Maly, Die inländische Zweigniederlassung bei im Ausland vollzogener Verschmelzung, in FS Hämmerle (1972) 221 - 229.

Meessen, Staatsverträge — Karl M. Meessen, Staatsverträge zum Internationalen Privatrecht, Ber.D.Ges.Völk.R. 16 (1975) 49 - 95.

Merk, Personenstandsgesetz — Bruno Merk, Hundert Jahre Personenstandsgesetz, StAZ 1975, 149 - 152.

Mikocki, Eherecht — Felix von Mikocki, Das internationale Eherecht nach den Beschlüssen der III. Haager Konferenz, GH 1907, 557 - 559.

Moser, Menschenrechtskonvention — Berthold Moser, Die Europäische Menschenrechtskonvention und das bürgerliche Recht — zum Problem der Drittwirkung von Grundrechten — (1972).

Moser, Quelle — Berthold Moser, Die Europäische Menschenrechtskonvention als Quelle des internationalen Privatrechts, ÖJZ 1974, 650 - 654.

H. Müller, Eheschließung — Horst Müller, Das internationale Privatrecht der Eheschließung, in Lauterbach, Vorschläge und Gutachten zur Reform des deutschen internationalen Eherechts (1962) 37 - 46.

K. Müller, „Anerkennung“ — Klaus Müller, Zum Begriff der „Anerkennung“ von Urteilen in § 328 ZPO, ZZP 79 (1966) 199 - 245.

K. Müller, Scheidungsurteil — Klaus Müller, Deutsches Scheidungsurteil als prozessuale Vorfrage und fremder ordre public, RabelsZ 36 (1972) 60 - 72.

Müller-Freienfels, Abgrenzung — Wolfram Müller-Freienfels, Zur kollisionsrechtlichen Abgrenzung von Ehegüterrecht und Erbrecht, in Lauterbach, Vorschläge und Gutachten zur Reform des deutschen internationalen Erbrechts (1969) 42 - 60 (vorgelegt 1965, überarbeitet und ergänzt nach dem Stand von 1968).

Müller-Gindullis, Rechtsprechung — Dierk Müller-Gindullis, Das Internationale Privatrecht in der Rechtsprechung des Bundesgerichtshofs (1971).

Mummenhoff, Ausnahmen — Winfried Mummenhoff, Ausnahmen von der lex loci delicti im internationalen Privatrecht, NJW 1975, 476 - 481.

Neuhaus, Bundesverfassungsgericht — Paul Heinrich Neuhaus, Bundesverfassungsgericht und Internationales Privatrecht, Versuch einer Bilanz, RabelsZ 36 (1972) 127 - 140.

Neuhaus, Eheschließung — Paul Heinrich Neuhaus, Staatliche und kirchliche Eheschließung in rechtsvergleichender Sicht, FamRZ 1955, 305 - 310.

Neuhaus, Eheschließungsrecht — Paul Heinrich Neuhaus, Zur Reform des deutschen formellen Eheschließungsrechts, FamRZ 1972, 59 - 69.

Neuhaus, Entwurf — Paul Heinrich Neuhaus, Zum Schwind'schen Entwurf eines österreichischen IPR-Gesetzes, ZfRV 1972, 81 - 90.

Neuhaus, Grundbegriffe — Paul Heinrich Neuhaus, Die Grundbegriffe des Internationalen Privatrechts² (1976).

Neuhaus, Kodifizierung — Paul Heinrich Neuhaus, Empfiehlt sich eine Kodifizierung des Internationalen Privatrechts?, RabelsZ 37 (1973) 453 - 465.

Neuhaus, Reform — Paul Heinrich Neuhaus, Um die Reform des deutschen Internationalen Personenrechts, FamRZ 1973, 81 - 82.

Neuhaus, Savigny — Paul Heinrich Neuhaus, Savigny und die Rechtsfindung aus der Natur der Sache, RabelsZ 15 (1949) 364 - 381.

Neuhaus, Sozialistisches IPR — Paul Heinrich Neuhaus, Sozialistisches Internationales Privatrecht?, RabelsZ 31 (1967) 543 bis 547.

Neuhaus, Wege — Paul Heinrich Neuhaus, Neue Wege im europäischen Internationalen Privatrecht?, RabelsZ 35 (1971) 401 - 428.

Neuhaus / Rau, IPR — Paul Heinrich Neuhaus / Hans Rau, Das Internationale Privatrecht im neuen portugiesischen Zivilgesetzbuch, RabelsZ 32 (1968) 500 bis 512.

Neumann-Ettenreich, Eherecht — Robert von Neumann-Ettenreich, Das österreichische Eherecht (1913).

Neumayer, Zivilehe — Karl H. Neumayer, Zur Zivilehe eines Spaniers mit einer geschiedenen Deutschen, RabelsZ 36 (1972) 73 - 92.

Öhlinger, Bemerkungen — Theo Öhlinger, Verfassungsrechtliche Bemerkungen zu den Gesamtverträgen im Urheberrecht, ÖBl 1976, 89 - 93.

Öhlinger, Grundlagen — Theo Öhlinger, Institutionelle Grundlagen der österreichischen Integrationspolitik in rechtlicher Hinsicht, in Institutionelle Aspekte der österreichischen Integrationspolitik (1976) 15 bis 154.

Öhlinger, Integration — Theo Öhlinger, Europäische Integration und Bundesverfassung, JBl 1968, 169 - 184.

Öhlinger, Stufenbau — Theo Öhlinger, Der Stufenbau der Rechtsordnung (1975).

Öhlinger, Vertrag — Theo Öhlinger, Der völkerrechtliche Vertrag im staatlichen Recht (1973).

Oliveira, Freiheit — Hans Ulrich Jessurun d'Oliveira, Die Freiheit des niederländischen Richters bei der Entwicklung des Internationalen Privatrechts, Zur antizipierten Anwendung des Benelux-

Einheitsgesetzes über das Internationale Privatrecht — ein Requiem, RabelsZ 39 (1975) 224 - 252.

v. Overbeck / Volken, Deliktsrecht — Alfred E. von Overbeck / Paul Volken, Das internationale Deliktsrecht im Vorentwurf der EWG, RabelsZ 38 (1974) 56 - 78.

Partsch, Menschenrechtskonvention — Karl Josef Partsch, Die Rechte und Freiheiten der europäischen Menschenrechtskonvention (1966).

Pavliček, Ehekonventionen — Anton Pavliček, von Czyhlarz: Die Haager Ehekonventionen und das österreichische Recht, ZBl 1908, 17 - 24.

Pfister, Vereinbarung — Bernhard Pfister, Die nachträgliche Vereinbarung des Schuldstatuts, AWD 1973, 440 - 444.

Pi-Song Tsai, Ehescheidung — Pi-Song Tsai, Ehescheidung, Anerkennung ausländischer Ehescheidungen und Wiederverheiratung im internationalen Privatrecht. Eine rechtsvergleichende Studie des schweizerischen, des deutschen, des englischen Rechtes und des Haager Abkommens über Anerkennung der Scheidungen und der Trennungen vom 1. Juni 1970 (Diss. 1975).

Pocar, Solutions — Fausto Pocar, Public International Law Solutions for Conflict of Law Problems, The Italian Yearbook of International Law I (1975) 179 - 191.

Raape, Grundzüge — Leo Raape, Grundzüge des deutschen internationalen Privatrechts unter Berücksichtigung des französischen internationalen Privatrechts, Deutsche Justiz 1941, 915 - 918, 938 - 940.

Raape, IPR — Leo Raape, Internationales Privatrecht[5] (1961).

Raape / Sturm, IPR — Leo Raape / Fritz Sturm, Internationales Privatrecht, Bd. I: Allgemeine Lehren (1977).

E. Rehbinder, Politisierung — Eckard Rehbinder, Zur Politisierung des Internationalen Privatrechts, JZ 1973, 151 - 158.

Reichelt, IPR-Entwurf — Gerte Reichelt, Der neue französische IPR-Entwurf (Einige Anmerkungen zum Allgemeinen Teil), ZfRV 1971, 249 - 260.

Reichelt, ordre public — Gerte Reichelt, „Europäischer" ordre public im autonomen Kollisionsrecht?, ZfRV 1975, 217 - 226.

Reichert-Facilides, Anknüpfungsregeln — Fritz Reichert-Facilides, Anknüpfungsregeln des österreichischen internationalen Privatrechts, in österr. Landesreferate zum IX. Int. Kongreß für Rechtsvergleichung in Teheran 1974 (1974) 33 - 55.

Reindl, Bemerkungen	Hans Reindl, Einige Bemerkungen zum Entwurf eines Bundesgesetzes über das IPR und IZPR, ZfRV 1973, 35 - 38.
Reishofer, Straßenverkehrsübereinkommen	Wolfgang Reishofer, Das Haager Straßenverkehrsübereinkommen, ZVR 1977, 33 - 37.
Reithmann, Vertragsrecht	Christoph Reithmann, Internationales Vertragsrecht^{2} (1972).
Rexroth, Durchführungsverordnung	N. Rexroth, Zur Vierten Durchführungsverordnung zum Ehegesetz, Deutsche Justiz 1941, 1083 - 1088.
Ringhofer, Strukturprobleme	Kurt Ringhofer, Strukturprobleme des Rechts — dargestellt am Staatsbürgerschaftsgesetz 1965 — (1966).
Rotter, Regeln	Manfred Rotter, Die allgemein anerkannten Regeln des Völkerrechts im österreichischen Verfassungsrecht, öZöffR 27 (1976) 1 - 42.
Sack, Individualschutz	Rolf Sack, Individualschutz des Konsumenten vor den Folgen unlauteren Wettbewerbs nach deutschem und österreichischem Deliktsrecht, ÖJZ 1976, 309 - 319.
Sakurada, Ehe	Yoshiaki Sakurada, Die diplomatische Ehe in Deutschland lebender Japaner, StAZ 1975, 85 bis 91.
Schäffer, Rechtsquellen	Heinz Schäffer, Rechtsquellen und Rechtsanwendung, Verhandlungen des fünften österr. Juristentages, Bd. I/1 B — Gutachten — (1973).
Schäffer, Verfassungsinterpretation	Heinz Schäffer, Verfassungsinterpretation in Österreich (1971).
Scheucher, ordre public	Leo Scheucher, Der ordre public im österreichischen Recht, ZfRV 1960, 15 - 39.
Scheucher, Qualifikationsproblem	Leo Scheucher, Einige Bemerkungen zum Qualifikationsproblem, ZfRV 1961, 228 - 233.
Schlechtriem, Erbrecht	Peter Schlechtriem, Ausländisches Erbrecht im deutschen Verfahren — Dargestellt am Falle der Maßgeblichkeit französischen Erbrechts — (1966).
A. F. Schnitzer, Anwendung	Adolf F. Schnitzer, Die Anwendung einheimischen oder fremden Rechtes auf internationale Tatbestände, ZfRV 1969, 81 - 97.
A. F. Schnitzer, Entwurf	Adolf F. Schnitzer, Entwurf eines Rechtsanwendungsgesetzes, in FG für M. Gutzwiller (1959) 429 - 443.
A. F. Schnitzer, Handbuch	Adolf F. Schnitzer, Handbuch des internationalen Privatrechts, Bd. I (1957), Bd. II (1958).
A. F. Schnitzer, IPR	Adolf F. Schnitzer, Bedarf das schweizerische Internationale Privatrecht eines neuen Gesetzes, SJIR XII (1955) 55 - 74.

A. F. Schnitzer, Rechtsvergleichung — Adolf F. Schnitzer, Rechtsvergleichung, Internationales Privatrecht und Völkerrecht im System des Rechts, ZfRV 1976, 13 - 28.

Schorn, Konvention — Hubert Schorn, Die Europäische Konvention zum Schutze der Menschenrechte und Grundfreiheiten und ihr Zusatzprotokoll in Einwirkung auf das deutsche Recht (1965).

Schreuer, Beschlüsse — Christoph Schreuer, Beschlüsse internationaler Organe im österreichischen Staatsrecht, ZaöRV 37 (1977) 468 - 502.

Schuhmacher, Handelsrecht — Wolfgang Schuhmacher, Handelsrecht (einschließlich Gesellschaftsrecht) ÖZW 1976, 87 bis 94.

Schulte, Anknüpfung — Dieter Schulte, Die Anknüpfung von Eingriffsnormen, insbesondere wirtschaftsrechtlicher Art, im internationalen Vertragsrecht (1975).

Schwander, Sonderanknüpfung — Ivo Schwander, Lois d'application immédiate, Sonderanknüpfung, IPR-Sachnormen und andere Ausnahmen von der gewöhnlichen Anknüpfung im internationalen Privatrecht (1975).

Schwendenwein, Situation — Hugo Schwendenwein, Die eherechtliche Situation spanischer Staatsangehöriger in Österreich, ZfRV 1974, 93 - 114.

Schwimann, Ehescheidungsprozesse — Michael Schwimann, Ehescheidungsprozesse von Griechen vor österreichischen Gerichten, ZfRV 1960, 74 - 85.

Schwimann, Ermittlung — Michael Schwimann, Ermittlung und Anwendung ausländischen Rechtes durch die österreichischen Zivilgerichte, JBl 1968, 127 - 131.

Schwimann, Heimfallsrecht — Michael Schwimann, Das staatliche Heimfallsrecht im deutschen und im österreichischen internationalen Privatrecht, ZfRV 1966, 57 - 60.

Schwimann, IPR — Michael Schwimann, IPR und höchtsrichterliche Rechtsprechung, ZfRV 1974, 198 - 209.

Schwimann, Lage — Michael Schwimann, Zur Lage im internationalen Privatrecht Österreichs, JBl 1969, 544 bis 549.

Schwimann, Lex-Fori-Regel — Michael Schwimann, Anglo-amerikanische Lex-Fori-Regel als „versteckte Rückverweisung"?, in FS für F. W. Bosch (1976) 909 - 917.

Schwimann in Mänhardt — Michael Schwimann, Schwimann in Mänhardt, Internationales Personen- und Familienrecht Österreichs (1971) Kapitel: „Vorfragen im IPR", 23 - 26.

Schwimann, Probleme — Michael Schwimann, Verfahrensrechtliche Probleme im deutschen internationalen Adoptionsrecht, RabelsZ 38 (1974) 571 - 582.

Schwimann, Schuldgeschäft — Michael Schwimann, Zur internationalprivatrechtlichen Behandlung von Schuldgeschäft und Schulderlaß, NotZ 1976, 114 - 118.

Schwimann, Theorie — Michael Schwimann, Theorie und richterliche Praxis im österreichischen internationalen Vormundschafts- und Kuratelsrecht, FamRZ 1966, 295 - 300.

Schwimann, Wende — Michael Schwimann, Vor einer Wende in der Rechtsprechung zum Schadenersatz nach Auslandsunfällen?, ZVR 1973, 370 - 376.

Schwimann, Zuständigkeit — Michael Schwimann, Internationale Zuständigkeit in Abhängigkeit von der lex causae? Bemerkungen zur „Gleichlauftheorie", RabelsZ 34 (1970) 201 - 222.

Schwind, Anerkennung — Fritz Schwind, Anerkennung von im Ausland bewirkten Statusänderungen aus österreichischer Sicht, in FS Wengler II (1973) 747 - 758.

Schwind, Anwendung — Fritz Schwind, Die Anwendung fremden Rechts im IPR, NotZ 1968, 10 - 18.

Schwind, Diskussionsbeitrag — Fritz Schwind, Diskussionsbeitrag an der 105. Jahresversammlung des Schweizerischen Juristenvereins — Diskussion über „Das Problem der Kodifikation des schweizerischen internationalen Privatrechts", ZSR 90 NF, II. Halbband, (1971) 430 - 434.

Schwind, Ehe — Fritz Schwind, Die Ehe im Spannungsfeld von zwingendem und nachgiebigem Recht, RabelsZ 37 (1973) 217 - 229.

Schwind, Ehen — Fritz Schwind, Die Ehen von Griechen im österreichischen internationalen Privatrecht, in FS W. Wilburg zum 60. Geb. (1965) 157 - 180.

Schwind, Entwurf — Fritz Schwind, Entwurf eines Bundesgesetzes über das internationale Privat- und Prozeßrecht, ZfRV 1971, 161 - 248.

Schwind, Grundsätze — Fritz Schwind, Grundsätze des internationalen Privatrechtes in der täglichen Praxis, ÖJZ 1957, 29 - 33.

Schwind, Handbuch — Fritz Schwind, Handbuch des Österreichischen Internationalen Privatrechts (1975).

Schwind, Konventionen — Fritz Schwind, Inhalt und Sprache internationalprivatrechtlicher Konventionen, in FS Fragistas III (1968) 163 - 171.

Schwind, Mehrstaater — Fritz Schwind, Der Mehrstaater im vertraglich geregelten internationalen Privatrecht, FamRZ 1964, 481 - 483.

Schwind, Nichtehe — Fritz Schwind, Die Scheidung der Nichtehe, RabelsZ 38 (1974) 523 - 531.

Schwind, Problem — Fritz Schwind, Zum Problem des unlauteren Wettbewerbes und der einstweiligen Verfügung, in FS H. Demelius (1973) 481 - 490.

Schwind, Problems — Fritz Schwind, Problems of codification of private international law, ICLQ 17 (1968) 428 bis 442.

Schwind, Recht — Fritz Schwind, Ehe und Recht, in FS F. W. Bosch (1976) 919 - 926.

Schwind, Rechtsordnung — Fritz Schwind, Das internationale Privatrecht in der Rechtsordnung (1967 Inaugurationsrede).

Schwind, Verfassung — Fritz Schwind, Verfassungsrecht und internationales Privatrecht — Unzeitgemäße Betrachtung zu einem zeitgemäßen Thema, in GS für A. A. Ehrenzweig (1976) 122 - 127.

Schwind, Verkehrsunfall — Fritz Schwind, Der Verkehrsunfall im österreichischen internationalen Privatrecht, ZVR 1965, 288 - 295.

Schwind, Verkehrsunfälle — Fritz Schwind, Die Haager Konvention über das auf Verkehrsunfälle anwendbare Recht, ZVR 1973, 326 - 330.

Schwind, Vormundschaft — Fritz Schwind, Vormundschaft und Kuratel im österreichischen internationalen Privatrecht, StAZ 1972, 57 - 65.

Schwind, Zwischenbilanz — Fritz Schwind, Zwischenbilanz der Reformbestrebungen des österreichischen internationalen Privatrechts, StAZ 1976, 121 - 128.

Selb, IPR — Walter Selb, Das Internationale Privatrecht Österreichs. Bemerkungen zu einem Lehrbuch, ZfRV 1968, 108 - 122.

Siehr, Grundrecht — Kurt Siehr, Grundrecht der Eheschließungsfreiheit und Internationales Privatrecht. Zugleich ein Beitrag zur Lehre vom ordre public, RabelsZ 36 (1972) 93 - 115.

Siehr, Reform — Kurt Siehr, Die Reform des deutschen internationalen Privat- und Zivilverfahrensrechts, SJIR XXIX (1973) 171 - 283.

Siehr, Stellung — Kurt Siehr, Die rechtliche Stellung von Kindern aus hinkenden Ehen — Zur alternativen Anknüpfung in favorem legitimitatis —, StAZ 1971, 205 - 213.

Siehr, Vorentwurf — Kurt Siehr, Zum Vorentwurf eines EWG-Übereinkommens über das Internationale Schuldrecht, AWD 1973, 569 - 587.

Siehr, Wechselwirkungen — Kurt Siehr, Wechselwirkungen zwischen Kollisionsrecht und Sachrecht, RabelsZ 37 (1973) 466 - 484.

K. *Simitis*, Verbraucherschutz — Konstantin Simitis, Verbraucherschutz, Schlagwort oder Rechtsprinzip? (1976).

Simitis, Entscheidungsfindung	Spiros Simitis, Über die Entscheidungsfindung im internationalen Privatrecht, StAZ 1976, 6 - 15.
Simitis, Informationskrise	Spiros Simitis, Die Informationskrise des internationalen Rechts und die Datenverarbeitung, ZfRV 1969, 276 - 298.
Simitis, Parteiautonomie	Spiros Simitis, Abfgaben und Grenzen der Parteiautonomie im internationalen Vertragsrecht, JuS 1966, 209 - 217.
Simitis, Reform	Spiros Simitis, Zur Reform des internationalen Eheschließungsrechts, StAZ 1975, 237 - 247.
Sonnenberger, Bedeutung	Hans J. Sonnenberger, Die Bedeutung des Grundgesetzes für das deutsche Internationale Privatrecht (1962).
Sonnenberger, Entwicklung	Hans J. Sonnenberger, Zur Entwicklung des Nichtehelichenrechts im IPR, StAZ 1976, 261 bis 266.
Spielbüchler, Rechtswahl	Karl Spielbüchler, Zur sogenannten Rechtswahl im internationalen Privatrecht, ZfRV 1976, 47 - 56.
Sprudzs, Mystery	Adolf Sprudzs, Status of Multilateral Treaties — Researcher's Mystery, Mess or Muddle?, AJIL 66 (1972) 365 - 376.
Stauffer, Bundesgericht	Wilhelm Stauffer, Bundesgericht und Parteiautonomie auf dem Gebiete des internationalen Schuldrechts, in FS Lewald (1953) 393 - 399.
Stauffer, Rechtsberufung	Wilhelm Stauffer, Internationales Vertragsrecht und Rechtsberufung im Prozeß, SJZ 70 (1974) 181 - 185.
Steindorff, Entwicklungen	Ernst Steindorff, Entwicklungen des deutschen internationalen Privatrechts, in Deutsche zivil- und kollisionsrechliche Beiträge zum IX. Internationalen Kongreß für Rechtsvergleichung in Teheran 1974 (1974) 155 - 172.
Steindorff, Sachnormen	Ernst Steindorff, Sachnormen im internationalen Privatrecht (1958).
Steinlechner, Würdigung	Paul Steinlechner, Zur Würdigung der Bestimmungen des österreichischen allgemeinen bürgerlichen Gesetzbuches über die örtliche Geltung der Gesetze, in FS Jahrhundertfeier ABGB II (1911) 53 - 93.
Sternberg, Übereinkommen	N. Sternberg, Das Haager Übereinkommen zur Regelung der Gesetzeskollisionen in Ehesachen, GH 1907, 361 - 362.
Stöcker, Grundrechtsschutz	Hans A. Stöcker, Grundrechtsschutz im Internationalprivatrecht, JR 1965, 456 - 459.

Stöcker, Härteklausel — Hans A. Stöcker, Vom ordre-public-Vorbehalt zur internationalprivatrechtlichen Härteklausel, StAZ 1970, 325 - 329.

Stöcker, ordre public — Hans A. Stöcker, Der internationale ordre public im Familien- und Familienerbrecht, RabelsZ 38 (1974) 79 - 127.

Stoll, Vorfragen — Hans Stoll, Völkerrechtliche Vorfragen bei der Anwendung ausländischen Rechts, in Ber. D.Ges.Völk.R. 4 (1961) 131 - 153.

Sturm, Durchbruch — Fritz Sturm, Durchbruch der Grundrechte in Fällen mit Auslandsberührung, FamRZ 1972, 16 - 22.

Thomas, Ehen — Hans-Friedrich C. Thomas, Formlose Ehen (1973).

Torggler, Zulassung — Hellwig Torggler, Die Zulassung ausländischer Aktiengesellschaften gemäß § 254 AktG 1965, ÖJZ 1968, 29 - 38.

Ulmer in Hachenburg — Peter Ulmer in Hachenburg, Gesetz betreffend die Gesellschaften mit beschränkter Haftung (GmbHG) Großkommentar[7], Band I (1975).

Uschakow, IPR — Alexander Uschakow, Das neue polnische Gesetz über das internationale Privatrecht, Recht in Ost und West 1966, 198 - 206.

Vallindas, Beitrag — Petros G. Vallindas, Ein Beitrag zur Geschichte des internationalen Privatrechts: Das Zivilgesetzbuch der Moldau von 1817, in FS R. Laun (1953) 681 - 692.

Verdross / Simma, Völkerrecht — Alfred Verdross / Bruno Simma, Universelles Völkerrecht — Theorie und Praxis (1976).

Vischer, Fragen — Frank Vischer, Methodologische Fragen bei der objektiven Anknüpfung im internationalen Vertragsrecht, SJIR XIV (1957) 43 - 68.

Vischer, Kodifikation — Frank Vischer, Das Problem der Kodifikation des schweizerischen internationalen Privatrechtes, ZSR, Bd. 90/II. Halbband (1971) 1 - 106.

Vischer, Kritik — Frank Vischer, Die Kritik an der herkömmlichen Methode des Internationalen Privatrechts, (Hintergründe und Versuch einer Antwort), in FS A. O. Germann (1969) 287 - 307.

Vischer, Restatement — Frank Vischer, Das neue Restatement „Conflict of Laws“, RabelsZ 38 (1974) 128 - 154.

Vischer, Richter — Frank Vischer, Der Richter als Gesetzgeber im internationalen Privatrecht, SJIR XII (1955) 75 - 102.

Vogel, Anwendungsbereich — Klaus Vogel, Der räumliche Anwendungsbereich der Verwaltungsrechtsnorm (1965).

Volken, Konventionskonflikte — Paul Volken, Konventionskonflikte im internationalen Privatrecht (1977).

Walder, Passivität — Hans Ulrich Walder, Passivität = lex fori? SJZ 71 (1975) 105 - 109.

Walker, IPR — Gustav Walker, Internationales Privatrecht[5] (1934).

Walter, Aufbau — Robert Walter, Der Aufbau der Rechtsordnung[2] (1974).

Walter, Bundesverfassungsrecht — Robert Walter, Österreichisches Bundesverfassungsrecht (1971 f.).

Walter, Gewohnheit — Robert Walter, Die Gewohnheit als rechtserzeugender Tatbestand, ÖJZ 1963, 225 - 232.

Walter, Stufenbau — Robert Walter, Der Stufenbau nach der derogatorischen Kraft im österreichischen Recht, ÖJZ 1965, 169 - 174.

Walter / Mayer, Grundriß — Robert Walter / Heinz Mayer, Grundriß des österreichischen Bundesverfassungsrechts (1976).

Welser, Verschulden — Rudolf Welser, Das Verschulden bei der Aufhebung und Nichtigerklärung der Ehe, RiZ 1973, 185 - 191.

Wengler, Bedeutung — Wilhelm Wengler, Die Bedeutung der verfassungsrechtlichen Bestimmungen über die Eheschließungsfreiheit und den Schutz der Familie für das Internationale Privatrecht, RabelsZ 36 (1972) 116 - 126.

Wengler, Funktion — Wilhelm Wengler, Die Funktion der richterlichen Entscheidung über internationale Rechtsverhältnisse, RabelsZ 16 (1951) 1 - 31.

Wengler, Gesetze — Wilhelm Wengler, Die Gesetze über unlauteren Wettbewerb und das internationale Privatrecht, RabelsZ 19 (1954) 401 - 426.

Wengler, Gleichheitsprinzip — Wilhelm Wengler, Das Gleichheitsprinzip im Kollisionsrecht, in Eranion Maridakis, Bd. III (1964) 323 - 379.

Wengler, Principles — Wilhelm Wengler, The General Principles of Private International Law, Rec. de Cours 1961 III 279 - 469.

Wengler, Significance — Wilhelm Wengler, The Significance of the Principle of Equality in the Conflict of Laws, Law and Contemporary Problems 28 (1963) 822 - 859.

Werndl, Legalitätsprinzip — Josef Werndl, Die verdeckte Gewinnausschüttung im Körperschaftssteuerrecht und das Legalitätsprinzip, ÖJZ 1976, 513 - 517, 536 - 544.

Wiemann, Regelung — Horst Wiemann, Die rechtliche Regelung der außervertraglichen Verantwortlichkeit im künftigen Internationalen Privatrecht der DDR, Staat und Recht 1972, 589 - 600.

Wiethölter, Nachlaßverfahrensrecht — Rudolf Wiethölter, Internationales Nachlaßverfahrensrecht, in Lauterbach, Vorschläge und Gutachten zur Reform des deutschen internationalen Erbrechts (1969) 141 - 184 (vorgelegt 1967).

Wiethölter, ordre public — Rudolf Wiethölter, Zur Frage des internationalen ordre public, in Ber.D.Ges.Völk.R. 7 (1967) 133 - 177.

Wildhaber, Konvention — Luzius Wildhaber, Die materiellen Rechte der Konvention mit Ausnahme der Artikel 5 und 6, ZSR 94 I (1975) 511 - 544 (Literatur zur MRK 545 - 552).

Wimmer, Verfassungsverständnis — Norbert Wimmer, Materiales Verfassungsverständnis (1971).

Winkler, Rezeption — Günther Winkler, Überleitung und Rezeption des deutschen Elektrizitätsrechtes, JBl 1956, 573 - 578.

Wolf, Übereinkommen — Alfred Wolf, Das Europäische Übereinkommen v. 7. 6. 1968 betreffend Auskünfte über ausländisches Recht, NJW 1975, 1583 - 1586.

Wolff, Gesetzessprache — Karl Wolff, Die Gesetzessprache in Rechtsvorschriften des Internationalen Privatrechts, in FS H. Lewald (1953) 401 - 406.

M. Wolff, IPR — Martin Wolff, Das Internationale Privatrecht Deutschlands³ (1954).

Zeiller, Commentar — Franz Edler von Zeiller, Commentar über das allgemeine bürgerliche Gesetzbuch für die gesamten Deutschen Erbländer der Österreichischen Monarchie, Bd. I (1811).

Zemen, Anerkennung — Herbert Zemen, Die Anerkennung der Vaterschaft und ihre Folgen im Internationalen Privatrecht Österreichs, ZfRV 1973, 271 - 290.

Zemen, Bericht — Herbert Zemen, Bericht vom ersten österreichisch-französischen Juristentreffen in Krems, ZfRV 1976, 309 - 312.

Zemen, Einheit — Herbert Zemen, Die Einheit der internationalen Zuständigkeit von Verwaltungsbehörde und Gericht bei „zusammengesetzten" Verfahren, ZfRV 1973, 89 - 109.

Zemen, Vaterschaft — Herbert Zemen, Zur Anerkennung der Vaterschaft im Islam und ihrer Qualifikation im österreichischen Kollisions- und Personenstandsrecht, ZfRV 1977, 198 - 227.

Zweigert, Armut — Konrad Zweigert, Zur Armut des internationalen Privatrechts an sozialen Werten, RabelsZ 37 (1973) 435 - 452.

Zweigert, Distanzverträge — Konrad Zweigert, Zum Abschlußort schuldrechtlicher Distanzverträge, in FS Rabel I (1954) 631 - 654.

Zweigert, IPR — Konrad Zweigert, Internationales Privatrecht und öffentliches Recht, in Fünfzig Jahre Institut für Internationales Recht an der Universität Kiel (1965) 125 - 141.

Kolibri 360 GmbH
Ferdinand-Jühlke-Straße 7
99095 Erfurt, Deutschland
produktsicherheit@kolibri360.de

Druck:
CPI Druckdienstleistungen GmbH
im Auftrag der
Kolibri 360 GmbH
Ferdinand-Jühlke-Str. 7
99095 Erfurt